GENKI

AN INTEGRATED COURSE IN ELEMENTARY JAPANESE
THIRD EDITION

初級日本語［げんき］

げんき

［第3版］

教師用ガイド
Teacher's Guide

坂野永理・池田庸子・大野裕・品川恭子・渡嘉敷恭子
Eri Banno / Yoko Ikeda / Yutaka Ohno / Chikako Shinagawa / Kyoko Tokashiki

the japan times PUBLISHING

『初級日本語げんき（第2版）教師用指導書』の付属 CD-ROM に収録されていた内容の一部は、第3版用に改訂して、げんきオンラインから有料または無料で提供しております。詳しくはげんきオンライン「教師用ページ」をご覧ください。
https://genki3.japantimes.co.jp/teacher/resources/index.html

初級日本語 げんき［教師用ガイド］　　GENKI: An Integrated Course in Elementary Japanese [Teacher's Guide]

2000 年 7 月 25 日　初版発行
2012 年 7 月 5 日　　第 2 版発行
2021 年 6 月 20 日　改題第 3 版発行
2022 年 6 月 5 日　　第 2 刷発行

著　者：坂野永理・池田庸子・大野裕・品川恭子・渡嘉敷恭子
発行者：伊藤秀樹
発行所：株式会社 ジャパンタイムズ出版
　　　　〒102-0082 東京都千代田区一番町 2-2　一番町第二 TG ビル 2F
　　　　電話 (050)3646-9500（出版営業部）
ISBN978-4-7890-1734-3
本書の無断複製は著作権法上の例外を除き禁じられています。

First edition: July 2000
Second edition: July 2012
Third edition: June 2021
Second printing: June 2022

Illustrations: Noriko Udagawa
Typesetting: guild
Cover art and editorial design: Nakayama Design Office (Gin-o Nakayama and Akihito Kaneko)
Printing: Nikkei Printing Inc.

Published by The Japan Times Publishing, Ltd.
2F Ichibancho Daini TG Bldg., 2-2 Ichibancho, Chiyoda-ku, Tokyo 102-0082, Japan
Phone: 050-3646-9500

Website: https://jtpublishing.co.jp/
Genki-Online: https://genki3.japantimes.co.jp/

ISBN978-4-7890-1734-3

Printed in Japan

はじめに
・・・・・・・・・・・・・・・・・・・・・・・・・・
教師用ガイドについて

　本書は『初級日本語 げんき［第3版］』の教師用ガイドです。『げんき』第3版の改訂に合わせて必要な部分を修正するとともに、より役に立つ指導書となるように、各課の初めに「この課ですること」「この課の学習目標」を明示し、文法の導入例や留意点をよりわかりやすく修正しました。また、「その他の活動」としてげんきオンラインに掲載している追加アクティビティと関連づけるなど、大幅な加筆を行い、内容の充実を図りました。

本書の構成

■『初級日本語げんき［第3版］』について（p. 5 〜 p. 20）

　テキストの全体構成や補助・関連教材などを紹介しながら、『げんき』シリーズの概要をまとめました。また、第3版で主に改訂した点は「改訂のポイント」として概要の後にまとめてあります。

■「会話・文法編」の指導（p. 21 〜 p. 144）

　「会話・文法編」の基本的な使い方や授業の流れについて説明しています。『げんき』を使ったコースで可能な様々なタイプのテスト例も示しました。

　各課の説明では、文法の導入例や留意点、テキストの練習以外の活動例などを、練習ごとに詳しく示してあります。テキストではあえて説明していない文法上の留意点や学生が間違えやすい点なども掲載してあるので、授業の前に確認するとよいでしょう。

■「読み書き編」の指導（p. 145 〜 p. 175）

　「『会話・文法編』の指導」と同様、まず「読み書き編」の概要について述べた後、読み書きの技能を高めるための漢字の導入例や活動例を紹介しています。その後、各課の留意点やその他の活動について説明しています。

■別冊「解答」

　テキストの音声がついている練習の解答、ワークブックの全解答、およびワークブック各課の「聞く練習」のスクリプトを収録しています。

げんき［第3版］教師用ガイド　もくじ

『初級日本語 げんき[第3版]』について

Ⅰ 『初級日本語 げんき』とは

　『初級日本語 げんき』は初めて日本語を学ぶ人を対象に、日本語の 4 技能（聞く・話す・読む・書く）を伸ばし、総合的な日本語能力を高めることをめざしている。

　『げんき』は全部で 23 課構成で、第Ⅰ巻（1 ～ 12 課）・第Ⅱ巻（13 ～ 23 課）に分かれており、それぞれにテキストとワークブックがある。テキスト・ワークブック付属の音声は、音声アプリ「OTO Navi」でダウンロードして聞くことができる。

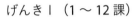

| げんき 1（1 ～ 12 課） | | | げんき 2（13 ～ 23 課） | | |

テキスト 1　　ワークブック 1　音声（テキスト・ワークブック）　　テキスト 2　　ワークブック 2　音声（テキスト・ワークブック）

　『げんき』第Ⅰ巻の修了時には日本語能力試験 N5 あるいは CEFR の A1 レベル程度、第Ⅱ巻の修了時には N4 あるいは CEFR の A2 程度の日本語力がついていることが期待される。

　第Ⅰ巻と第Ⅱ巻で学習する文型、漢字数、語彙数はおおよそ以下のようになっている。

> 文型：初級文型全般（です・ます～敬語／使役／受け身／使役受け身）
> 漢字：N5・N4 レベルの漢字 317 字
> 語彙：日常生活に必要な基本語彙 約 1,700 語

Ⅱ 教材の構成

1. 全体構成

　『げんき』は第Ⅰ巻・第Ⅱ巻のそれぞれが〈会話・文法編〉と〈読み書き編〉の 2 つのセクションに大きく分かれている。

	会話・文法編	読み書き編
	文法を学び、語彙を増やしながら、話す力と聞く力を養う。	ひらがな・カタカナ・漢字を学びながら、読む力と書く力を伸ばす。
第Ⅰ巻	あいさつ・すうじ、第 1 課～第 12 課	第 1 課～第 12 課
第Ⅱ巻	第 13 課～第 23 課	第 13 課～第 23 課

　基本的な使用順序としては、まず〈会話・文法編〉の課を行い、その後〈読み書き編〉の同じ課を行うという方法を取る。これは〈読み書き編〉の読み教材に〈会話・文法編〉の同じ課で扱った学習項目が入っているためである。

　また、時間数が少ないクラスや読み書きの指導を行わないクラスでは、〈読み書き編〉を使用せず〈会話・文法編〉だけを使って進めていくことも可能である。ただし、この場合でも、〈会話・文法編〉の第3課以降はひらがな・カタカナ・漢字（ルビつき）で書かれているので、第2課を終えるまでにひらがなとカタカナを習得させておくことが必要である。

　基本的な所要時間は、〈会話・文法編〉が各課6時間、〈読み書き編〉が各課3時間で、全23課修了までに約200時間を想定している。ただし、これはあくまでも目安であり、練習の分量を調節したり、〈会話・文法編〉だけを使うなど、コースの時間に合わせて調整可能である。

2. 音声について

　『げんき』には、第Ⅰ巻・第Ⅱ巻とも約6時間分の音声が付属している。ジャパンタイムズ出版の無料音声アプリ「OTO Navi」を通じてダウンロードして再生することができる。スマホで手軽に聞くことができ、速度変更機能などもついているので、ダウンロードして利用するように学習者に勧めるといい。またパソコンで音声ファイルを扱いたい先生方には、げんきオンラインの「教師用ページ」からMP3音声がダウンロードできるようになっている。

音声アプリ「OTO Navi」
https://bookclub.japantimes.co.jp/jp/book/b491839.html

げんきオンライン「教師用ページ」
https://genki3.japantimes.co.jp/teacher/resources/index.html

```
音声収録内容（各課）
〈会話・文法編〉　・会話……1回目：ポーズなし、2回目：ポーズあり
　　　　　　　　　・単語……1回目：日本語→英訳、2回目：英訳→日本語
　　　　　　　　　・練習……音声マークのついた練習のキューとその答え
〈読み書き編〉　　読み物本文
```

　音声はただ聞くだけではなく、実際に声に出して練習するように指導したほうがいい。「会話」と「単語」は、音声の後について繰り返して練習する。「練習」では、まず学習者が自分で答えを言ってから、正しい答えを聞いて比較し、間違っていたらもう一度答えを言い直す。また、〈読み書き編〉の本文を聞きながら音読の練習をすることもできる。

3. ワークブック

ワークブックもテキストと同様〈会話・文法編〉と〈読み書き編〉に分かれている。

ワークブックの〈会話・文法編〉には、テキスト各課の文法項目ごとに1〜2ページのワークシートがある。また、その他に各課に「聞く練習」と「答えましょう」のシートがある。これはその課の複数の学習項目を含んだ総合的な練習なので、その課の文法項目をすべて学んだ後に行うのが望ましい。「聞く練習」用の音声は、OTO Navi でダウンロードして聞くことができる。

ワークブックの〈読み書き編〉は、各課とも、漢字の練習シートと漢字の穴埋め問題から構成されている（第Ⅰ巻では、英文和訳の問題もある）。

ワークブックのワークシートは、授業外の宿題として課し、学習項目が習得されたか随時確認する。げんきオンラインで、ワークブックに赤字で解答が入ったPDFが購入できるので、これを配布または掲示し、学生自身に答え合わせをさせてもいい。また、げんきオンライン「教師用ページ」の補助教材「ワークブック解答用紙（PDFフォーム）」は、プリントアウトして答えを書くだけでなく、タブレットに電子ペンで書いたり、直接ファイルに答えを入力したりすることもできるので、オンライン授業での宿題提出に活用できる。

げんきオンライン「教師用ページ」
https://genki3.japantimes.co.jp/teacher/resources/index.html

Ⅲ 表記と書体

1. 表記について

『げんき』の本文は漢字仮名交じりで表記している。漢字表記は、基本的に常用漢字表に従っている。

〈会話・文法編〉は、〈会話・文法編〉のみを学習することもできるように、漢字にはすべてふりがなが振ってある。ただし、「あいさつ」と第1課・第2課は、学習者の負担を軽減し自習しやすくするため、ひらがな・カタカナ表記とし、ローマ字を併記した。このローマ字併記はあくまでも補助的なもので、第3課以降はひらがな・カタカナ・漢字ルビつきの表記のみになるので、最初にローマ字に頼りすぎないようにしてほしい。

ひらがな・カタカナの導入は、〈読み書き編〉の第1課・第2課で行われるので、この二つの課の〈読み書き編〉は〈会話・文法編〉を後追いするのではなく、並行して行ったほうがよい（詳しくは本書 p.36 の「第1課の前に」を参照）。

なお、〈読み書き編〉では第3課以降漢字を学習していくが、学習の定着が図れるよう、既習の漢字にはふりがなを振っていない。

2. 書体について

本文の日本語の書体は、手書き文字に近い書体の「教科書体」を使っている。日本語の印刷書体は形が異なる場合もあるので注意する。

> 例： さ う り ふ や （教科書体）
>
> さ う り ふ や （明朝体）
>
> さ う り ふ や （ゴシック体）
>
> さ う り ふ や （手書き文字）

Ⅳ テキスト各課の構成

1. 会話・文法編

▶この課ですること

課の最初に、「In this lesson, we will . . .」として、この課でできるようになることを示した。（❶）

▶会話（Dialogue）

会話には、その課で学ぶ新しい学習項目が含まれているので、その課の単語や文法を学習した後で扱う。会話の音声は2トラック収録されている。1回目はポーズなしで、2回目は1文ごとに練習のためのポーズを入れて録音されている。（❷）

▶単語（Vocabulary）

「会話」や「練習」に出てくる新しい単語のリストである。品詞別に示し、名詞は主に意味のまとまりで並んでいる。会話に出てくる単語には「*」がつけてある。（❸）

単語の音声には日本語と英訳が入っている。2トラックの音声のうち、1回目は日本語−英語、2回目は英語−日本語の順に流れる。（❹）

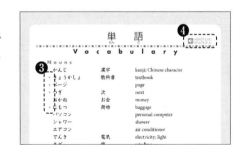

▶文法（Grammar）・表現ノート（Expression Notes）

「文法」は、その課で学ぶ文法の説明が英文で書かれている。文法の最後にある「表現ノート」では、文法項目としては取り上げていない表現や単語について説明している。

▶練習（Practice）

「練習」は文法説明の順番に並んでいて、見出しの横に対応する文法の番号が書いてある。音声マーク🔊がついている練習は、答えが一つに決められるような基本練習で、キューと答えが付属音声に収録されている。

　ワークブックにも各文法項目に対応した練習がある。テキストの練習をした後でワークブックの練習を行い、理解を確認する。

▶その他

課によって以下のコンテンツがある。

> ・Useful Expressions：テーマごとに単語や表現を集めたコラム
> ・Culture Notes：日本の文化や生活習慣などについての説明
> ・Let's Find Out：日本について自分で調べるタスク

2. 読み書き編

〈読み書き編〉では、第1課でひらがな、第2課でカタカナを導入後、第3課以降で1課につき14〜16個の漢字が導入される。

▶漢字表（Kanji List）

第3課以降は、その課で学習する漢字を漢字表にまとめてある。漢字は少しずつ繰り返し練習する。ワークブックの漢字の練習シートも使うとよい。

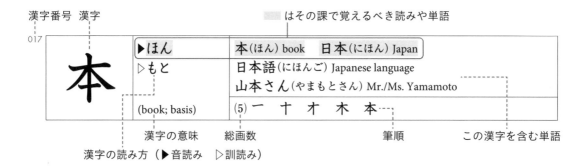

漢字番号　漢字　　　　　　　　　　　　　　　　　はその課で覚えるべき読みや単語

本	▶ほん	本(ほん) book　日本(にほん) Japan
	▷もと	日本語(にほんご) Japanese language
		山本さん(やまもとさん) Mr./Ms. Yamamoto
	(book; basis)	(5) 一　十　オ　木　本

漢字の意味　　　総画数　　　　　　　　　　　筆順　　　　この漢字を含む単語
漢字の読み方（▶音読み　▷訓読み）

　「漢字の読み方」では、表の右の単語欄で使われている読みを挙げている。単語内で音が変化した読み方も個別に示している（例：「学」→がく、がっ、まな）。また、　　　　　　の読みや単語は〈会話・文法編〉で導入されているもので、その課で覚えるべきものである。

▶漢字の練習（Kanji Practice）
　第3課以降、練習Ⅰで漢字の練習を行う。その課の学習漢字に関する練習や、『げんきⅡ』では既習漢字の新しい読みの練習などがある。

▶読む練習（Reading Practice）
　各課に一つまたは二つの読み物がある。読み物は〈会話・文法編〉の同じ課で学んだ文法や単語を学習していることを前提としている。読み物には音声がついている。

▶書く練習（Writing Practice）
　最後に書く練習がある。与えられたトピックに沿って、それまでに習った表現や漢字を使って作文を書く。

3. テキスト巻末について
　テキストの巻末には各種のさくいんと資料がある。

▶文法さくいん（Grammar Index）
　全課の「文法」と「表現ノート」の項目を五十音順に並べたさくいん。

▶単語さくいん（Vocabulary Index）
　テキストで学習する単語のさくいん。〈会話・文法編〉の「単語」だけでなく、〈読み書き編〉の読み物の単語リストに出ている単語や、Useful Expressions の単語も含まれている。日本語のさくいん（単語の五十音順）と英語のさくいん（英訳の abc 順）がある。

▶日本地図／数／活用表（Map of Japan / Numbers / Conjugation Chart）
　全県名リストつきの日本地図、数字と助数詞の音の変化をまとめた表、動詞の活用表を掲載している。

Ⅴ 『初級日本語 げんき［第３版］』改訂の方針

第３版では、主に以下の４つの方針をもとに改訂作業を行った。

🖥 げんきオンライン「教師用ページ」参照

▶方針１：現状に合わせた内容のアップデートと使いやすさの向上

現代の生活や考え方に合わせて、会話の状況や単語、練習内のイラストなどを見直した。文法は表やカコミを増やし、説明を全面的に細かく改訂して、さらに理解しやすくしている。また、新たに各課の最初にその課で目指すことを示し、プロジェクト型の練習「調べてみよう」を追加した。

▶方針２：デジタル化を進め、より使いやすい教材に

第３版では教材のデジタル化を進め、紙の本と合わせて電子版も発行している。また第２版でCD-ROMに収録されていた音声は、アプリを通じてスマホでダウンロードして再生できるようになった。

▶方針３：テキストの基幹部分の維持

テキスト全体の構成など、教材の基本的な骨組みは、第３版でも変更していない。文法項目や学習する漢字が導入される課も第２版と同じである。

▶方針４：多様性の重視と表現への配慮

メアリーとたけしをはじめ、これまで登場したキャラクター以外にも、会話や練習に出てくるキャラクターにより多様性を持たせた。また、ジェンダーやセクシャリティに関してもステレオタイプ的な描写や表現にならないよう配慮した。

Ⅵ 補助教材

1. 解答

本書別冊の「解答」は、別途『解答』としても販売している。内容は別冊と同じで、テキスト〈会話・文法編〉の音声マークがついている練習と〈読み書き編〉の練習の答え、ワークブックの答え、およびワークブックの「聞く練習」のスクリプトが収録されている。

2. アプリ

音声アプリのほかに、『げんき』での学習をサポートするアプリがある。

単語アプリ「Genki Vocab for 3rd Ed.」（有料：iOS/Android）　
　会話・文法編「単語」にある約 1,300 語を、音声やイラストとともに学習できる。

漢字アプリ「Genki Kanji for 3rd Ed.」（有料：iOS/Android）　
　漢字を覚えるヒントとなるイラスト・筆順動画・音声を使いながら、読み書き編「漢字表」の約 1,100 の漢字語と漢字 317 字が学習できる。

活用アプリ「Genki Conjugation Cards」（有料：iOS/Android）　
　音声や例文・イラストを使いながら、『げんき』で学習する主な動詞・形容詞の計 28 種類の活用形がマスターできる。

---

3. げんきオンライン

　げんきオンラインでは、教師用データ集のコンテンツを購入したり、さまざまな資料や補助教材のダウンロードができる。また、学習者のサポートページもある。授業準備や教室活動に活用してほしい。

げんきオンライン
https://genki3.japantimes.co.jp/　

a) げんき教師用データ集

　「げんき教師用データ集」は、げんきオンラインでダウンロード販売している教師用リソースである。以下のコンテンツがあり、それぞれ個別に購入できる。

➤会話場面イラスト集 Ⅰ・Ⅱ
〈会話・文法編〉各課の「会話」を、紙芝居のようなカラーの場面イラストにしたスライド教材。スライドにはそれぞれの場面の会話音声がついており、音声を流しながらクラスで会話練習をすることができる。

➤カラー版 げんきな絵カード [第3版] Ⅰ・Ⅱ
〈会話・文法編〉で学ぶすべての形容詞と動詞、およびイラストで表現できる名詞や表現を、1単語1枚ずつの絵カードにした PDF 教材。これまでモノクロだったイラストを、第3版ではカラー化した。そのままフラッシュカードとして使うだけでなく、コピー＆ペーストして教材作りに活用することもできる。

▶ワークブック解答 PDF

教師が添削しやすいよう、ワークブックのページに赤字で解答を入れた PDF で、クラスの
コースサイトに載せ、学生に自分で答えを確認させたりすることができる。

▶テキスト「文法」日本語訳

英語で書かれているテキスト各課「文法」の日本語全訳である。文法の説明を日本語で確認
したい時に使える。

b) 補助教材ダウンロード

げんきオンラインの「補助教材ダウンロード」では、以下のコンテンツが無料でダウンロー
ドできる。

▶追加アクティビティ

テキストの練習に追加して行うことができるアクティビティ。ワークシートをダウンロード
してそのまま使用できる。本書の中でも「その他の活動」として示している。

▶学生用チェックリスト

課の目標を学生に示すためのチェックリスト（本書 p. 22 参照）。

▶セクション別 改訂リスト

第2版から第3版に移行する際の資料として、改訂内容をセクション別にまとめてある。

▶ MP3 音声ダウンロード

テキストの音声を PC で使いたい場合は、MP3 形式の音声ファイルをここからダウンロー
ドして利用できる。

▶音声付き「練習」スライド

〈会話・文法編〉の「練習」を音声付きでスライド化した補助教材。教室でもオンライン授業
でも利用できる。

▶活用練習スライド

動詞と形容詞の活用形が練習できるスライド教材。

▶文字フラッシュカード PDF

形容詞・動詞、および漢字と重要な漢字語彙のフラッシュカード。

▶さくいんデータ（文法／漢字／単語）

『げんき』で学習する単語・文法・漢字のさくいんデータ。教材作成の際などに利用できる。

➤ワークブック解答用紙（PDF フォーム）

　ワークブックの解答を書くための PDF。紙にプリントアウトして書く、PDF にタイプ入力する、タブレット上で電子ペンで記入するなど、様々な方法で解答できる。オンライン授業の課題提出に便利。

c) 学習者用ページ

　げんきアプリへのリンクのほか、Quizlet で練習できる「げんきなドリル」へのリンクなどがある。

4. 関連教材『Kanji Look and Learn』

　『Kanji Look and Learn』（坂野永理ほか著）は主に非漢字圏の学習者を対象に作成された漢字教材で、初級から中級レベルの 512 の漢字の形と意味を、イラストとストーリーを使って紹介している。『げんき』の漢字提出順とは異なるが、〈読み書き編〉を使用して漢字を導入する際に参考にすることができる。漢字導入の際にその漢字のイラストとストーリーをプロジェクターなどで提示して説明すれば、漢字を覚えるのが苦手な学習者も比較的容易に興味を持って学習することができるだろう。本書 p. 149
〜 152 にイラストを使った漢字の導入例と、『げんき』と『Kanji Look and Learn』の漢字番号対応表を掲載した。

「会話・文法編」学習項目一覧

表N：表現ノート　UE：Useful Expressions　CN：Culture Notes　調：調べてみよう

この課ですること	文法	学習項目	例文	練習
あいさつ		あいさつ	CN：あいさつとおじぎ	
すうじ		数字（1 〜 100）		
第1課　あたらしいともだち			CN：日本人の名前	
自己紹介をする	1	XはYです	メアリーさんはアメリカ人です。	Ⅰ
名前や専攻、時間などを聞く／言う	2	疑問文	メアリーさんはアメリカ人ですか。	Ⅱ
（電話番号を聞く／言う）	3	助詞「の」	日本語の学生です。	Ⅲ
	（表N）	電話番号	電話番号は356-6520です。	Ⅳ
	（UE）	時間	八時です。	Ⅴ
第2課　かいもの			CN：日本のお金　調：Compare the Prices	
値段を聞く／言う	（表N）	数字（100 〜 10万）		Ⅰ
買い物をする	1	これ／それ／あれ／どれ	これは何ですか。	Ⅱ
レストランで注文する	2	この／その／あの／どの＋名詞	この本はいくらですか。	Ⅲ
（わからないものについて聞く）	3	ここ／そこ／あそこ／どこ	銀行はあそこです。	Ⅳ
（どこにあるか聞く／言う）	4	だれの＋名詞	これはだれの傘ですか。	Ⅴ
（だれのものか聞く／言う）	5	助詞「も」	お母さんも日本人です。	Ⅵ
	6	名詞＋じゃないです	メアリーさんは日本人じゃないです。	Ⅶ
	7	助詞「ね」「よ」	おいしいですね。／おいしいですよ。	会話
第3課　デートの約束			CN：日本の家	
日常生活（日課や習慣など）について話す	1・2	動詞（現在）	食べます。	
人を誘う、誘いを受ける／断る	3	助詞「を」「で」「に」「へ」	図書館で雑誌を読みます。学校に行きます。	Ⅱ・Ⅲ
（相談して場所や時間を決める）	4	時の表現	何時に起きますか。	Ⅳ
	5	〜ませんか	コーヒーを飲みませんか。	Ⅴ
	6	頻度を表す副詞	毎日本を読みます。	Ⅵ
	7	語順	私は今日、図書館で日本語を勉強します。	Ⅱ・Ⅲ・Ⅳ・Ⅵ
	8	主題の「は」	週末はたいてい何をしますか。	会話
第4課　初めてのデート			CN：日本の祝日　調：University Research	
物や人の位置を聞く／示す	1	Xがあります／います	病院があります。／猫がいます。	Ⅰ
過去のできごとについて話す	2	XはYの後ろです	図書館は大学の後ろです。	Ⅱ
過去の習慣について話す	3	名詞（過去）	先生は大学生でした。	Ⅲ
（何があるか／だれがいるかを聞く／言う）	4	動詞（過去）	月曜日に何をしましたか。	Ⅳ
（過去の状態について話す）	5	助詞「も」	コーヒーも飲みます。	Ⅴ
	6	〜時間	一時間待ちました	Ⅵ
	7	たくさん	写真をたくさん撮りました。	会話
	8	助詞「と」	日本語と英語を話します。ソラさんと韓国に行きます。	Ⅳ
第5課　沖縄旅行			CN：日本の祭り	
旅行で何をしたか／どうだったか話す	1	形容詞（現在）	高いです。	Ⅰ
人や物を描写する	2	形容詞（過去）	高かったです。	Ⅱ
申し出る／誘う	3	形容詞（名詞修飾）	高い時計ですね。	Ⅲ
好ききらいについて話す	4	好き（な）／きらい（な）	魚が好きですか。	Ⅳ
（おみやげを買う）	5	〜ましょう／〜ましょうか	映画を見ましょう。	Ⅴ
	6	助数詞「枚」	Lサイズを二枚ください。	会話

第6課　ロバートさんの一日			CN：日本の教育制度(1)	
頼む	1	動詞テ形	食べて　読んで　して	I
許可を求める／与える	2	〜てください	窓を開けてください。	II
規則やマナーについて話す	3	テ形による接続	朝起きて、コーヒーを飲みます。	III
手伝いを申し出る	4	〜てもいいです	写真を撮ってもいいですか。	IV
理由を言う	5	〜てはいけません	食べてはいけません。	V
	6	〜から	勉強します。あしたテストがありますから。	VI
	7	〜ましょうか（申し出）	テレビを消しましょうか。	VII

第7課　家族の写真			CN：家族の呼び方	
家族や友だちについて話す	1	〜ている（動作の継続）	テレビを見ています。	I
人の服装や外見を描写する	2	〜ている（変化の結果）	ニューヨークに住んでいます。	II
（今していることについて聞く／	3	人の描写	この人は目が大きいです。	III
話す）	4	形容詞／名詞 テ形	ゆいさんはかわいくて、やさしいです。	IV
（どこかに行く目的を述べる）	5	動詞語幹＋に行く	京都に写真を撮りに行きます。	V
（兄弟や友だちが何人いるか言う）	6	助数詞「人」	日本人が何人いますか。	VI

第8課　バーベキュー			CN：日本の食べ物　調：Japanese Cooking Party	
カジュアルな文体で話す	1	Short form（現在）	書く　書かない	I
考えや意見を述べる	2	くだけた話し方（現在）	よく魚を食べる？　うん、食べる。	II
人から聞いたこと（現在）を他の	3	（現在）と思います	日本人だと思います。	III
人に伝える	4	（現在）と言っていました	ナオミさんは忙しいと言っていました。	IV
しないように頼む	5	〜ないでください	写真を見ないでください。	V
するのが好きなこと／好きじゃ	6	動詞＋の が好きです／上手です	勉強するのが好きです。	VI
ないことについて述べる	7	助詞「が」	だれがイギリス人ですか。	VII
（旅行やパーティーの予定を立てる）	8	何か／何も	何もしませんでした。／何かしましたか。	VIII

第9課　かぶき			CN：日本の伝統文化	
過去のできごとをカジュアルな	1	Short form（過去）	書いた　書かなかった	I
文体で話す	2	くだけた話し方（過去）	きのうテレビを見た？	II
過去のできごとについて考えや	3	（過去）と思います	元気だったと思います。	III
意見を述べる	4	（過去）と言っていました	ヤスミンさんは、病気だったと言っていました。	IV
人から聞いたこと（過去）を他の	5	動詞／形容詞による名詞修飾	めがねをかけている人です。	V
人に伝える	6	もう〜ました／まだ〜ていません	もう食べました。／まだ食べていません。	VI
レストランや店で食べ物を注文する	7	理由＋から＋状況	天気がいいから、遊びに行きます。	VII
理由を述べる	（単語）	助数詞「〜つ」	一つ　二つ	VIII

第10課　冬休みの予定			CN：日本の交通機関	
物や人を比較する	1	二項比較	バスのほうが電車より速いです。	I
旅行などの予定を述べる	2	三項以上の比較	新幹線がいちばん速いです。	II
状態の変化について述べる	3	形容詞／名詞 ＋の	これは私のです。	III
交通手段や所要時間を述べる	4	〜つもりだ	見に行くつもりです。	IV
ツアーについて聞く／ツアーの	5	形容詞＋なる	きれいになりました。	V
予約をする	6	どこかに／どこにも	どこかに行きましたか。／どこにも行きませんでした。	VI
（天気について話す）	7	助詞「で」（手段）	自転車で行きます。	VII

第11課　休みのあと			CN：お正月　調：Trip to Japan	
したいことについて話す	1	～たい	ハンバーガーを食べたいです。	Ⅰ
経験したことについて話す	2	～たり～たりする	掃除したり、洗濯したりします。	Ⅱ
友だちを紹介する	3	～ことがある	有名人に会ったことがありますか。	Ⅲ
出身地について聞く／話す （夢や将来について話す）	4	助詞「や」	すしや天ぷらをよく食べます。	Ⅳ

第12課　病気			CN：日本の気候	
説明する／説明を求める	1	～んです	頭が痛いんです。	Ⅰ
度を超している物事に不満を表す	2	～すぎる	食べすぎました。	Ⅱ
しなければいけないことを述べる	3	～ほうがいいです	薬を飲んだほうがいいです。	Ⅲ
病状について説明する	4	～ので	いい天気なので、散歩します。	Ⅳ
アドバイスをする （丁寧に確認の質問をする）	5	～なければいけません／ ～なきゃいけません	七時に起きなければいけません／ 起きなきゃいけません。	Ⅴ
	6	～でしょうか	日本は寒いでしょうか。	Ⅵ

第13課　アルバイト探し			CN：元号と干支　調：どこに行きたい？	
できること／できないことを述べる	1	可能動詞	一キロ泳げます。	Ⅰ
複数の理由を述べる	2	～し	物価が高いし、人がたくさんいるし。	Ⅱ
第一印象を述べる	3	～そうです（様態）	おいしそうです。	Ⅲ
アルバイトの経験について話す	4	～てみる	着てみます。	Ⅳ
（電話をかける）	5	なら	紅茶なら飲みました。	Ⅴ
（仕事の面接を受ける）	6	頻度	一日に二回食べます。	Ⅵ

第14課　バレンタインデー			CN：日本の年中行事	
ほしいものについて話す	1	ほしい	チョコレートがほしいです。	Ⅰ
確かでないことについて話す	2	～かもしれません	ギターが弾けるかもしれません。	Ⅱ
物をあげたりもらったりする	3	あげる／くれる／もらう	友だちにチョコレートをあげました。	Ⅲ
バレンタインデーなどの特別な 　日について話す	4	～たらどうですか	新聞を見たらどうですか。	Ⅳ
（悩みを相談したり、アドバイスを 　したりする）	5	数字＋も／ 数字＋しか～ない	四時間も勉強しました。／ 三十分しか勉強しませんでした。	Ⅴ

第15課　長野旅行			CN：日本の宿	
一緒に何かしようと誘う	1	意志形	コーヒーを飲もうか。	Ⅰ
準備をする	2	意志形＋と思っている	運動しようと思っています。	Ⅱ
物や人を詳しく説明する	3	～ておく	お金を借りておきます。	Ⅲ
友だちと旅行の計画を立てる （予定について話す）	4	名詞修飾節	韓国に住んでいる友だち	Ⅳ

第16課　忘れ物			CN：贈り物の習慣　調：日本のお土産	
人がしてくれたこと／人にして 　あげたことについて述べる	1	～てあげる／～てくれる ／～てもらう	晩ご飯を作ってあげました。	Ⅰ
希望や願いを述べる	2	～ていただけませんか	ゆっくり話していただけませんか。	Ⅱ
謝る	3	～といい	よくなるといいですね。	Ⅲ
なくした物について説明する	4	～時	かぜをひいた時、病院に行きます。	Ⅳ
（目上の人や先生に頼む） （友だちや家族に頼む）	5	～てすみませんでした	来られなくてすみませんでした。	Ⅴ

第17課　ぐちとうわさ話			CN：日本人のジェスチャー	
聞いたことを伝える	1	～そうです（伝聞）	就職したそうです。	Ⅰ
仮定の話をする	2	～って	土曜日は都合が悪いって。	Ⅱ
何かを他の物や人にたとえる	3	～たら	お金がたくさんあったら、うれしいです。	Ⅲ
ぐちを言う	4	～なくてもいい	勉強しなくてもいいです。	Ⅳ
（うわさをする）	5	～みたいです	スーパーマンみたいですね。	Ⅴ
（しなくてもいいことについて話す）	6	～前に／～てから	電話してから、友だちの家に行きます。／ 友だちの家に行く前に、電話します。	Ⅵ

第18課　ジョンさんのアルバイト

CN：すし

物の状態を描写する	1	他動詞／自動詞	ドアを開けます。／ドアが開きます。	I
自分の失敗について話す	2	自動詞＋ている	窓が開いています。	II
後悔の気持ちを表す	3	～てしまう	新しい単語を覚えてしまいました。	III
職場で上司と話す	4	～と	秋になると涼しくなります。	IV
（季節などの変化について話す）	5	～ながら	携帯を見ながら朝ご飯を食べます。	V
	6	～ばよかったです	もっと勉強すればよかったです。	VI

第19課　出迎え

CN：訪問のしかた

敬意を示す	1	尊敬語	コーヒーを召し上がります。	I
感謝を述べる	2	お～ください	お待ちください。	II
してよかったことについて話す	3	～くれてありがとう	悩みを聞いてくれてありがとう。	III
目上の人と丁寧に話す	4	～てよかったです	日本に留学してよかったです。	IV
（丁寧な場面での会話を理解する） （確信していることについて話す）	5	～はずです	頭がいいはずです。	V

第20課　メアリーさんの買い物

CN：日本のポップカルチャー　調：日本の文化

自身のことについてへりくだって話す	1	丁重語	田中と申します。	I
	2	謙譲語	お持ちします。	II
やりやすいこと／やりにくいことについて話す	3	～ないで	ひげをそらないで、会社に行きました。	III
	4	埋め込み疑問文	アメリカ人かどうかわかりません。	IV
品物を返品／交換する	5	～という～	ローソンというコンビニ	V
道を聞いたり、教えたりする （丁寧に申し出る）	6	～やすい／～にくい	覚えやすいです。／覚えにくいです。	VI

第21課　どろぼう

CN：日本の宗教

悪い経験やできごとについて話す	1	受け身	どろぼうにかばんをとられました。	I
準備してあることを確認する	2	～てある	写真が置いてあります。	II
だれかにやってほしいことを述べる	3	～間に	社長が寝ている間に、起きます。	III
事故・事件について警察に報告する	4	形容詞＋する	公園を多くします。	IV
（変えたいことについて話す）	5	～てほしい	若いころの話をしてほしいです。	V

第22課　日本の教育

CN：日本の教育制度（2）

他の人に何をやらせるか話す	1	使役	服を洗わせます。	I
指示命令する	2	使役＋てあげる／てくれる／てもらう	一人暮らしをさせてくれませんでした。	II
助言を求める／助言をする	3	動詞語幹＋なさい	掃除しなさい。	III
教育について意見を言う	4	～ば	薬を飲めば、元気になります。	IV
（不平を言う）	5	～のに	留学したことがないのに、日本語がぺらぺらです。	V
（他のものにたとえる）	6	～のように／～のような	魚のように泳げます。	VI

第23課　別れ

CN：ことわざ　調：クールジャパン

望まないことをさせられた不満を言う	1	使役受け身	荷物を持たされます。	I
	2	～ても	学生がうるさくても、怒りません。	II
新しい生活への決意を述べる	3	～ことにする	日本語の勉強を続けることにしました。	III
過去の思い出を語る	4	～ことにしている	メッセージをチェックすることにしています。	IV
別れを述べる	5	～まで	大学を卒業するまで、日本にいるつもりです。	V
（何かの手順を聞いたり、説明したりする）	6	～方	アプリの使い方を教えてくれませんか。	VI

「読み書き編」学習漢字一覧

第3課	一 001	二 002	三 003	四 004	五 005	六 006	七 007	八 008	九 009	十 010	百 011	千 012	万 013	円 014	時 015	
第4課	日 016	本 017	人 018	月 019	火 020	水 021	木 022	金 023	土 024	曜 025	上 026	下 027	中 028	半 029		
第5課	山 030	川 031	元 032	気 033	天 034	私 035	今 036	田 037	女 038	男 039	見 040	行 041	食 042	飲 043		
第6課	東 044	西 045	南 046	北 047	口 048	出 049	右 050	左 051	分 052	先 053	生 054	大 055	学 056	外 057	国 058	
第7課	京 059	子 060	小 061	会 062	社 063	父 064	母 065	高 066	校 067	毎 068	語 069	文 070	帰 071	入 072		
第8課	員 073	新 074	聞 075	作 076	仕 077	事 078	電 079	車 080	休 081	言 082	読 083	思 084	次 085	何 086		
第9課	午 087	後 088	前 089	名 090	白 091	雨 092	書 093	友 094	間 095	家 096	話 097	少 098	古 099	知 100	来 101	
第10課	住 102	正 103	年 104	売 105	買 106	町 107	長 108	道 109	雪 110	立 111	自 112	夜 113	朝 114	持 115		
第11課	手 116	紙 117	好 118	近 119	明 120	病 121	院 122	映 123	画 124	歌 125	市 126	所 127	勉 128	強 129	有 130	旅 131
第12課	昔 132	々 133	神 134	早 135	起 136	牛 137	使 138	働 139	連 140	別 141	度 142	赤 143	青 144	色 145		
第13課	物 146	鳥 147	料 148	理 149	特 150	安 151	飯 152	肉 153	悪 154	体 155	同 156	着 157	空 158	港 159	昼 160	海 161
第14課	彼 162	代 163	留 164	族 165	親 166	切 167	英 168	店 169	去 170	急 171	乗 172	当 173	音 174	楽 175	医 176	者 177
第15課	死 178	意 179	味 180	注 181	夏 182	魚 183	寺 184	広 185	足 186	転 187	借 188	走 189	場 190	建 191	地 192	通 193
第16課	供 194	世 195	界 196	全 197	部 198	始 199	週 200	考 201	開 202	屋 203	方 204	運 205	動 206	教 207	室 208	以 209
第17課	野 210	習 211	主 212	歳 213	集 214	発 215	表 216	品 217	写 218	真 219	字 220	活 221	結 222	婚 223	歩 224	
第18課	目 225	的 226	洋 227	服 228	堂 229	力 230	授 231	業 232	試 233	験 234	貸 235	図 236	館 237	終 238	宿 239	題 240
第19課	春 241	秋 242	冬 243	花 244	様 245	不 246	姉 247	兄 248	漢 249	卒 250	工 251	研 252	究 253	質 254	問 255	多 256
第20課	皿 257	声 258	茶 259	止 260	枚 261	両 262	無 263	払 264	心 265	笑 266	絶 267	対 268	痛 269	最 270	続 271	
第21課	信 272	経 273	台 274	風 275	犬 276	重 277	初 278	若 279	送 280	幸 281	計 282	遅 283	配 284	弟 285	妹 286	
第22課	記 287	銀 288	回 289	夕 290	黒 291	用 292	末 293	待 294	残 295	駅 296	番 297	説 298	案 299	内 300	忘 301	守 302
第23課	顔 303	悲 304	怒 305	違 306	変 307	比 308	情 309	感 310	調 311	査 312	果 313	化 314	横 315	相 316	答 317	

「会話・文法編」の指導

「会話・文法編」の指導にあたって

1.「会話・文法編」の使い方

⑴ In this lesson, we will . . .(この課ですること)

テキスト各課の初めには「In this lesson, we will . . .」(この課ですること)がある。その課を始める前にクラスで読み、その課の文法や単語を使ってどのようなことができるようになるかを学生に意識させた上で、学習を行う。本書では、それを日本語にしたものを載せてある。

これらの項目には●がついているが、その下にある♀のついた項目は、テキストには載っていない追加項目である。

その課の目標を明確にするためには、右のような学生用のチェックリストを作成し、配布することもできる。

このリストはその課が始まった時に配布し、課が終わるまでにできるようになることを目標とさせる。その課が終わった後に、各学生にでき

> Can you . . . ?
> ☐ Ask and say how much things are at a store
> ☐ Do shopping, asking prices and requesting the items you want
> ☐ Ask the names of things that you don't recognize
> ☐ Ask where things are, such as the restroom or library

第2課のチェックリスト(抜粋)

るようになった項目をチェックさせる。英語版の学生用チェックリストの項目一覧は、げんきオンライン「教師用ページ」に掲載してある。

⑵ 会話(Dialogue)

「会話」は、2つから3つの会話文からなり、その課の文法項目をすべて含んでいる。このため、その課の初めに扱うと知らない項目が多すぎて、学生がとまどう場合がある。基本的に、「会話」は、その課の文法項目すべてを練習した後に行う。会話の指導には、付属音声(OTO Navi アプリやげんきオンライン「教師用ページ」で提供している MP3 ファイル)を用いることができる。また、「教師用データ集」の「会話場面イラスト集」を使うと、発話の状況や話し手の感情等が視覚的にさらに理解しやすくなる。💻 げんきオンライン 「教師用ページ」 参照

「会話」を使った練習方法には以下のようなものがある。時間や学生のレベルにより適宜取捨選択する。

1. テキストを閉じて文字を目で追えないようにした上で会話の音声を聞かせ、内容について教師が質問する。
2. 教師または付属音声の後について復唱させる。発音やイントネーションにも注意する。
3. 会話の登場人物を割り振って、その部分を読ませる。例えば第1課なら、クラスの半分をたけし役、残り半分をメアリー役とする。教師がたけし役、学生がメアリー役としてもいい。慣れてきたら、ペアで練習させる。
4. ペアで会話を覚えさせて発表させる。会話場面のイラストを見せながら発表させれ

ば、暗記の負担を減らすことができる。

5．会話の一部分を自由に作らせて発表させる。（本書 p. 90 の第 10 課・会話「留意点・応用例」参照。）

⑶ 単語 (Vocabulary)

　その課の「会話」及び「練習」に出てくる新しい単語のリストである。「会話」に出てくる単語には＊印がついている。音声は、日本語→英語、英語→日本語の 2 トラックがある。

　このリストの単語は、学生に各自覚えるように指示する。一度に全部覚えるのは大変なので、毎日少しずつ覚えるように言う。OTO Navi アプリで手軽に音声が聞けるので、発音などにも注意して練習するよう指導する。げんきオンライン「学習者用ページ」の練習や単語アプリ（Genki Vocab for 3rd Ed.）なども使うとよい。時間に余裕があればクラスで単語の練習をしたり、課ごとに簡単な単語テストもしたほうがいい。また、「練習」に単語リストにない新しい語が出てくる場合があるが、それらは覚える必要はない単語として、練習中に訳を示した。

　単語の練習方法としては以下のものがある。

1．教師の後について単語を読ませる。この時、発音やアクセントに注意する。
2．フラッシュカードを作り、表に単語、裏にその英訳を書く。クラスで毎日少しずつ、日本語から英語、英語から日本語に換える練習をする。
3．「ビンゴゲーム」「かるた取り」などの単語ゲームをする。
4．教師用データ集の「げんきな絵カードⅠ・Ⅱ」をコピーして絵カードを作ったり、スライドに貼り付け、それを見せてその単語を言わせる練習をする。
5．単語アプリ「Genki Vocab for 3rd Ed.」やげんきオンライン「学習者用ページ」の単語練習（Quizlet へのリンク）で練習する。

⑷ 文法 (Grammar)・表現ノート (Expression Notes)

　「文法」には、その課の学習項目の説明が英文で書いてある（文法の日本語訳は、「教師用データ集」の一つとしてげんきオンラインで購入できる）。この説明は、予習として授業の前に学生に読んでおくように指示する。説明や脚注は詳しく書かれているが、授業でそれをすべて取り扱う必要はない。多くの規則を教えすぎると学生が混乱する場合もあるので、教師は学生のレベルを見ながらどこまで取り扱うかを決めたほうがいい。

　「表現ノート」は、「会話」や「練習」に出てくる単語や表現の補足説明である。これは基本的に学生各自に読ませることを前提としているが、時間があれば授業で取り扱ってもよい。

⑸ 練習 (Practice)

　「練習」は文法説明の提出順に並んでいる。それぞれ基本的な練習と応用的な練習があり、このままの順番で無理なく行うことができるが、学生の属性・レベルや時間に応じて必要な練習量や内容も変わるので、テキストにある練習をすべて行う必要はない。例えば、英語が母語

ではない学生には、英語を使った練習を行うより、絵などを使って練習させるほうがよい。適宜取捨選択、または本書の「その他の活動」を参考に練習を補足して進めてほしい。

● 🔊印の練習

🔊印の練習は、答えが一つに決められるような基本練習で、音声アプリにキューと解答が収録してある。学生には、自習する際、発信音を聞いたら再生を一時停止して答えを声に出して言うよう指示する。なお、この練習の解答は、本書別冊の「解答」に入れてある。

● まとめの練習

各課の練習の最後には「まとめの練習」が入っている。これは、複数の学習項目を組み合わせた練習や「会話」を応用して別の会話を作る練習など、その課の仕上げとなる練習である。この練習も、学生の属性・レベルや時間に応じて、取捨選択してほしい。

⑹ 調べてみよう (Let's Find Out)

「調べてみよう」は日本の文化や社会について自分で調べたり比較したりする活動で、数課に一つある。プロジェクトとして、個人やグループで取り組ませるとよい。

⑺ Culture Notes

各課の「Culture Notes」では、日本の文化や習慣などを紹介している。その課の内容に関連づけて紹介するよう配慮した。この内容を足がかりに、学生にインターネット等で調べてくるように指示してもいいだろう（「3. Culture Notes を使った活動例」参照）。

⑻ Useful Expressions

「Useful Expressions」には、第1課の「じかん・とし」のようにその課のトピックに関連した表現や、第10課の「駅で」のように場面ごとに使われる表現がまとめてある。これは必ず授業時間内に取り扱わなければならないものではなく、学生のニーズなどに応じて、適宜必要なものを授業に取り入れてもらいたい。

2. 授業の進め方

⑴ 各課の所要時間と内容

〈会話・文法編〉は、一つの課を5～6時間程度で終われるように作成してある。まず、各学習項目を30分から1時間程度かけて教え、その後、「まとめの練習」や「会話」に1～2時間使うのが基本である。

各学習項目については、基本的に「導入→説明→練習」という流れを取る。本書には各項目の導入例が掲載してあるが、導入をせず、説明から始めてもよい。一番重要なのは練習なので、練習にかける時間をなるべく長くする。そのために、授業の前に学生に文法説明を読ませ、しっかり予習をさせるようにする。ただし、学生全員がしっかり予習してくることを前提にできない場合は、導入・説明を一通り授業で行ったほうがいい。

⑵ 指導例（1コマ50分の場合）

　ここでは例として第11課の指導案を挙げる。各文法項目の導入方法、練習の注意点等は各課の説明で詳しく取り上げているので、そちらを参照してほしい。

➤ 1時間目

・"In this lesson, we will" の部分を読んで、この課ですることを確認する。

・「〜たいです」「〜たくないです」の導入と説明、練習ⅠのA・Bを行う。

・「〜たかったです」「〜たくなかったです」の説明と、練習ⅠのC・Dを行う。

　【宿題】ワークブックの第11課 - 1

➤ 2時間目

・前回の復習：げんきオンラインの「追加アクティビティ」などを用いて、「〜たいです」の復習をする。

・「〜たいと言っていました」「〜たがっています」の導入と説明、練習ⅠのE・Fを行う。

・「〜たり〜たりする」の導入と説明、練習ⅡのA〜Cを行う。

　【宿題】ワークブックの第11課 - 2

➤ 3時間目

・単語テスト：単語リストから日本語→英語／英語→日本語を各5問ずつ、計10問

・前回の復習：「たい」や「〜たり〜たりする」

・「〜ことがあります」の導入と説明、練習ⅢのA・Bを行う。

　【宿題】ワークブックの第11課 - 3

➤ 4時間目

・前回の復習「〜ことがあります」

・「Noun A や Noun B」の説明、練習Ⅳを行う。

・会話Ⅰ：会話の音声を聞かせ、内容についてQ＆Aを行う。その後、リピートさせ、発音を指導する。最後に応用として、ペアで会話Ⅰを部分的に変えて会話を作らせ、クラスで発表させる。

　【宿題】ワークブックの第11課 - 4

➤ 5時間目

・前回の復習「Noun A や Noun B」

・会話Ⅱ：会話Ⅱを練習した後、クラスで三人ずつのグループを作り、友だちを紹介する練習を行う。

・会話Ⅲ：会話Ⅲを練習した後、自分の出身地についての会話をペアで作らせる。
【宿題】「まとめの練習C」の準備

▶6時間目
・まとめの練習Cをクラス全体で行う。
・時間があれば、まとめの練習AやBも行う。
・"In this lesson, we will"の項目ができるようになったかを確認する。
【宿題】ワークブックの第11課 - 5・6

3. Culture Notes を使った活動例

　日本語でスムーズにコミュニケーションするためには、背景となる日本の知識も欠かせない。各課の「Culture Notes」では日本の文化・生活情報を紹介している。Culture Notes は、学習者の人数やレベル、授業時間数などに応じて様々な使い方ができる。以下に活動例を紹介する。

▶あいさつ：Culture Notes「あいさつとおじぎ」
（活動）　適切なジェスチャーであいさつをする。
（手順）　1．テキストⅠp. 30 ～ 31 の「あいさつ」の表現を学習する。
　　　　　2．テキストⅠp. 34 の「れんしゅう」のあいさつをペアで練習し、ジェスチャーも加えて発表する。
　　　　　3．時間があれば、ビジネスの状況での名刺交換をする。

▶第2課：Culture Notes「日本のお金」
（活動）「いくらでしょう」ゲーム：ペアまたはグループに分け、日本の物の値段を当てるゲームで競う。
（手順）　1．日本の広告ちらしのサイト（スーパー、ユニクロなど）の URL を教え、宿題として、それを見て、どんな物がいくらぐらいするかを見てくるように指示する。
　　　　　2．教師は日本の物（傘、本、Tシャツ、靴、お菓子など）を用意する。
　　　　　3．教室では、二～三人一組のグループに分け、教師が用意した物の値段をグループで話し合って当てる。正解が一番多かったグループの勝ち。

▶第6課：Culture Notes「日本の教育制度（1）」

（活動）　日本と自分の国の教育制度の比較をする。

（手順）　1．この課の Culture Notes を参考に、課題として自国の教育制度について
調べてくる。

　　　　　2．以下のようなことについてペア／グループで意見を交換し合う。日本語
で話し合うのはまだ無理なので、母語で話し合わせるとよい。

　　　　　　　(1) What are similarities and differences between the educational
system in Japan and the educational system in your country?

　　　　　　　(2) Suppose you are a parent, which school would you want your child
to go to, one in Japan or one in your country? Why?

▶第13課以降：Culture Notes「お正月」（第11課）／「元号と干支」（第13課）／
「日本の宗教」（第21課）

（活動）　年末から年始のクラスで日本のお正月を疑似体験する。

（手順）　1．学生をグループに分け、それぞれのグループがお正月の準備をする。お
正月の食べ物（おもちなど）を用意するグループ、遊びを考えるグルー
プ、神社（の絵など）を作るグループ、など。

　　　　　2．個々の学生は、新年のお願いや抱負を日本語で考えてくる。

　　　　　3．クラスが始まると同時に、「あけましておめでとうございます」と新年
のあいさつを交わす。教師は、その年の元号と干支を紹介する。

　　　　　4．学生は学生が作った神社に行き、新年のお願いをする。

　　　　　5．みんなで、お正月のゲームをしたり、おもちなどを食べたりして楽しむ。

（備考）　できれば1月の早い時期に行うのが望ましい。同様な活動を、Culture Notes
「日本の年中行事」（第14課）の中の行事について行ってもいい。

▶第17課：Culture Notes「日本人のジェスチャー」

（活動）　Culture Notes に紹介されている日本人のジェスチャーを使った短い会話を
作る。

（手順）　1．テキストⅡのp. 124にあるジェスチャーを教師がやってみせ、どんな意
味のジェスチャーか、学生が当てる。

　　　　　2．ペアでp. 124のジェスチャーを使った短い会話を作る。

　　　　　3．会話を発表する。その際、同じせりふをその学生の母語ではどのような
ジェスチャーで言うか、比較してもいい。

> ▶第22課以降：Culture Notes「日本の教育制度（2）」
>
> （活動）　日本の高校生活や大学生活についてのアンケートを作り、日本人に聞く。
>
> （手順）　1．グループで、日本の高校生活か大学生活について日本人に聞きたい質問のアンケートを作る。その際、Culture Notes や、〈読み書き編〉第18課の読み物「橋本君の大学生活」、〈会話・文法編〉第22課の練習Ⅱ（p. 241）を参考にする。アンケートの答えは、記述式より選択式のほうが後でまとめやすい。
>
> 　　　　　2．知っている日本人にアンケートをする。
>
> 　　　　　3．グループでアンケートの結果をまとめ、スライドなどを使って発表する。
>
> （備考）　クラスメイトにも同じアンケートをして、日本人の結果と比較してもいい。
>
> ▶第23課：Culture Notes「ことわざ」
>
> （活動）　日本と学生の国のことわざの類似点／相違点について考察する。
>
> （手順）　1．テキストの中のことわざで、日本の文化をよく反映しているのはどれか、自分の国のことわざと違うのはどれかなどを話し合う。
>
> 　　　　　2．宿題として、自分の国のことわざの中で日本のことわざと似ているもの／違うものを調べてくる。
>
> 　　　　　3．調べてきたことわざについて、クラスで話し合う。

4．「会話・文法編」のテストについて

　学習者の到達度を評価する方法としては、単語や動詞・形容詞の活用などの要素ごとに行う小テスト、1課または2〜3課の範囲内で複数の要素について総合的に評価するレッスンテスト、中間試験、期末試験などがある。

(1)単語テスト

　1課ごとに行う。その課に入った後、比較的早い段階で行うと、クラス活動がスムーズに進む。例1のように日本語から媒介語へ、媒介語から日本語へと訳す簡単なものから、例2のように、単語を文中で適切な形にして使えるかを問うものなどがある。

例１：単語テスト（第６課）

```
JPN1   Vocabulary Quiz (L.6)          名前_____

Change the Japanese words into English and the English words into Japanese（ひらがな）.

  1. よる        _____      6. train        _____

  2. あそぶ      _____      7. to turn off  _____

  3. やすむ      _____      8. to enter     _____

  4. もってくる  _____      9. later on     _____

  5. すぐ        _____     10. money        _____

                                                                    /10
```

例２：単語テスト（第12課）

```
JPN2   Vocabulary Quiz (L.12)         名前_____

Fill in the blank with an appropriate word or appropriately conjugated verb form.

  1. _____、_____がある。(2)
     I will have a **match soon**.

  2. _____ので、学校を休んだ。(1.5)
     I **caught a cold**.

  3. 日本の_____に_____。(2)
     I am **interested in** Japanese **politics**.

  4. _____が_____から、今日からもっと勉強する。(2.5)
     My **grade** was **bad**.

  5. _____が_____んです。(2)
     I have a stomachache. (lit., My **stomach hurts**.)

                                                                    /10
```

⑵ レッスンテスト

　その課の内容の理解度を総合的に測れるように構成する。カリキュラムに応じて、１課ごとに行ってもいいし、２〜３課分をまとめて行ってもよい。例３は第６課と第７課の２課分をまとめて行うレッスンテストの一例で、〈会話・文法編〉の内容だけに限定し、「聴解」「語彙」「文法」の問題で構成されている。

　問題Ⅰの（1）と（2）は、この課で学習した文型や語彙を含む会話を聞いて、内容に関する質問に答える聴解問題である。会話はあらかじめ教師が作成し、録音しておく。例は記述式だが、○×式や選択式の問題も可能である。また、教師が日本語で質問し、それに日本語で答えるという形式や、教師が言った文をそのまま記述するディクテーションなどもできる。Ⅱは適当な語彙で空所を埋める問題である。Ⅲ以降は文法問題で、Ⅲは選択問題、ⅣとⅤは絵を見て、質問に答えたり文を完成する問題、ⅥとⅦは指示に従って文を完成させたり、媒介語の文を日本語に訳す問題である。この他にも、媒介語で状況を説明し、「こんな時、何と言いますか」と問う形式などが可能である。

例3：レッスンテスト（第6課・第7課）（所要時間 50 分）

JPN1　Lesson Test (Lessons 6 & 7)

Section: _____

Name: _____　　　　Score:_____/50

I.　Listening Comprehension（15 points）

(1) Listen to the conversation between Robert and Yui, and answer the following questions <u>in English</u>.（10）

1.　What is Yui's plan?（1 x 3）

　　• What day of the week:　_____

　　• Where to go:　　　　　_____

　　• What to do:　　　　　<u>to</u>_____

2.　Who is going?（0.5 x 4）　_____　_____

　　　　　　　　　　　　　　_____　_____

3.　What kind of person is Robert's friend, Ken?（2）

　　_____ and _____

4.　Who will bring a camera?（1）　_____

5.　Why will Robert not bring his camera?（1）

　　_____

6.　Where, and at what time will they meet?（0.5 x 2）

　　Where:　　_____

　　What time:　_____

(2) Listen to the conversation between a teacher and a student, and answer the following questions <u>in English</u>.（5）

1.　What did the student ask the teacher?（1 x 2）

　　_____

　　Because _____.

2.　What was the teacher's answer?（2）

　　_____, because _____.

3.　What is the teacher's advice for solving the problem?（1）

　　_____.

※ I (1) (2) のスクリプトは p. 34

II. Complete the following sentences based on the English counterpart. (1 x 5 = 5)

1. (　　　　　　　　　) 宿題をしますか。
   (Will you do your homework **right away**?)

2. (　　　　　　　　　) テニスをしませんか。
   (Would you like to play tennis **later on**?)

3. 「どうぞ座ってください。」「いいえ、(　　　　　　　　　)。」
   ("Please take a seat." **"That wouldn't be necessary."**)

4. (　　　　　　　　　) 話しました。
   (I talked **slowly**.)

5. (　　　　　　　　　) うちに来ませんか。
   (**If you like,** how about coming to my house?)

III. Choose the most appropriate expression to complete the following sentences. (1 x 5 = 5)

1. A：兄弟がいますか。

   B：はい。 〔 a) 姉が二人　〕 います。
   　　　　　〔 b) 姉二人が　〕
   　　　　　〔 c) 二人が姉　〕
   　　　　　〔 d) 二人の姉　〕

2. A：ロバートさんは どこですか。
   B：ロバートさんですか。うちで 音楽を 〔 a) 聞きませんか。　〕
   　　　　　　　　　　　　　　　　　　〔 b) 聞いていますよ。〕
   　　　　　　　　　　　　　　　　　　〔 c) 聞きますよ。　　〕
   　　　　　　　　　　　　　　　　　　〔 d) 聞きましょうか。〕

3. クラスに お酒を 〔 a) つれては　　　〕 いけません。
   　　　　　　　　〔 b) つれてきては　〕
   　　　　　　　　〔 c) もっては　　　〕
   　　　　　　　　〔 d) もってきては　〕

4. A：暑いですね。窓を 〔 a) 開けましょうか。〕
   　　　　　　　　　　〔 b) 開けてください。〕
   　　　　　　　　　　〔 c) 開けていますか。〕
   　　　　　　　　　　〔 d) 開けましたか。　〕

   B：あ、どうもすみません。お願いします。

5.　メアリーさんは
　　a) 長^{なが}い髪^{かみ}です。
　　b) 長い髪があります。
　　c) 髪が長いです。
　　d) 髪を長いです。

IV. Answer each question <u>in Japanese</u> based on the pictures. Each answer must be a <u>sentence</u>, not just yes/no or a noun. (1.5 x 4 = 6)

Mr. Suzuki　Mrs. Suzuki　　　　　Mary　　　　　　　Robert

1.　Is Mr. Suzuki married?　　　　＿＿＿＿＿＿＿＿＿＿＿＿＿＿＿＿＿

2.　Is Mrs. Suzuki wearing glasses?　＿＿＿＿＿＿＿＿＿＿＿＿＿＿＿＿

3.　What is Mary doing?　　　　　＿＿＿＿＿＿＿＿＿＿＿＿＿＿＿＿＿

4.　What is Robert wearing? (Choose one item.)　＿＿＿＿＿＿＿＿＿＿＿

V. Look at the pictures and complete the sentences. （1 x 4 = 4）

1.　　　　　　　　2.　　　　　　　　3.　　　　　　　　4.

new and big　　　busy and hard　　good-looking and kind　lively and interesting

1.　あの図書館^{としょかん}は＿＿＿＿＿＿＿＿＿＿＿＿＿＿＿大^{おお}きいです。

2.　週末^{しゅうまつ}は＿＿＿＿＿＿＿＿＿＿＿＿＿＿＿＿＿大変^{たいへん}でした。

3.　ロバートさんは＿＿＿＿＿＿＿＿＿＿＿＿＿＿＿やさしいです。

4.　この町^{まち}は＿＿＿＿＿＿＿＿＿＿＿＿＿＿＿＿＿おもしろいです。

VI. Complete each Japanese sentence by translating your choice of options indicating the purpose of going to the places indicated.　(1 x 3 = 3)

1.　私は 図書館へ ＿＿＿＿＿＿＿＿＿＿＿＿＿＿＿＿＿＿＿＿＿ 行きました。

　　　　　(to return books / to read books / to borrow books) ← Choose one and circle it.

2.　私は 友だちのうちへ ＿＿＿＿＿＿＿＿＿＿＿＿＿＿＿＿＿＿＿ 行きました。

　　　　　(to study / to watch a movie / to teach English) ← Choose one and circle it.

3.　私は 公園へ ＿＿＿＿＿＿＿＿＿＿＿＿＿＿＿＿＿＿＿＿＿＿＿ 行きました。

　　　　　(to play sports / to meet friends / to take pictures) ← Choose one and circle it.

VII. Complete the following conversations by writing appropriate words/phrases/sentences in Japanese.　(2 x 6 = 12)

1.　学生：テストで＿＿＿＿＿＿＿＿＿＿＿＿＿＿＿＿＿＿＿＿＿＿＿＿＿。

　　　　　　　　May I use the textbook (during the test)?

　　先生：いいえ、＿＿＿＿＿＿＿＿＿＿＿＿＿＿＿＿＿＿＿＿＿＿＿＿＿。

　　　　　　　　　　No, you must not.

2.　たけし：ゆいさんのお母さんは 何をしていますか。

　　ゆい　：＿＿＿＿＿＿＿＿＿＿＿＿＿＿＿＿＿＿＿＿＿＿＿＿＿＿＿＿。

　　　　　　　(She) works at a department store.

　　たけし：あ、そうですか。＿＿＿＿＿＿＿＿＿＿＿＿＿＿＿＿＿＿＿＿。

　　　　　　　　　　　　　　Where does she live?

　　ゆい　：近くですよ。

3.　A：いそがしいですか。

　　B：はい。＿＿＿＿＿＿＿＿＿＿＿＿＿＿＿＿＿＿＿＿＿＿＿＿＿＿。

　　　　　　　　Because . . . (your own reason).

4.　A：今晩 何を しますか。

　　B：＿＿＿＿＿＿＿＿＿＿＿＿＿＿＿＿＿＿＿＿＿＿＿＿＿＿＿＿＿＿。

　　　　　　I will take a shower and go to bed.

※1（聴解問題）のスクリプト

(1) ロバート： ゆいさん、来週の週末は何をしますか。

　　　ゆい：　　来週の週末ですか。土曜日にナオミさんと公園に行きます。公園でスポーツをします。

　　　ロバート： そうですか、いいですね。ぼくも一緒に行ってもいいですか。

　　　ゆい：　　はい。じゃあ、八時半にバス停に来てください。九時ごろ電車に乗りますから。

　　　ロバート： はい。日本人の友だちを連れていってもいいですか。

　　　ゆい：　　もちろん、いいですよ。どんな人ですか。

　　　ロバート： けんさんです。親切でかっこいい人ですよ。

　　　ゆい：　　そうですか。じゃあ、私とナオミさんとロバートさんとけんさんですね。

　　　ロバート： ええ、そうです。ゆいさん、カメラを持ってきてください。ぼくのカメラはちょっと
　　　　　　　　古くて大きいですから。

　　　ゆい：　　はい、わかりました。私のカメラを持っていきましょう。

　　　ロバート： じゃあ、来週の土曜日の八時半ですね。

　　　ゆい：　　ええ、バス停で会いましょう。

(2) 学生： 先生、あした、クラスを休んでもいいですか。

　　　先生： え、どうしてですか。

　　　学生： 姉が日本に遊びに来ます。

　　　先生： あしたは休んではいけませんよ。テストがありますから。

　　　学生： えっ、テストですか。

　　　先生： 忘れましたか。お姉さんは何時に来ますか。

　　　学生： 二時に大阪で会います。

　　　先生： じゃあ、日本語のクラスに来て、それから、お姉さんに会ってください。

　　　学生： はい、わかりました。

(3) 会話テスト

　会話テストは、レッスンテストや中間試験、期末試験の一部として行うこともできる。例4は日本語の質問に学習者が答える、問答式の問題である。対象となる課の文型と語彙が入った質問を理解し、その質問に答える能力を測ることができる。例5はロールプレイ式のテストで、学習者に媒介語で指示を与え、発話させるものである。教師が相手役になる。例6もロールプレイ式のテストだが、場面や役割を媒介語または日本語で設定し、それに従って比較的自由に会話をするものである。

例4：会話テスト（第1課）

（指示文）Please answer my questions in Japanese.
（想定される会話）教師：カーターさんは何年生ですか。
　　　　　　　　　学生：二年生です。
　　　　　　　　　教師：専攻は何ですか。
　　　　　　　　　学生：ビジネスです。

例5：会話テスト（第6課）

（指示文）You are hot. Request the teacher to open the window.
（想定される会話）**学生：先生、暑いです。窓を開けてください。**
　　　　　　　　　教師：はい。（窓を開けるふりをする）

例6：会話テスト（第3課・第4課）

（指示文）You want to go out with Mayu. Ask what she will do this weekend and invite her for something
　　　　　if she doesn't have any special plan.
（想定される会話）**学生：まゆさん、週末は何をしますか。**
　　　　　　　　　まゆ（教師）：うちで勉強します。
　　　　　　　　　学生：そうですか。じゃあ、スポーツをしませんか。
　　　　　　　　　まゆ：いいですよ。何をしますか。

第1課の前に　—ひらがなと「あいさつ」「第1課」の組み合わせ指導例—

　『初級日本語 げんき』は〈会話・文法編〉と〈読み書き編〉から構成されており、〈会話・文法編〉では漢字にすべてルビが振ってある。このため、コースの目的や授業時間数、授業形態などに応じて、〈会話・文法編〉と〈読み書き編〉の両方を同じクラスで扱う、別々のクラスで教える、漢字の学習はしない、など様々な使い方が可能である。しかし、どのような使い方をするにせよ、ひらがなとカタカナは読み書きできることが必要となっている。したがって、学習の最初期には、ひらがなの読み書きの導入・練習と「あいさつ」及び第1課の学習を並行して行わなくてはならない。学習者の負担が過度にならないよう、注意する必要がある。

　学習の最初期のクラス構成としては、

　　(1)　「あいさつ」や第1課の学習より先にすべてひらがなの学習を終わらせる

　　(2)　第2課まで付してあるローマ字表記を利用して、ひらがなの指導を後回しにする

　　(3)　一回の授業の中で時間を分け、ひらがなの指導とあいさつや第1課の学習項目を組み
　　　　合わせて運営していく

などのやり方が考えられるが、ここでは (3) の一例を示す。ここで示した所要時間はあくまでも目安であり、ひらがなの指導をもっと速くすることや、もっと時間をかけて行うことも可能であろう。

1回目の授業（ひらがなの認識）

　基本46文字が認識できるところまでを目標にする。五十音図の順番に、暗記の助けとなるような絵を見せたり、話を作って見せたりしながら導入する（本書 p. 161：読み書き編・第1課「ひらがなの導入例」参照）。時間の都合によって、46文字を前後半に分けたり、三列ずつぐらいに分けて導入してもよい。その時間の目標として選んだ範囲の文字の導入が一通り終わったら、ワークブック p. 11 のひらがな表を切り取ってカードを作らせ、各自でひらがなの読み方を確認させたり、少人数のグループで読み書き編の指導例にあげた「トランプ並べ」や「かるた取り」のようなアクティビティをさせることができる（本書 p. 161：第1課「その他の活動」2・3参照）。46文字を導入したその授業内で、それらをすべて覚えることは無理なので、この段階では、わからなければ常にテキストの見返し部分にあるひらがなの表などを参照するように指導する。

　この時間中に、文字とは関係なく、あいさつ等の表現をいくつか導入することも可能である。

【宿題】　1．テキストⅠp. 20 〜 21 のひらがな表を見ながら音声を聞いて、文字と
その発音が認識できるようにする。
　　　　　2．ワークブックⅠp. 11 のひらがな表からカードを作って、各文字が読
めるようにする。

2回目の授業（ひらがなを書く）

　　フラッシュカードを見せたり、五十音図を見せてその中の文字を指し示したりし
て、認識できているか確認する。その後、読み書き編・第1課のひらがな表（p. 296）
を参照させ、黒板などに1文字ずつゆっくり書いてみせて、筆順を提示する。また、
間違えやすい点なども説明する。ワークブックのひらがな練習（読み書き編・第1課
1〜5）で各自で何回か書く練習をさせる。一通り練習ができた段階で、教師が読
み上げたひらがなをノートや黒板などに書かせ、それが合っているか、形は正しい
かなどを指導する。読み書き編・第1課のⅠ-A・Bをすることもできる。

【宿題】　1．ワークブック第1課-1〜5 （p. 121 〜 125）を仕上げてくる。
　　　　　2．ひらがなを見ないで書けるように練習する。

3回目の授業（濁音／あいさつ）

　　フラッシュカードで提示したりディクテーションをさせたりして、基本46文字の
復習をした後、テキストの Japanese Writing System「I. Hiragana」2の濁音・半濁
音の項目（p. 21）を学習する。まず、「か」などの清音を提示し、その横に濁点・半
濁点を加えるなど提示するとよい。ワークブック第1課-6のⅠ・Ⅱ（p. 126）やテ
キストの読み書き編・第1課I-C（p. 297）をするとよい。
　　この段階で、テキストの「あいさつ」のページ（p. 30 〜 31）に移り、単語レベル
でひらがなを読む練習をする。あいさつの単語には、以下のような正書法の規則が
含まれているので、まずそれらを学習する。

①濁音：あいさつの単語に多く含まれているので、上記のように、あらかじめま
とめて導入しておく。
②「お」の長音を示す「う」：「おはよう」など、多く含まれている。「お・は・よ・
う」ではなく、実際には「おはよー」と発音されることを教える。
③「ん」：「こんにちは」を「こにちは」と書いた場合の発音の違いなどを示す。こ
の段階で聞き分けは難しいので、おおげさに発音してみせたりするとよい。

④「わ」と発音される「は」：歴史的な理由で、このように発音される場合がある
　と説明する。

⑤促音の「っ」：あいさつの範囲では「いってきます」「いってらっしゃい」に出
　てくる。「っ」が小さく書かれていることに注意を喚起し、それが「つ」の音で
　はなく、無音状態を示していることを説明する。

⑥拗音の「ゃ」：「いってらっしゃい」に含まれている。「し・や」ではなく、それ
　が縮約されて「しゃ」と発音されることを説明する。

　　　促音や拗音はこの段階では簡単にすませ、次の授業で練習することを言って
　おく。

⑦文末の「。」

　あいさつに関しては、「初級日本語げんき文型ビデオ集」の「Greetings」を見せ
て、おじぎなどの動作とともに導入する（https://genki.japantimes.co.jp/site/video/
jp/）。あいさつを練習した後、テキストⅠp. 34の練習問題などで定着を図る。練習
問題は、ペアで動作を交えながら発表させることもできる。この時に動作も加えて
発表させるとよい。

【宿題】　1．ワークブック第1課-6（p.126）のⅠ・Ⅱの残り
　　　　　2．ワークブック「あいさつ」（p.13〜14）

4回目の授業（促音・拗音・長音／数字）

　あいさつの絵を使って、復習を行う。次にあいさつの文字を見せ、「おはよう」な
どに含まれる長母音、「いってらっしゃい」に含まれる促音や拗音に注意を喚起した
上で、テキストのJapanese Writing System「I. Hiragana」3〜5（p. 21〜24）を
学習する。規則を説明した後、以下のような練習をするとよい。

・これらの文字が含まれる単語をフラッシュカードにして読ませ、合わせて発音
　の指導をする。
・ワークブック第1課-6（p. 126）のⅢ・Ⅳ、第1課-7（p. 127）のⅠ〜Ⅳ
・テキスト読み書き編・第1課のI-D・E（p. 298）

　発音がなかなか思うようにいかない学習者も多いので、発音の正確さについては、
あまり高く目標を設定して学習者のやる気をくじくようなことがないように注意す
る。

　基本文字や濁音など、すでに学習した項目についても復習を行い、ひらがなの定
着を図る。

　数字（1〜100）の導入と練習を行う。まず、「すうじ」（p. 35）を見ながら0から10までを読んで確認する。次に数字（0〜10）を一つ一つ見せて、答えを言わせる練習などを行い、練習Aを行う。その後、11以降の数字を導入・練習し、練習B・Cを行う。以下のようなアクティビティを行ってもよい。

- **かるた取り**：3〜4人のグループに分けて数字のかるた取りをする。教師が数字を読み上げ、その数字のかるたを取るのを競う。グループの中で一番たくさんかるたを取った学生の勝ち。
- **数字ビンゴゲーム**　🖥 げんきオンライン「追加アクティビティ」
数字を使ってビンゴゲームをする。
- **数字リレーゲーム**：クラス全体で輪になり、教師が各学生に番号をつける。全員で手拍子を2回「パンパン」と打った後、教師が自分の番号と一人の学生の番号を言う（手拍子が2拍、数字が2拍で、全体で4拍子になる）。番号を呼ばれた学生は、手拍子の後すぐ、同じように自分の番号と他の学生の番号を言う。自分の番号を呼ばれているのにすぐ反応できない場合、罰1となり、罰3になった学生には罰ゲームをさせる（歌を歌うなど）。

【宿題】　1．ワークブック第1課-6（p. 126）のⅢ・Ⅳ
　　　　　2．ワークブック第1課-7（p. 127）のⅠ〜Ⅳの残り
　　　　　3．ワークブック「すうじ」（p. 15）

第1課　あたらしいともだち

この課ですること・・

🟤自己紹介をする

🟤名前や専攻、時間などを聞く／言う

⭕電話番号を聞く／言う

💻 げんきオンライン「学生用チェックリスト」

この課の学習項目

X は Y です	メアリーさんはアメリカ人です。	文法1	練習 I
疑問文	メアリーさんはアメリカ人ですか。	文法2	練習 II
助詞「の」	日本語の学生です。	文法3	練習 III
電話番号	電話番号は 356-6520 です。	表現ノート	練習IV
時間	八時です。	Useful Expressions	練習V

単語 (p. 38)　第1課には ADDITIONAL VOCABULARY が入れてあるが、この単語は覚える必要はない。クラスで自分の国や専攻などについて言わせるためのリストである。

練習 I　メアリーさんは アメリカじんです (p. 46)　　　☛ 文法1 [X は Y です]

導入例　p. 46 の絵と表の名前と国籍の欄を拡大コピーしたり、プロジェクターに映したりして、「メアリーさんはアメリカ人です」などと一つ一つ指し示しながら導入する。学年、年齢についても同様に絵と表を見せながら導入する。

練習を行う上での留意点　「X は Y です」の練習を、国籍／学年／年齢を使って行う。まず、国籍を使って導入と練習Aを行い、学年の導入と練習B、年齢の導入と練習Cと進み、最後に練習Dを行う。ただし、個人的な情報を言いたくない学生もいるので、必ずしも本当のことを言わなくてもいいと説明しておいてもよい。

練習 II　メアリーさんは アメリカじんですか (p. 47)　　　☛ 文法2 [疑問文]

導入例　p. 46 の絵と表を見せながら、「メアリーさんはアメリカ人です。たけしさんは日本人ですか」などと質問し、学生からの返答を待った後、「はい、そうです」など答え方も導入する。疑問詞のある質問文も、同様に絵と表を見せながら導入する。

練習を行う上での留意点　1．まず、疑問詞のない質問文とその答え方の導入と練習Aを行い、その後、「何歳」「何年生」という疑問詞のある質問文とその答え方の導入、およ

び練習Bを行う。最後に疑問詞のある文とない文を混ぜた練習を行う。

２．練習Aでは、「〜です」の否定形はまだ学習しないので、「アメリカ人ですか」「いいえ、イギリス人です」のように答えさせる。

３．練習Bをした後、教師が質問をして学生に自分のことを言わせたり、学生同士ペアで互いのことについて質問させたりしたほうがいい。

４．練習Cを行う前に、表を見ながら「お父さん」や「会社員」などの単語を確認しておく。余裕があれば、単語リストの Additional Vocabulary を導入してもいい。

５．練習Cの後、学生の家族やホストファミリーに関してペアで質問させるとよい。

その他の活動	「まきさんは何歳ですか」 🖥 げんきオンライン「追加アクティビティ」
	ワークシートの人物の情報（年齢、学年など）をペアで質問しあう。

練習 Ⅲ　にほんごの がくせいです (p. 50)　　　　　　☛ 文法3 [助詞「の」]

導入例	例１．学生に自分の携帯を見せて、「私の電話」と言いながら、電話を指す。その後、学生Aの電話を指して、「Aさんの電話」と導入する。
	例２．「U of Arizona」など学校の名前入りのTシャツを着ている人の絵を見せ、「アリゾナ大学の学生」と導入する。
文法上の留意点	１．「〜の」は、英語では所有格になる場合、後ろから of で係る場合、複合語の場合などがあるが、日本語ではどれも「○○の××」の形になることに注意する。特に、「の」の前後を逆にしてしまう誤用に注意する。
	２．of が入っていても、大学の名前の一部などでは「の」にならない（「ロンドンの大学」ではなく「ロンドン大学」になる）ことに注意する。
	３．専攻を表現する「○○さんの専攻は××です」は、主題の部分が複雑になっている。これは英語で一番自然な "Mary is a Japanese major." という文型とも対応しないので、学生にとっては難しい。
練習を行う上での留意点	まず、「名詞の名詞」句の導入と練習を行い、次に「名詞の名詞」を使った文の練習を行う。

練習 Ⅳ　でんわばんごう (p. 51)　　　　　　☛ 表現ノート [Numbers]

導入例	自分たちの学校の電話番号や教師の電話番号などを板書し、読み上げる。
文法上の留意点	電話番号を言う際、「7」は「なな」、「4」は「よん」、「9」は「きゅう」、「0」は「ぜろ」か「れい」と読むことに注意する（表現ノート「Numbers」p. 44 参照）。

| その他の活動 | 学生が実生活で必要な電話番号（例：大使館、大学、警察、救急車など）の聞き取り練習をする。 |

練習 Ⅴ　じかん (p. 52)　　　　　　　　　　　　　　　　　　　　 ☛ Useful Expressions［時間］

導入例	時計を用意し、いろいろな時間を見せながら「今、○時です」と導入する。時計は、紙の皿などを用いて作ることができる。
文法上の留意点	1．「四時」「七時」「九時」の読み方に注意する。 2．「午前」「午後」が数字の前にくることに注意する。
練習を行う上での留意点	1．練習Ｃは、「飛行機に乗って地図の都市に向かっている。今それらの都市では何時かを知りたいので、乗務員に聞きなさい」というような状況を与えて行うと、より現実味が出る。また、都市も学生に応じてなじみのあるものに変えてもよい。 2．時間については「〜時半です」がスムーズに言えるようになることを当面の目標とする。時間の余裕がある場合は、Useful Expressions（p. 55）を参考にして「〜分」まで練習する。その場合、音変化などがあるため、まだ正確に言うのは難しいので、あまり発音の正確さを求めなくてもよい。
その他の活動	「いま何時ですか」 🖥 げんきオンライン「追加アクティビティ」 世界各地の時間をペアで聞き合う。

練習 Ⅵ　まとめの れんしゅう (p. 54)

| 練習を行う上での留意点 | 1．練習Ａは、学生数が少なかったりして、この練習を始める時点ですでにお互いのことがわかっている場合や、あまりクラスに多様性がない場合は、各々の学生に下記のような人物設定を与えて行ってもおもしろい。
　　例）Tom Smith — American/20 years old/English major/Senior
2．練習Ｂは会話Ⅰを練習した後に行う。ペアの相手を変えながら練習を行ってもよい。
3．練習Ｃは会話Ⅱを練習した後に行う。できれば、暗記させてクラスの前で自己紹介させる。その際、Culture Notes「あいさつとおじぎ」(p. 32) を参考におじぎの仕方について触れたり、ポケットに手を入れて話してはいけないなど、日本でのマナーなどにも注意するとよい。 |

第2課 かいもの

この課ですること・・

- 値段を聞く／言う
- 買い物をする
- レストランで注文する

- わからないものについて聞く
- どこにあるか聞く／言う
- だれのものか聞く／言う

🖥 げんきオンライン「学生用チェックリスト」

この課の学習項目

数字（100 ～ 10万）		表現ノート	練習 I
これ／それ／あれ／どれ	これは何ですか。	文法1	練習II
この／その／あの／どの ＋名詞	この本はいくらですか。	文法2	練習III
ここ／そこ／あそこ／どこ	銀行はあそこです。	文法3	練習IV
だれの＋名詞	これはだれの傘ですか。	文法4	練習V
助詞「も」	お母さんも日本人です。	文法5	練習VI
名詞＋じゃないです	メアリーさんは日本人じゃないです。	文法6	練習VII
助詞「ね」「よ」	おいしいですね。／おいしいですよ。	文法7	会話

練習 I　すうじ（100 ～ 10万）(p. 67)　　　　　➡ 表現ノート [Big numbers]

導入例　　　　　●数字

例1．「100」「200」などの数字カードを用意する。一つ一つ
見せながら読み上げて導入する。

例2．右のような数字を示し、「にせん、ごひゃく、ろくじゅ
う」と上から読んで、「2,560」をどう言うか確認する。

```
  2000
   500
+   60
  2560
```

●～はいくらですか

「3,600 円」と大きく値段を書いた『げんき』の教科書を見せて、「本はいく
らですか」と聞き、「3,600 円です」と言って導入する。

文法上の留意点　　1．p. 67 の表中で下線で示した数は、百の単位では「さんびゃく」「ろっ
ぴゃく」「はっぴゃく」、千の単位では「さんぜん」「はっせん」が発音が変
わるので注意する。

2．100 は「ひゃく」、1,000 は「せん」になるが、10,000 は「まん」ではな
く「いちまん」になることに注意する。

3．学生の母語の数字体系と異なる点に注意する。例えば英語では、「万」
にあたる単位がないことはもとより、2,500 を twenty five hundred と言っ
たり、$120 を one twenty dollars と言ったりするが日本語では言えない点
など、細かい違いが多い。

練習を行う上での 留意点	1．まず、数字の導入と練習Aを行い、その後、値段の聞き方と答え方の導入と練習B・Cを行う。 2．数字の中には音変化を伴うものなどがあるので、発音の正確さを初めから要求しすぎると難しいという印象を与えてしまう恐れがある。そのため、この段階ではあまり直しすぎないほうがいい。数字を言えることも大切だが、それ以上に聞き取れることが大切なので、数字の聞き取りの練習を多く行うとよい。 3．「これ／それ／あれ」は、まず実物や物の絵を使って練習させたほうがわかりやすい。
その他の活動	1．かるた取り：数字を学習した後、三〜四人のグループに分けて数字のかるた取りができる。数字を一つずつ書いたカードを机の上に並べ、教師が数字を読み上げ、その数字のかるたを取るのを競う。グループの中で一番たくさんかるたを取った学生の勝ち。 2．宅配ピザやテイクアウトのメニュー、スーパーなどのちらしや広告、レストランのメニューなどを使って値段を言わせる。同じ物が学生の国ではいくらかを考えさせ、日本とその国での物価を比較させる。 3．ゲーム「The Price Is Right」：学生二人ずつでチームにする。カメラ、雑誌、果物など、教師が持ってきた実際の物について値段を当てさせる。

練習 Ⅱ　これは なんですか (p. 69)　　　　　　　　　☛ 文法1 [これ／それ／あれ／どれ]

導入例	●これ／それ／あれ 本、ペン、時計、傘などの実物を見せて、「これは〜です」と言う。その後、学生が持っている物を指し、「それは〜です」と言う。また、遠くに物を置き、「あれは〜です」と言って導入する。 ●〜はなんですか 例1．「とんかつ」の写真を見せ、食堂でとなりの人（学生）がそれを食べているという状況設定を媒介語で説明する。そして教師が「それは何ですか」と聞き、学生から「これはとんかつです」と答えを引き出して導入する。 例2．「げんきな絵カード」の「郵便局」の絵を遠くに貼り、一人二役で「あれは何ですか」と聞き、「あれは郵便局です」と言って導入する。
文法上の留意点	英語では「あれ／それ」の両方が that になるので、位置関係をはっきりさせてその違いに注意させる。
練習を行う上での 留意点	1．練習を行う前に、練習AやBで使う物や建物の名前を確認しておく。 2．練習Cは、Useful Expressions「きょうしつ」(p. 81) を参照しながら行う。

練習 Ⅲ　このほんは いくらですか (p. 70)　　　☞ 文法2 [この／その／あの／どの＋名詞]

導入例　例1．三本の傘、または傘の絵にそれぞれ値段をつけて、一つは教師のそば、一つは学生のそば、残りの一つは教師と学生から離れたところに置く。そして、教師のそばのものを指し、「この傘は三千円です」、学生のそばのものを「その傘は〜円です」、離れたところにあるものを「あの傘は〜円です」と言って導入する。その後、「その傘はいくらですか」と質問して、答えを引き出す。

例2．オンラインでの授業など、実際に物を配置できない場合には、右のような絵を使う。教師が店員、学生が客（ロバート）という設定にし、店員の教師が、そばにあるものを示し「この傘は三千円です」、客のそばにあるものを「その傘は〜円です」、離れたところにあるものを「あの傘は〜円です」と言って導入する。その後、「その傘はいくらですか」と質問して、答えを引き出す。

文法上の留意点　「これ／それ／あれ」の直後には「は」が続き、「この／その／あの」の直後には必ず名詞が続くことに留意させる。

練習を行う上での留意点　1．「これ／それ／あれ」と同様に、「この／その／あの」も、まず実物や物の絵を使って練習させたほうがわかりやすい。
2．練習をする前に、値段の言い方の復習をするとよい。
3．練習Cで「円」以外の通貨単位を使う必要があれば、その単位の言い方を教える。

その他の活動　練習Bの後、実物をいくつか用意して、フリーマーケットで買い物をするという状況で練習をする。その場合、学生が興味がありそうなもの、例えば、まんがの本、アニメのポスター、日本風のTシャツなどがあるとよい。

練習 Ⅳ　ぎんこうは あそこです (p. 72)　　　☞ 文法3 [ここ／そこ／あそこ／どこ]

導入例　「げんきな絵カード」の「銀行」の絵を、学生と教師の両方から離れたところに貼り、「銀行はどこですか」と聞く。絵を指差しながら「銀行はあそこです」と導入する。同様に、教師の近くや学生の近くに「かばん」や「本」の絵を貼って、「そこ」「ここ」を導入する。

文法上の留意点　「ここ／そこ／あそこ」の位置関係は「これ／それ／あれ（この／その／あの）」と同じであることを指摘するとわかりやすい。場所を表す時は「これ／それ／あれ」ではなく「ここ／そこ／あそこ」になることに注意する。

練習を行う上での 留意点	「あそこです」「そこです」などと質問に答える際、絵に示された位置関係に応じて、遠くや相手の近くなどを指で示すようにさせるとよい。
その他の活動	練習の後、練習の絵とそれ以外で学生のなじみのある建物（例：コンビニ、レストランなど）の絵を教室に貼って、以下のような短い会話の練習をしてもよい。 　　　A：すみません、マクドナルドはどこですか。 　　　B：あそこです。 　　　A：ありがとうございます。

練習 **V**　これは だれの かさですか (p. 73)　　　☛ 文法4［だれの＋名詞］

導入例	学生Aに本を借り、「これはAさんの本です」と言う。次に学生Bにも本を借り、「これはだれの本ですか」と質問する。学生から答えが出ればいいが、出なかった場合は教師が「これはBさんの本です」と言う。
練習を行う上での 留意点	1．練習を行う前に、学生の持ち物を使いながらクラス全体で「これは、○○さんの本です」「これは、××さんのかばんです」と「～さんのnoun」を復習したほうがよい。 2．学生に余裕があれば、「私のです」「○○さんのです」という表現（第10課）を教えてもよい。

練習 **VI**　おかあさんも にほんじんです (p. 73)　　　☛ 文法5［助詞「も」］

導入例	同じ年齢、国籍、学年の学生二人を例に挙げ、学生Aと学生Bについて共通することを言って導入する。例えば「Aさんはアメリカ人です」「Bさんもアメリカ人です」や「Aさんは一年生です」「Bさんも一年生です」などが使える。
文法上の留意点	「これは時計です。あれは時計もです」のような文が出ないように注意する。
練習を行う上での 留意点	口頭練習した後、ワークブック（p. 29のⅠ）の英語から日本語に訳す練習をして、もう一度確認するとよい。

練習 **VII**　メアリーさんは にほんじんじゃないです (p. 74)　　　☛ 文法6［名詞＋じゃないです］

導入例	練習Aの表（p. 74）を使い、「メアリーさんはイギリス人ですか」と聞く。「いいえ」という答えが出るので、「そうですね。メアリーさんはイギリス人じゃないです」と言う。同様に「メアリーさんは三年生じゃないです」なども使って導入する。

文法上の留意点	「アメリカ人ですか」という質問に対して「いいえ、じゃないです」のように名詞の部分なしで言ってしまう間違いが多いので、「アメリカ人じゃないです」となることに注意する。

その他の活動	1.「私の番号は七じゃないです」　🖥 げんきオンライン 「追加アクティビティ」 カードに書いた番号や単語をだれが一番たくさん当てられるかを競う。 2.「私はだれですか」　🖥 げんきオンライン 「追加アクティビティ」 クラスメイトが選んだ有名人について、国籍や仕事などの質問をしてだれか当てる。

練習 Ⅷ　まとめの れんしゅう (p. 76)

練習を行う上での留意点	1.　練習Aは、まず会話Ⅰを練習した後でペアで行う。この課に出てきた単語（かばん、とけい、かさ、くつ、など）の実物を用意し、実際の買い物に近い状況で練習すると楽しい。実物が用意できない場合、右のような絵を使ってもよい。　2.　練習Bは、会話Ⅱを練習した後で行う。行う前に、p. 76のメニューを一緒に読みながら、料理の確認を行う。（定食の説明はp. 208にある。）また、「サンドイッチ」などのカタカナ語の読み方を確認する。ペアで練習の後、クラスで発表させる。 3.　練習Cは、実際に学生に写真を用意させ、ペアやグループで練習させてもいい。 4.　練習Dのような「Find who」アクティビティをする場合は、学生全員を立たせ、すべての項目に該当する人が見つかったら座る、というやり方をするといい。学生が質問を始める前に、クラスで質問に使う表現を確認しておく。答えはメモを取らせ、終了後に報告させる。 5.　練習Dは、練習Ⅵを終えた後にすることもできる。

会話 (p. 56)

留意点・応用例	会話Ⅰに助詞「ね」「よ」を含んだ文がある。文脈から意味を考えさせ確認する。時間があれば以下の活動をするとよい。 「おいしいですね／おいしいですよ」　🖥 げんきオンライン 「追加アクティビティ」 終助詞「ね」「よ」からイラストのせりふに合うほうを選ぶ。

調べてみよう「Compare the Prices」(p. 78)

日本にも自国にもあるファストフードやカフェなどの店を取り上げ、同じような商品の値段を調べて比較する。

留意点・応用例　　調べる対象となるものは、マクドナルド、スターバックスの他に、ケンタッキーフライドチキン、サーティワンアイスクリームなどがある。時間があれば、調べた結果をペアやグループで共有する。

Useful Expressions「きょうしつ」(p. 81)

留意点・応用例　　1．教室内にあるものの名前は、練習Ⅱ-Cをする際に参照させるとよい。
　　　　　　　　　2．p. 81 の下に挙げた表現は、徐々に覚えさせて、できるだけクラスで日本語を使わせることもできる。

第3課　デートの約束

この課ですること
- 日常生活（日課や習慣など）について話す　　相談して場所や時間を決める
- 人を誘う、誘いを受ける／断る

　げんきオンライン「学生用チェックリスト」

この課の学習項目

動詞（現在）	食べます。	文法 1・2	練習 I
助詞「を」「で」「に」「へ」	図書館で雑誌を読みます。学校に行きます。	文法 3	練習 II・III
時の表現	何時に起きますか。	文法 4	練習IV
〜ませんか	コーヒーを飲みませんか。	文法 5	練習V
頻度を表す副詞	毎日本を読みます。	文法 6	練習VI
語順	私は今日、図書館で日本語を勉強します。	文法 7	練習 II・III・IV・VI
主題の「は」	週末はたいてい何をしますか。	文法 8	会話

練習 I　食べます (p. 94)　　　　▪ 文法 1・2 [動詞（現在）]

導入例　　　　「げんきな絵カード」の動詞のカードに辞書形を書いたものを貼り、教師が辞書形を言って学生にリピートさせ、動詞の辞書形に慣れさせる。その後、

ru 動詞、*u* 動詞、不規則動詞のグループに分けてカードを貼り直し、三つのグループがあることを視覚的に示し、グループごとに辞書形からます形への活用の仕方を説明する。

文法上の留意点　1．動詞の辞書形については、この時点では活用練習に使うだけだが、動詞を覚える時、必ず辞書形を覚えることを強調する。

2．「る」で終わる動詞の「*ru* 動詞／*u* 動詞」の見分け方を確認しておく。

練習を行う上での留意点　1．動詞については初めて導入するので学生の負担が大きくなりすぎないように数を限ったが、学生の必要に応じ補足してもよい。

2．クラスでは、まず *ru* 動詞、*u* 動詞、不規則動詞を分けて、活用練習をする。辞書形を書いた絵カードまたは文字カードを見せながら、定着するまで何回か練習するとよい。その後、練習Ⅰのように三種類の動詞を混ぜたものへと発展させる。

練習Ⅱ　図書館で雑誌を読みます (p. 95)　☞ 文法 3・7 ［助詞（目的語＋を・場所＋で）・語順］

導入例　●目的語＋を＋動詞
練習Ⅰの絵を使い、「ハンバーガー」「コーヒー」のところを指で示して注目させて、「ハンバーガーを食べます」「音楽を聞きます」と導入していく。

●場所＋で
上と同様に練習Ⅰの絵を使って、場所を指で示して注目させ、「マクドナルドでハンバーガーを食べます」「うちで音楽を聞きます」と段階的に助詞を増やしていく。

文法上の留意点　1．「を」の表記に注意する。

2．助詞は先行する名詞に付帯するものであることを、分かち書きなどで示すとよい。動詞が助詞を選ぶという側面ばかり強調すると、「図書館でを勉強します」や「いいえ、を食べません」のように、目的語がない他動詞文にも「を」を用いるような誤用を引き起こしかねない。

練習を行う上での留意点　1．練習Aは、まず、「目的語＋を」の導入後、(a)を行う。次に「場所＋で」の導入後、(b)を行う。

2．練習Bを行った後に、学生が自由に質問を作って、相手に聞く練習を行う。ここでは Yes/No を聞く質問の他、「どこで」「何を」を使った質問も作らせる。

3．練習Dの Guessing Game は、初めのうちはやり方が把握しにくく、とまどうこともあるかもしれないが、ルール自体は案外簡単であり、すぐ慣れる。他の項目でも比較的容易に作成することができるので、やり方を学生に把握させておくとよい。

その他の活動　「私は本を読みません find who」　🖥 げんきオンライン「追加アクティビティ」
クラスメイトに質問して、「はい」と答えた人の名前を記入する。

練習 Ⅲ　学校に行きます (p. 96)　　　☞ 文法 3・7［助詞（に・へ）・語順］

導入例　　　「げんきな絵カード」の「銀行」の絵を壁に貼っておき、教師が絵のほうに向かって歩き、「銀行に行きます」と導入する。

文法上の留意点　1．この段階では「へ」と「に」が置換可能な動詞しか導入されない。練習では主として「に」を用いている。
2．「へ」の発音に注意する。
3．「行く」と「来る」は英語の go/come と使い方が異なるので注意する。詳しい説明は p. 93 の表現ノート「行く／来る」を参照する。

練習を行う上での
留意点　　　練習Bが終わった後に、「あした」「今晩」などの助詞「に」をとらない時間表現を導入してから、ペアになり自由に質問させる。

その他の活動　以下のような会話を提示して、場所の助詞「に」と「で」の違いに注目させて、練習するとよい。
　　　学生A：あしたどこに行きますか。
　　　学生B：大学に行きます。
　　　学生A：大学で何をしますか。
　　　学生B：勉強します。

練習 Ⅳ　何時に起きますか (p. 97)　　　☞ 文法 4・7［時の表現・語順］

導入例　　　練習Aのようなスケジュール表を提示し、「私は七時に起きます／八時に朝ご飯を食べます……」と導入していく。

練習を行う上での
留意点　　　1．練習AとBは「（時間）に」だけであるが、練習Cでは「（時間）ごろ」と「（時間）に」の両方を練習する。
2．練習Cは時間に余裕があれば、一人だけでなく何人かにインタビューをさせるとよい。
3．練習Dの前に、時間表現に「に」がつくものとつかないものを確認する。

その他の活動	1.「ルームメイト探し」 💻 げんきオンライン「追加アクティビティ」

生活スタイルについてクラスメイトに質問し、ルームメイトにしたい人を選ぶ。

2.「先生の一日」 💻 げんきオンライン「追加アクティビティ」

「何時にするか」「何をするか」を教師に質問し、答えを聞き取って、ワークシートの空欄を埋める。

練習 Ⅴ　コーヒーを飲みませんか (p. 98) 　　　　　☛ 文法5［〜ませんか］

導入例	学生Aに、「Aさんはテニスをしますか」と聞く。「はい」と答えたら、「じゃあ、土曜日にテニスをしませんか」と言う。
練習を行う上での留意点	練習Cの後、学生がしたいことを自由に誘わせる。その際、具体的な場所や時間も決めるように指示する。
その他の活動	「日本語を勉強しませんか」 💻 げんきオンライン「追加アクティビティ」

クラスメイトを誘い、時間と場所を決めて、クラスで発表する。

練習 Ⅵ　毎日本を読みます (p. 99) 　　　　　☛ 文法6・7［頻度を表す副詞・語順］

導入例	例1.「げんきな絵カード」の「する」（メアリーがテニスをしている絵）に「every day」と書き、「メアリーさんは毎日テニスをします」、「飲む」（メアリーがコーヒーを飲んでいる絵）に「sometimes」と書き、「メアリーさんはときどきコーヒーを飲みます」などと導入する。
	例2.「する」の絵カードとカレンダーを用意し、「メアリーさんは毎日テニスをします」と言いながら、すべての日に○をつけて導入する。「よく〜」なら半分ぐらい、「ときどき〜」なら週に一回など、頻度がわかるように印をつけて示す。
文法上の留意点	「あまり／ぜんぜん」を使う場合、動詞が否定形になることに注意する。
練習を行う上での留意点	1.練習を行う前に、練習Ⅰの絵を見せながら質問し、「毎日／よく／ときどき／あまり／ぜんぜん」を使って答えさせる練習をしてもいい。

（図書館で雑誌を読んでいる絵を見せながら）

教師：よく図書館で勉強しますか。

学生：いいえ、あまりしません。

2.練習はペアでやらせてもいい。また、ペアで他の質問をさせてもいい。

その他の活動	「よくテニスをしますか」 💻 げんきオンライン「追加アクティビティ」

ワークシートにある活動をよくするかどうか、ペアで質問しあう。

練習 Ⅶ　まとめの練習 <small>(p. 100)</small>

練習を行う上での
留意点

1．練習Aの応用として、「週末は何をしますか」などの質問を学生に作らせて、実際に日本人にインタビューさせてもいい。

2．動詞が導入されたことで、練習Bでは、日常生活についてかなり話すことができる。ここでは一文だけの発話ではなく、できるだけたくさんの文を言うように指示する。

3．練習Dは、会話Ⅰを練習した後で、Example のような会話をペアで作らせる。その際、「何をするか」「いつするか」だけでなく、場所や時間などを具体的に決めさせてもいい。

会話 <small>(p. 82)</small>

留意点・応用例

1．会話Ⅰの「土曜日はちょっと……」は、語尾を伸ばして残念そうに言わせるといい。

2．会話Ⅱではホストファミリーでなく、ルームメイトなどとの会話にして自由に作らせてもよい。

3．会話Ⅱを練習した後で p. 83 のイラストだけ見ながら、会話を作らせてもいい。

第4課　初めてのデート

この課ですること

- 物や人の位置を聞く／示す
- 過去のできごとについて話す
- 過去の習慣について話す

- 何があるか／だれがいるか を 聞く／言う
- 過去の状態について話す

💻 げんきオンライン「学生用チェックリスト」

この課の学習項目

X があります／います	病院があります。／猫がいます。	文法 1	練習 I
X は Y の後ろです	図書館は大学の後ろです。	文法 2	練習 II
名詞（過去）	先生は大学生でした。	文法 3	練習 III
動詞（過去）	月曜日に何をしましたか。	文法 4	練習 IV
助詞「も」	コーヒーも飲みます。	文法 5	練習 V
〜時間	一時間待ちました。	文法 6	練習 VI
たくさん	写真をたくさん撮りました。	文法 7	会話
助詞「と」	日本語と英語を話します。 ソラさんと韓国に行きます。	文法 8	練習IV

練習 I　病院があります (p. 115)

☞ 文法 1 ［X があります／います］

ここでは、(1) Thing がある／ Person がいる、(2) Place に〜がある、(3) Time に予定などがある、の3種類の練習を行う。

導入例　　　● Thing がある／ Person がいる

教室にあるものを指しながら、「つくえがあります」「テレビがありません」と導入する。教室にいる学生を示し、「アメリカ人の学生がいます」「中国人の学生がいません」と導入する。

● Place に〜がある

住んでいる町や大学や国を例にとり、「この町にマクドナルドがあります」「この大学に銀行があります」と導入する。

● Time に予定などがある

p. 125 のようなスケジュールの画面を見せて、「木曜日にアルバイトがあります」などと導入する。

文法上の留意点	1．日本語では、生物には「います」、無生物には「あります」を使うことを、初めにしっかりと理解させる。 2．曜日以外の時間表現を使う場合は、「に」がつくかどうかに注意させる（第3課の文法4参照）。
練習を行う上での留意点	1．練習Aを行う前に、「げんきな絵カード」やp. 115の絵を使って、建物の単語を導入しておく。練習では「何がありますか」「だれがいますか」などと質問したり、学生同士でペアを組ませたりしてもいい。 2．練習Bはペアでさせることもできる。必要に応じて語彙を補う。
その他の活動	「あります／います find who」　💻 げんきオンライン「追加アクティビティ」 ワークシートに書かれたものを持っている人を探す。

練習 Ⅱ　図書館はどこですか (p. 117)　　　　　　　　☞ 文法2［XはYの後ろです］

導入例	文型を導入する前に「前／後ろ／となり／右／左／中／上」などの位置表現を学生に動作で表現させながら導入する（例えば、学生は「上」と言いながら指で上を指す）。その後、実物を用いて（例えばペンを机の上に置き）、「ペンはつくえの上です」と文型を示す。また練習Aのような絵（地図）を拡大コピーしたりプロジェクターで映したりして、「郵便局は病院の前です」「病院はホテルと大学の間です」と導入してもよい。
文法上の留意点	1．この項目の練習をやっている時はうまくできていても、しばらく経つと、「図書館の前」の代わりに「前の図書館」などの誤用に逆戻りしてしまう学生が多いので、長期的な指導が必要である。 2．建物などに関しては、「～の後ろ」の代わりに「～のうら」、「～の前」の代わりに「～の向かい」などを用いることもあるが、ここでは扱わない。汎用性の高い語にしぼって練習している。 3．ここで練習する「つくえの上」のような位置表現と、練習Ⅰで導入した「ここにノートがあります」のような存在文を組み合わせれば、「つくえの上にえんぴつがあります」のような文を作ることができるが、組み合わせそのものは練習しない。「上」「下」などの位置表現の単語が多いため、それらを習得することに集中させたい。 4．「となり」と「よこ」の違いについては、同等の事物の位置を説明している場合は「となり」、違う場合は「よこ」になることを、例えばクラスの学生を使って「スミスさんはジョンさんのとなりです」「かばんはつくえのよこです」などと説明する（p. 109の脚注6参照）。

練習を行う上での 留意点	練習Aの地図などの場合、日本語話者に比べて、「どこから見て話しているのか」という視点の位置に強くこだわる学生もいるので、あらかじめ視点を明確に示してから始めたほうがよい。また、人が並んでいる写真や教室内の席順などを使う場合は、同じ配列でも、英語では"A is to the right of B"（写真を見ている人の視点からの表現）と"A is sitting on B's left"（座っている人の視点からの表現）などが可能である場合があり、混乱を招きやすいので注意する。
その他の活動	1．自分たちの町や大学について説明させる。その場合、この課の文型だけでなく、今まで学習した文型や語彙をできるだけたくさん使って話すように指導する。 　　例）私の大学にカフェがあります。カフェは図書館の前です。よくそこでコーヒーを飲みます。ときどき、朝ご飯も食べます。 2．「あなたの部屋に何がありますか」　🖥 げんきオンライン「追加アクティビティ」 お互いの部屋にある物について聞いて答える。 3．「新聞はどこですか」　🖥 げんきオンライン「追加アクティビティ」 ペアで、自分の絵に欠けている物がどこにあるか聞き、描き込ませる。

練習 Ⅲ　先生は大学生でした (p. 118)　　　　　　　　☛ 文法3［名詞（過去）］

導入例	「山下先生は大学の先生です」と現在形で言った後、p. 118の山下先生の絵に「25 years ago」と書いた絵を見せながら、「二十五年前、山下先生は大学生でした」「先生じゃなかったです」と過去形の肯定文・否定文を導入する（「1990年」などと西暦で板書してもよい）。
文法上の留意点	1．よくある間違いとして否定形「〜じゃないでした」「〜じゃなかったでした」が挙げられる。形が定着するまで、繰り返し練習したほうがよい。 2．過去の否定形には「〜じゃありませんでした」もあるが、『げんき』では「〜じゃなかったです」を用いている。学生に余裕があれば「〜じゃありませんでした」を練習させてもよいが、同時に二種類練習させると学生が混乱するので、一方が定着してからもう一方を練習させたほうがよい。
練習を行う上での 留意点	練習Aでは、教師が自分の若いころのことを題材にして、「子供でしたか」「いいえ、大学生でした」などと練習してもいい。

練習 Ⅳ　月曜日に何をしましたか (p. 120)　　　　　☛ 文法4・8［動詞（過去）・助詞「と」］

導入例	水を持って「水を飲みます」と言う。それを飲み干した後、「飲みました」と言って導入する。

練習を行う上での 留意点	1．練習Aをする時は、フラッシュカードやスライドなどを用いると、テンポよく練習することができる。 2．練習Aの後、「げんきな絵カード」の動詞の絵を見せながら、「～ました」「～ませんでした」を言わせる練習をしてもよい。 3．質問文は、まずYes/Noを聞く質問（練習C）、次に「何」「いつ」など疑問詞を使った質問（練習D）、のように段階的に練習を行う。
その他の活動	1．「先週何をしましたか」　🖥 げんきオンライン「追加アクティビティ」 先週したことについて質問しあう。 2．「動詞の過去形 find who」　🖥 げんきオンライン「追加アクティビティ」 先週の週末にワークシートに書かれていることをした人を探す。 3．「動詞を使った質問」　🖥 げんきオンライン「追加アクティビティ」 ペアで互いにワークシートの質問をする。

練習 Ⅴ　コーヒーも飲みます (p. 122)　　　　　　☞ 文法5 [助詞「も」]

導入例	まず、第2課で学習した「XはYです」が「XもYです」となる文を復習する。例えば同じ学年の学生について「○○さんは二年生です」「××さんも二年生です」と言う。次に、p. 155のような学生の時間割を提示し、「水曜日に日本語のクラスがあります」「木曜日にも日本語のクラスがあります」と、「は」以外で「も」を使うことができることを示し、それぞれの助詞の場合について説明する。
文法上の留意点	助詞「を」「が」「は」は「も」で置き換えられるが、その他のものは「～にも」「～でも」となることに留意させる。
練習を行う上での 留意点	1．練習Aは、プロジェクターなどを使って、二つの文のどこが同じでどこが違うかを視覚的に示すとわかりやすい。 2．どの部分に「も」をつけるかは定着しにくいので、ワークブック p. 46にある翻訳の練習などで確認するとよい。

練習 Ⅵ　一時間待ちました (p. 123)　　　　　　☞ 文法6 [～時間]

導入例	12時と7時を示す時計を提示し、「私は12時に寝ます。7時に起きます」と言った後、「私は7時間寝ます」と導入する。
文法上の留意点	「～時間」の後は、「ごろ」ではなく「ぐらい」を使うことに注意させる。「11時ごろ寝ました」「11時間ぐらい寝ました」のような文を提示すると「ごろ」と「ぐらい」の違いがわかりやすい。

練習を行う上での
留意点　　　　　　練習Aをする前に「〜時間半」という言い方を確認しておく。

練習 Ⅶ　まとめの練習 (p. 124)

練習を行う上での
留意点　　　　　　１．練習Aには「〜の時」という表現が出てくるが、英語では同じ when で
　　　　　　　　　も、日本語では疑問詞は「いつ」、接続詞は「時」と異なるので、誤った単
　　　　　　　　　純化が起こらないように注意させる。
　　　　　　　　　２．練習Aを行った後、実際に学生が子供の時や高校の時によくしたこと／
　　　　　　　　　しなかったことについて話し合わせてもよい。

調べてみよう「University Research」 (p. 125)

興味のある日本の大学を一つ選び、所在地、学生数、留学生数、授業料などについて調べて発
表する。

留意点　　　　　　発表の説明をした後に、教師が卒業した大学などをモデルとして例を示すと
　　　　　　　　　よいだろう。１から５までは日本語でできるので、日本語で話させ、６は英
　　　　　　　　　語でもいいことにする。プロジェクターで写真を提示させることもできる。
　　　　　　　　　発表の際、どうしてその大学を選んだか英語で説明させてもいい。

会話 (p. 102)

留意点・応用例　　１．会話Ⅰの応用として、練習Ⅱ-Aの地図を使って練習することもできる。
　　　　　　　　　２．会話Ⅱの応用として、ホストファミリーやルームメイトとの会話を行う
　　　　　　　　　こともできる。その際、学生が実際にしたことを言わせてもいいし、下のよ
　　　　　　　　　うなキューを見せて、それをもとに会話を進めさせることもできる。それぞ
　　　　　　　　　れの状況で関連した質問をして会話を膨らませてもいい（例えば「コンビニ
　　　　　　　　　で何を買いましたか」など）。

> went to a park
> went to a convenience store
> didn't eat lunch
> did homework at a cafe

Useful Expressions「日・週・月・年」 (p. 127)

留意点・応用例　　１．このページにある Days と Months を使って日付を導入する。実際のカ
　　　　　　　　　レンダーを使って導入することもできる。日付は学生にとってなかなか覚え
　　　　　　　　　られないものなので、毎日授業の初めなどに学生に聞いて定着を図る。練習
　　　　　　　　　としてお互いの誕生日を聞いたり答えさせたりすることもできる。

２．自分の国、または住んでいる国の祝日がいつかを聞いて答えさせる（例：Memorial Day はいつですか）。Culture Notes（p. 114）を使って日本の祝日を紹介したり、それを用いて日付の練習をすることもできる。

３．「誕生日」　📺 **げんきオンライン**「**追加アクティビティ**」

人の誕生日がいつなのか、ペアで話し合う。

第5課　沖縄旅行

この課ですること‥‥‥‥‥‥‥‥‥‥‥‥‥‥‥‥‥‥‥‥‥‥‥‥‥‥‥‥‥‥‥

🍡旅行で何をしたか／どうだったか話す　　🍡好ききらいについて話す

🍡人や物を描写する　　　　　　　　　　　🍢おみやげを買う

🍡申し出る／誘う

📺 **げんきオンライン**「**学生用チェックリスト**」

この課の学習項目

形容詞（現在）	高いです。	文法1	練習Ⅰ
形容詞（過去）	高かったです。	文法2	練習Ⅱ
形容詞（名詞修飾）	高い時計ですね。	文法3	練習Ⅲ
好き（な）／きらい（な）	魚が好きですか。	文法4	練習Ⅳ
〜ましょう／〜ましょうか	映画を見ましょう。	文法5	練習Ⅴ
助数詞「枚」	Lサイズを二枚ください。	文法6	会話

練習 Ⅰ　高いです (p. 138)　　　☞ 文法1［形容詞（現在）］

導入例　　まず、形容詞に慣れさせるために、イ形容詞・ナ形容詞の区別に関係なく「げんきな絵カード」の形容詞のカードを見せ、「高いです」「きれいです」などのように言う。

●イ形容詞の肯定と否定

だれもが高いと思う値札のついた時計を見せて「この時計は高いです」と言い、その後、安い時計を見せて、「この時計は高くないです」と言うなど、わかりやすい形容詞で導入する。

●ナ形容詞の肯定と否定

同様に、きれいな部屋を見せて「この部屋はきれいです」と言う。その後、汚い部屋を見せて、「この部屋はきれいじゃないです」と導入する。

文法上の留意点　　1．否定形には「～ないです」と「～ありません」の二通りあるが、『げん
き』では「～ないです」を用いている。余裕があれば「～ありません」を練
習してもよいが、その場合は学生が混乱しないように「～ないです」の形が
定着してから導入したほうがよい。

２．「いい」は不規則活用で、否定形は「よくないです」となることに注意
する。同様に「かっこいい」も「かっこよくないです」になる。もし「かわ
いい」という単語を知っている学生がいるようなら、「かわいい」は不規則
活用ではないことに注意する。

３．ナ形容詞の活用は、「名詞＋です」と同じであることを指摘する。

４．ナ形容詞については、「です」の前では「な」が落ちること、『げんき』
では単語を覚える時に品詞を意識させるために「な」をつけて提示してある
ことを説明する。

５．「きれいです」「きらいです」は、イ形容詞と混同しやすいので注意す
る。

６．「きれい」には beautiful と clean の両方の意味があることに注意する。

７．「忙しい」は busy person の意味には使えるが、busy street のような使
い方はないことに注意する。

８．この練習では、「はい」か「いいえ」で答えられる質問のみを取り上げ
ている。「どんな＋名詞＋ですか」が客観的な特徴をたずねる際にも使える
のに対し、「名詞＋は＋どうですか」はその物についての感想や意見を求め
る時に使われるからである。

練習を行う上での　　１．練習Ａ・Ｂでは、単語レベルでの定着が確認できたら、「この時計は高
留意点　　　　　　　いです」などのように主語を補って文の形で繰り返させることもできる。

２．練習Ｂは（1）から（16）までがイ形容詞、（17）から（20）までがナ形
容詞に分かれているので、それぞれの活用を確認してから別々に練習すると
よい。

３．練習Ｃ・Ｄに出てくる「おいしい」はすでに第２課で導入されていて、
この課の単語表には出ていないので注意する。「おいしい」がイ形容詞の活
用をすることは、第２課・文法６の脚注５（p. 63）に説明がある。

その他の活動　　　　１．「げんきな絵カード」の形容詞の絵を数枚提示し、その形容詞を使って
ペアで質疑応答をさせる練習をしてもよい。

　　　　例）（暑い）→　　Ａ：今日は暑いですか。
　　　　　　　　　　　　　Ｂ：いいえ、暑くないです。

２．「日本語のクラスは楽しいです」　💻げんきオンライン「追加アクティビティ」
質問に対して、形容詞を使って自分の感想を述べる。

3．身近なものや人などのテーマを与え、違いや共通点などを描写させる。
　　例）テーマ：映画
　　　　・『ブラック・パンサー』はおもしろいです。でも『アベンジャーズ』
　　　　　はつまらないです。
　　　　・『リング』はこわいです。『シャイニング』もこわいです。

練習 Ⅱ　高かったです (p. 140)　　　　　　　　　　　　　　　　☛ 文法 2［形容詞（過去）］

導入例　　イ形容詞とナ形容詞それぞれの過去の肯定と否定を同時に導入すると混乱するので、分けて導入するといい。

●イ形容詞の過去肯定・否定

「きのうの晩ご飯です。とんかつとハンバーガーを食べました」と言って食事の写真を見せる。そして、「とんかつはおいしかったです」と言って肯定形を導入し、「でも、ハンバーガーはおいしくなかったです」と言って否定形を導入する。

●ナ形容詞の過去肯定・否定

練習Ⅰ-Aの（17）「ひまな」をきのうの朝、（16）「いそがしい」をきのうの午後として提示する。（17）を見せて「きのうの朝、メアリーさんはひまでした」と言った後、（16）を見せ、「きのうの午後、メアリーさんはひまじゃなかったです」と導入する。

文法上の留意点　　1．現在形の否定形と同様に、過去の否定形も「〜なかったです」と「〜ありませんでした」の二通りあるが、『げんき』では「〜なかったです」を用いている。

2．「いい」「かっこいい」の過去形が「よかったです／よくなかったです」「かっこよかったです／かっこよくなかったです」になることに注意する。

練習を行う上での留意点　　1．練習Aでイ形容詞とナ形容詞の過去肯定、練習Bで否定形が提示されているが、教師の判断で、まずイ形容詞の肯定と否定を扱い、その後でナ形容詞を扱うなどという順番も可能である。

2．練習Dの「your own」の欄では、自分たちの休みについて会話文を作るように指示する。

その他の活動　　1．基礎的な活用の練習として、形容詞の絵カードまたは文字カードを使い、文の後半を完成させる形の練習をしてもいい。

（カード）

| さむい | 教師：今日は寒いです。きのうも…… |
| | 学生：きのうも寒かったです。 |

| げんき | 教師：今日私は元気です。でも、きのうは…… |
| | 学生：きのうは元気じゃなかったです。 |

２．「パーティーは楽しかったです」　🖥 げんきオンライン「**追加アクティビティ**」

金・土・日曜日に何をしてどうだったか、形容詞を使って質問に答える。

３．「高校の時、どうでしたか」　🖥 げんきオンライン「**追加アクティビティ**」

ペアでお互いの高校時代について聞き合う。

４．「私の町」　🖥 げんきオンライン「**追加アクティビティ**」

自分の国や出身地について作文を書く。

５．実際に休みの時期に各自がやったことやその時に感じたことを、会話形式ではなく、スピーチのように２〜３文のつながりとして話させてもいい。

練習 Ⅲ　高い時計ですね (p. 141)　　　　　　➡ 文法 3［形容詞（名詞修飾）］

導入例　　　　　例１．高そうな時計の絵を見せながら、「この時計は高いです」と言う。次に「これは高い時計です」と言って導入する。文の構造の違いを英語で "This watch is expensive." "This is an expensive watch." と言ってもいいだろう。同様にナ形容詞は、部屋の写真や絵を使って「きれいな部屋です」と導入する。

例２．「買い物に行きました」と言って、紙袋からコーヒー豆を出して、「おいしいコーヒーを買いました」と言って導入する。それから、「きれいな花も買いました」と言って花を出して導入する。

文法上の留意点　　１．名詞が別の名詞を修飾する場合は「たけしさんの自転車」のように「の」が入るが、イ形容詞の場合は「の」が入らないこと（つまり「高いの本」のように言わないこと）に注意する。また、ナ形容詞では、「の」の代わりに「な」が現われることに注意する。

２．ここでは、形容詞の現在肯定形の名詞修飾に限っている。初級から中級に移行するころには、否定形や過去形が名詞修飾に用いられるような例にも触れていく必要があるが、初級前半の段階では、単純な現在肯定形だけに限ったほうがよい。

練習を行う上での　　練習ＢはＱ＆Ａ形式なので、ペアで練習することもできる。
留意点

練習 Ⅳ　魚が好きですか (p. 142)　　　　　　　　　☛ 文法 4 [好き（な）／きらい（な）]

導入例

例1.「げんきな絵カード」の「魚」「ねこ」「海」「テスト」などの絵を見せながら、教師が表情豊かに「～が大好きです／好きです／あまり好きじゃないです／きらいです／大きらいです」と導入していく。

例2. ネットにある映画の広告などを見せて「私は日曜日に映画を見ました」と言い、別の映画の広告を見せ「火曜日にも映画を見ました」と言う。そして、「私は映画が好きです」と言って導入する。

文法上の留意点

1. 好ききらいを強調する場合は「とても好き／とてもきらい」よりも「大好き／大きらい」のほうがよく用いられることに注意する。

2.「好き／きらい」の前には通常「を」ではなく「が」がくることに注意する。

3. ここでは現在形の文のみを練習している。余力のあるクラスであれば、第4課で学習した「子供の時／高校の時」などと組み合わせて過去形の文も含めることができる。

4. ここでは文末に「好きです／きらいです」がくる文のみを練習しているが、余力があるクラスであれば、「私が好きな音楽はヘビーメタルです」のように「好きな／きらいな」を名詞修飾に用いた文にも言及することができる。

練習を行う上での留意点

1. 練習Aを行う時は、ページ下にある「好きでもきらいでもないです」の表現があることも説明する。

2. 練習Bは、「げんきな絵カード」の「スポーツ」や「飲み物」の絵を見せながら、「どんなスポーツが好きですか」などと質問してもよい。

3. 練習Bを発展させて、質問した後に相手を誘う会話をペアで作らせることもできる。

　　例）A：どんな食べ物が好きですか。
　　　　B：イタリア料理が好きです。
　　　　A：おいしいイタリア料理のレストランがあります。駅の近くです。週末行きませんか。
　　　　B：いいですね。

その他の活動

「古い時計が好きですか」　🖥 げんきオンライン「追加アクティビティ」
ゲーム形式で、相手の好きなもの・きらいなものを当てる。

練習 Ⅴ 映画を見ましょう (p. 143)　　　　　　　　📖 文法5 [～ましょう／～ましょうか]

導入例　　　例1．授業が休講になったので、クラスみんなで何かをするという設定にする。そして、「コーヒーを飲みましょう」「昼ご飯を食べましょう」などと導入する。

例2．「土曜日はひまですか」「どんな音楽が好きですか」などを復習しつつやりとりした後、コンサートのポスターやチケットを見せ、「じゃあ、一緒にコンサートに行きましょう」と提案して導入する。

文法上の留意点　　1．英語の "Let's not ～" にあたる表現（否定の勧誘文）はないことを説明する。

2．ここでは「一緒にやる」意味の「～ましょうか」を練習する。「私があなたのかわり／ためにやる」の「～ましょうか」（例：手伝いましょうか）は第6課で学ぶ。

3．親しい会話で「～ましょう」に対応する意向形（例：勉強しよう）は第15課で学ぶ。

4．「～ましょう」と「～ますよ」は発音が似ているので、混同しないよう注意する。

練習を行う上での留意点　　練習Bは、誘いに対する応答として「そうしましょう」だけに限らず、自由にいろいろ作らせてもよい。

　　　例）A：この宿題は難しいですね。先生に聞きましょうか。
　　　　　B：でも、先生は今忙しいです。
　　　　　A：じゃあ、日本人の友だちに聞きましょう。

練習 Ⅵ まとめの練習 (p. 144)

練習を行う上での留意点　　1．練習Bでは、学生に自由に会話をさせてもよいが、友人や家族へのおみやげを買う設定にして、Tシャツのサイズと枚数を書いたカードを渡してもよい。

2．練習Cは、あらかじめ指示しておいて、写真などを準備してこさせる。発表にはできるだけ既習の単語や文型を使わせるようにする。未習の単語がある場合は、語彙リストを作成するように学生に指示しておくとよい。

会話 (p. 128)

留意点・応用例　　1．会話Ⅰを練習した後、雪山や海などのポスターを貼り、その場所にいるという設定で会話を作らせる。

2．会話Ⅲのたけしになって、話の続きを作らせてもいい。

Culture Notes「日本の祭り」(p. 145)

留意点・応用例　　1．このページの地図では、沖縄が別枠表示になっていることに注意する。

２．旅行関係のウェブサイトを利用すれば、ここに挙げられていない日本各地の祭りについて調べることができる。

３．伝統的な祭りだけでなく、夏のロックフェスやコミックマーケットなど、現代的なイベントを調べさせてもよい。

４．ここの内容に関連して、日本各地への旅行を計画する「調べてみよう：Trip to Japan」が第10課にある（p. 250）。

第6課　ロバートさんの一日

この課ですること

● 頼む
● 許可を求める／与える
● 規則やマナーについて話す
● 手伝いを申し出る
● 理由を言う

🖥 げんきオンライン「学生用チェックリスト」

この課の学習項目

動詞テ形	食べて　読んで　して	文法1	練習Ⅰ
〜てください	窓を開けてください。	文法2	練習Ⅱ
テ形による接続	朝起きて、コーヒーを飲みます。	文法3	練習Ⅲ
〜てもいいです	写真を撮ってもいいですか。	文法4	練習Ⅳ
〜てはいけません	食べてはいけません。	文法5	練習Ⅴ
〜から	勉強します。あしたテストがありますから。	文法6	練習Ⅵ
〜ましょうか（申し出）	テレビを消しましょうか。	文法7	練習Ⅶ

練習 Ⅰ　*Te*-form (p. 156)　　　　　　➡ 文法1［動詞テ形］

導入例　　　　　まず、学生に教師がいつも使っている「見てください」「読んでください」「聞いてください」という文を言い、意味を確認する。これらの表現の「〜てください」やこの課で学習する「〜てもいいですか」など様々な表現に動詞 *te*-form を使うことを伝える。そして、*ru* 動詞／*u* 動詞／不規則動詞に分けて、順番に活用のルールを導入する。

文法上の留意点	1．te-form の説明と練習を行う前に、第3課で導入した動詞の種類分け（*ru* 動詞／*u* 動詞／不規則動詞）を復習したほうがいい。*ru* 動詞と *u* 動詞の見分け方や、*ru* 動詞に見えるが *u* 動詞となる動詞（帰る／入る）に注意する。 2．「行く」は p. 150 の表にもある通り、te-form の作り方の規則の例外であることに注意する。
練習を行う上での留意点	1．練習Aを行う前に、「げんきな絵カード」の動詞のカードに辞書形を書いたものやげんきオンライン「動詞・形容詞活用練習スライド」を使い、種類別（*ru* 動詞／*u* 動詞／不規則動詞）の活用練習をする。 🖳 げんきオンライン「動詞・形容詞活用練習スライド」 2．te-form は定着に時間がかかるので、最初は te-form の表を適宜見ながら練習してもよい。 3．練習B "Battle Hymn of the Republic" は、日本では「権兵衛さんの赤ちゃんがかぜひいた」で知られている。規則の多さに te-form を難しいと感じる学生がいるかもしれない。歌を覚えることが規則を覚えるいい助けになる。
その他の活動	「*Te*-form の練習」 🖳 げんきオンライン「追加アクティビティ」 ペアで助け合いながら te-form の活用練習をする。

練習 Ⅱ　窓を開けてください (p. 156)　　　　　☞ 文法2 [〜てください]

導入例	例1．「今日は暑いですね」と言いながら動作も使って窓を開けてほしいことを示してから、窓の近くにいる学生に「窓を開けてください」と言う。 例2．「本の10ページを見てください」や「*te*-form の歌を歌ってください」と言って、学生に実際にその行為をさせて導入する。
練習を行う上での留意点	1．練習A・Bは、クラス全体でいくつかした後、ペアでさせてもいい。その場合、「教科書を持ってきてください」「わかりました」のようなやりとりをさせてもいい。 2．練習Cをする際、まず教師が一つ、二つ指示（窓を開けてください、寝てください、など）をして学生にその動作をさせてから、ペアで行うとよい。その際、「電気を消してください」 🖳 げんきオンライン「追加アクティビティ」を用いることができる。

練習 Ⅲ　朝起きて、コーヒーを飲みます (p. 158)　　　　　☞ 文法3 [テ形による接続]

導入例	練習Aの例のような「起きる」という絵と「コーヒーを飲む」という絵を見せながら、「朝、起きます」「それから、コーヒーを飲みます」と言い、その後「朝起きて、コーヒーを飲みます」と二つの文を一つにして導入する。

文法上の留意点	1．*te*-form には時制がなく、文末の時制によって解釈が決まることに注意する。
	2．動詞は二つだけでなく、三つ以上続けることができる。
	3．*te*-form による接続には、時間的前後関係を含む並列の他にも、原因や手段などと解釈できるものもある（p. 151 〜 152 参照）が、ここでは時間的前後関係を含む並列のみを扱っている。
練習を行う上での留意点	練習Ａ・Ｂは文末が現在形だけなので、ＡまたはＢを過去形を使ってもう一度練習してもいい。
その他の活動	ペアかグループで、行きたい国をいくつか選び、その国ですることを話し合う。教師は活動中、学生の知らない語彙を適宜教える。最後にクラスで以下のように報告する。
	例）私とＡさん（私たち）は、インドと韓国に行きます。
	インドに行って、おいしいカレーを食べます。
	韓国で韓国料理を食べて、K-pop のコンサートに行きます。

練習 Ⅳ　写真を撮ってもいいですか (p. 159)　　　　　☞ 文法 4 [〜てもいいです]

導入例	「ペンを借りてもいいですか」と学生に聞く。学生の返事を聞いてから実際にペンを借りる。同様に「暑いですね」などと言った後、「窓を開けてもいいですか」と確認して、返事を待ってから窓を開けて導入する。
文法上の留意点	「〜てもいいですか」に対する答え方として「〜てもいいです」と言うのは、規則や教師から学生への許可のような場合が多いので、それ以外は「ええ、どうぞ」「いいですよ」などの表現をよく使う。
その他の活動	1．「トイレを使ってもいいですか」　 🖥 **げんきオンライン**「追加アクティビティ」
	友だちの部屋に行ったという設定で、ペアで許可を求める会話を行う。
	2．日本に旅行しているという設定で、学生が遭遇しそうな場面で「〜てもいいですか」という許可を求める文を考えさせることができる。例えば、舞妓さんの写真を見せて、この人の写真を撮りたい時に何と言うかを聞いて、「（一緒に）写真を撮ってもいいですか」という許可の文を引き出す。他には洋服や着物を試着したい時、タバコを吸いたい時、試食のように見える食べ物を食べたい時などが考えられる。教師から状況を与えるだけでなく、学生にどんな許可の文が必要なのかを考えさせるといい。未習の語彙を使う必要がある場合は、教師は適宜その語彙を教える。

練習 Ⅴ　食べてはいけません (p. 160)　　　　　　　　　　　☞ 文法5 [〜てはいけません]

導入例	例1.「スマホ」の絵に×をつけたものを見せながら、「日本語のクラスでスマホを使ってはいけません」と導入する。 例2.禁煙のサインを見せながら、「ここでたばこを吸ってはいけません」と導入する。
文法上の留意点	規則や特別に強く言いたい時以外は、「〜てはいけません」を使わないように注意する。
練習を行う上での留意点	1.練習Aをした後ペアになり、一人が教師役、一人が学生役になって、以下のようなやりとりをしてもいい。 　例）教師：　Aさん、となりの人と話してはいけません。 　　　学生A：すみません。／わかりました。 2.練習Cは、学生にとって身近なこと（例：「寮」「高校の規則」など）についても話し合うといい。
その他の活動	1.「うちの規則」　🖥 げんきオンライン「追加アクティビティ」 10代の子供の親になったという設定で、子供にどのような規則を守らせるか、グループで考える。 2.「日本の習慣クイズ」　🖥 げんきオンライン「追加アクティビティ」 日本の習慣についてのクイズに答える。 3.「お酒を飲んでもいいですか」　🖥 げんきオンライン「追加アクティビティ」 「〜てもいいですか」「〜てはいけません」を使って、ペアで医者と患者のロールプレイをする。

練習 Ⅵ　勉強します。あしたテストがありますから。(p. 161)　　☞ 文法6 [〜から]

導入例	p. 285の第12課・練習Ⅱ-A (4) の絵を見せながら「田中さんは今お金がありません」「田中さんはたくさん買い物をしました」と絵を説明する。次に教師が「田中さんは今お金がありません。たくさん買い物をしましたから」と言って導入する。 
文法上の留意点	1.この時点ではまだshort formを学習していないので、「long form ＋から」だけ練習する。 2.文全体の語順が異なる言語の話者には、理由と結果を逆にした「テストがたくさんあります。今週は大変ですから」のような間違いがよくあるので、ワークブックp. 66の問題Ⅰ（翻訳の問題）などで理解を確認していく必要がある。

練習を行う上での留意点	練習Aをする際、時制に注意する。1、4、6は過去形なので、「〜から」も過去形になる。

練習 Ⅶ　テレビを消しましょうか (p. 162)　　　　　　　➡ 文法7［〜ましょうか（申し出）］

導入例	例1．教室の窓を閉める。そして、「今みなさんは暑いです」という状況設定をする。そして、教師が「窓を開けましょうか」と言い、窓を開けて文型を導入する。文型の説明の後、教師が「ちょっと寒いです」と言って学生に「窓を閉めましょうか」と言わせる。 例2．練習Aの(4)の絵を見せ、「荷物を持ちましょうか」と言って導入する。
文法上の留意点	「〜ましょうか」は第5課で既習だが、この課では "Let's/Shall we 〜?" ではなく、「荷物を持ちましょうか」と手伝いを申し出るといった場合の "Shall I 〜?" の意味で練習する。
練習を行う上での留意点	練習A・Bは、学生が実際にその行為をジェスチャーですると楽しくできる。また、"Let's/Shall we 〜?" と "Shall I 〜?" との意味の違いもわかりやすい。

練習 Ⅷ　まとめの練習 (p. 163)

練習を行う上での留意点	1．練習Aはすべての状況について行う必要はなく、時間に応じてペアで好きな状況を選んで会話をさせるとよい。 2．練習Bの4〜10は新出単語の定着のための質問である。課の最後まで待たずにいつでも行うことができるので、時間がある時に小分けして練習してもよい。
その他の活動	「動詞の過去形ビンゴゲーム」　🖳 げんきオンライン「追加アクティビティ」 単語の練習や復習として、ビンゴの要領で、ワークシートの項目に該当する人を見つける。

会話 (p. 146)

留意点・応用例	1．会話Ⅰの応用として、学生の一人が先生役になり、他の学生は練習V-A（p. 160）のように食べたりゲームをしたりするふりをさせ、先生役の学生が注意する。  2．会話Ⅲをペアで覚えさせて、実際に動作を交えてクラスで発表させる。

Useful Expressions 「道を聞く／教える」 (p. 165)

留意点・応用例　時間があれば、住んでいる町や大学の地図を簡単に描き直したものを使って、p. 165 にある会話を参考に練習する。

第7課　家族の写真

この課ですること ·······················

● 家族や友だちについて話す　　　◌ どこかに行く目的を述べる
● 人の服装や外見を描写する　　　◌ 兄弟や友だちが何人いるか言う
◌ 今していることについて聞く／話す

　　　　　　　　　　　　　💻 げんきオンライン「学生用チェックリスト」

この課の学習項目

〜ている（動作の継続）	テレビを見ています。	文法1	練習 I
〜ている（変化の結果）	ニューヨークに住んでいます。	文法2	練習 II
人の描写	この人は目が大きいです。	文法3	練習III
形容詞／名詞 テ形	ゆいさんはかわいくて、やさしいです。	文法4	練習IV
動詞語幹＋に行く	京都に写真を撮りに行きます。	文法5	練習 V
助数詞「人」	日本人が何人いますか。	文法6	練習VI

練習 I　テレビを見ています (p. 176)　　　　☛ 文法1 [〜ている（動作の継続）]

導入例　　　　　教師がメアリーに電話をかけるという設定で一人二役で会話をする。「もしもし、メアリーさん、何をしていますか」と聞いた後、教師はメアリーさんのお面をかぶり、「見る」の絵カードを見せて、「テレビを見ています」と言って導入する。お面は「げんきな絵カード」のそれぞれのキャラクターの顔を拡大して作っておくといい。うちわに貼りつけたりすれば、使いやすい。

練習を行う上での　　1．練習を行う前に、第6課で学習した te-form を復習しておくと練習がス
留意点　　　　　　　ムーズにできる。

　　　　　　　2．練習Aの後に、動詞の絵カード（「遊ぶ」「教える」「急ぐ」など）を見せて、絵から te-form に変える練習をしてもよい。

　　　　　　　3．練習Bで、"I was going to school" のつもりで「午前八時ごろ、学校に行っていました」などの文を作ることがある。この練習では変化の結果を表す動詞（次の項で練習する）は使わないように指示しておくとよい。ある

いは、あえて誤った文を示して、それを指摘しながら結果の「～ている」の説明に入っていってもよい。

4．練習Cで使用するカードとして、「何をしていますか（1）」 💻 げんきオンライン「追加アクティビティ」のワークシートを用いることができる。全体で始める前に、教師が写真を撮っている動作やコーヒーを飲んでいる動作をしながら、「今、何をしていますか」と学生に聞いて当てさせ、ゲームの手順を示しておくとスムーズにいく。

練習 Ⅱ　ニューヨークに住んでいます (p. 177)　　　☞ 文法 2［～ている（変化の結果）］

導入例　　「げんきな絵カード」の「結婚する」の絵を見せながら、「田中さんは去年結婚しました。今、結婚しています」と言って、「田中さんは結婚しています」と導入する。ここでの「～ている」は練習Ⅰにおける動作の継続ではなく、状態の継続であることを説明する。

文法上の留意点　　1．変化の結果の状態の継続を表す「～ている」を説明する時、動作の進行との違いを明確にするとともに、

　　　結婚します／しています

　　　結婚しません／していません

　　　結婚しました／していました

というような文を比較して、「～する」と「～ている」とでどう意味が違うのかを確認するとよい。

2．「動詞＋ている」が進行を表すか変化の結果を表すかは、学生にとって区別が難しい。学生の母語と日本語とで動詞の分類が異なる場合もあれば（例：「知っている」と know）、同じ動詞が二つの意味で用いられる場合もある。例えば、「今、着物を着ています」は、着付けの最中なら動作の進行、すでに着付けが終わって着物を着ている状態なら変化の結果を表す。あまり理詰めで説明しようとするのではなく、この課で習う表現にしぼって覚えさせたほうがよい。

3．「ている」が動作の継続を表す動詞でも、「まだ食べていません」のように「まだ＋否定」の場合は結果の存続を示す。これは第9課で触れる。

練習を行う上での留意点　　1．練習Bの前に、「げんきな絵カード」の「兄弟」の絵または Culture Notes「家族の呼び方」（p. 184）の表を使って、家族の呼び方を練習する。この段階では、両親と兄弟ぐらいの範囲にとどめ、それぞれの学生の必要に応じてその他のものを教えたほうがいい。また、「弟さん」と「妹さん」以外は、自分の家族を表す場合でも「～さん」の形が使えるので、それでもいいとすれば学生の負担が軽くなる。

　　　　　　　２．練習Bのように個人的な情報を聞く場合は、言いたくない学生もいるの
　　　　　　　で、必ずしも本当のことを言わなくてもいいと説明しておいてもよい。

その他の活動　　『ドラえもん』『ちびまる子ちゃん』『サザエさん』などのアニメやドラマ、
　　　　　　　有名人の家族関係をスライドなどで見せて、質問しあってもいい。
　　　　　　　　例）サザエさんは何歳ですか。結婚していますか。

練習 Ⅲ　この人は目が大きいです (p. 178)　　　　　　　　　☛ 文法3［人の描写］

導入例　　　　● parts of body が description
　　　　　　　導入の前に、この課の Useful Expressions「体の部分」(p. 185) を使って、
　　　　　　　体の部分の名前を練習しておく。その後、練習Aの絵、または写真（髪が長
　　　　　　　い人、髪が短い人、背が高い人、背が低い人）を見せながら、「この人は髪
　　　　　　　が長いです」「この人は背が高いです」というように導入する。

練習を行う上での　１．練習Bを行う前に、人の描写に用いる以下の表現を確認しておく。
留意点　　　　　　着ています／はいています／（帽子を）かぶっています／
　　　　　　　　（めがねを）かけています／持っています／太っています／やせています
　　　　　　　２．to wear という動詞に関して、アクセサリー、ネクタイ、コンタクトレン
　　　　　　　ズについてはどうなのかという質問もよく出るので、必要に応じて教えて
　　　　　　　もいい。同様に着ているものの名前に関しても必要に応じて教える。
　　　　　　　３．身体的特徴を話題にすることで、学生を傷つけることがあるので、学生
　　　　　　　を話題にするかどうかは慎重に判断する。

その他の活動　　１．体の部分の名称を学習する場合、体を使わせると楽しく学習できる。例
　　　　　　　えば、教師が「目」「おしり」などと言い、学生がその部分を指差す。慣れ
　　　　　　　てきたら、ペアで同じことをする。また「～が痛い」という文を導入し、教
　　　　　　　師が「頭が痛い」と言ったら、学生は頭を押さえて痛そうな格好をするとい
　　　　　　　う練習ができる。
　　　　　　　２．ペアになり、一人に有名人の写真を渡す。写真を見ながら衣服や体の特
　　　　　　　徴をパートナーに説明し、パートナーは絵を描く。絵が描けたら、写真と絵
　　　　　　　を比べて確認する。同様に別の写真を使って役割を入れ替えて行う。
　　　　　　　３．「何を着ますか」　💻 げんきオンライン「追加アクティビティ」
　　　　　　　それぞれの状況で何を着る（はく／かぶる）かをペアで話す。

練習 Ⅳ　ゆいさんはかわいくて、やさしいです (p. 179)　　　☛ 文法4［形容詞／名詞 テ形］

導入例　　　　きれいで新しい大学の写真を見せて、「大学は新しいです」「大学はきれいで
　　　　　　　す」と言い、その後「大学は新しくてきれいです」と導入する。

文法上の留意点	1. *te*-form には時制がなく、文の最後によって現在形か過去形かが決まることに注意する。 2. 否定の *te*-form はここでは扱っていない。 3.「頭がいい」「かっこいい」の *te*-form は「〜よくて」となるため、「かわいい」の *te*-form も「かわよくて」と間違える学生がいるので、注意する。
練習を行う上での留意点	練習Bをする時、「きれいな」と「こわい」のようにプラス評価のものとマイナス評価のものは *te*-form では結びつかないことに注意する。

練習 Ⅴ　京都に写真を撮りに行きます (p. 181)　　　☛ 文法5［動詞語幹＋に行く］

導入例	練習Aのソラがデパートに行くイラストを吹き出しの部分を隠した状態で見せ、「ソラさんはデパートに行きます」と言い、吹き出しの部分を見せて「ソラさんはデパートに靴を買いに行きます」と言って導入する。 
文法上の留意点	1. 目的地（「京都に」）と移動の目的（「写真を撮りに」）は順番を入れ替えることができるが、最初はどちらかに固定しておいたほうが混乱が少ない。 2.「ソラさんは図書館で本を返しに行きます」のように目的地に「に」の代わりに「で」を使ってしまうような誤用に注意する。
練習を行う上での留意点	1. 辞書形から「連用形＋に」の形を作るのは難しいので、練習Aをする前に辞書形から「ます形」に変える活用練習をしておくといい。 2. 練習Cをした後に、「〜さんは今日どこに行きますか」「何をしに行きますか」または「〜さんはきのうどこに行きましたか」「何をしに行きましたか」と学生自身のことについて聞き合うこともできる。

練習 Ⅵ　日本人が何人いますか (p. 182)　　　☛ 文法6［助数詞「人」］

導入例	最初に文法6の Counting People のリスト（p. 174）を見せて、人の数え方を練習する。その後、リスト横の「何人いますか」のイラストを見せながら「子供が三人います」「先生が一人います」と導入する。
練習を行う上での留意点	1.「ひとり」「ふたり」だけ不規則になることに注意する。また、この二つは音も間違えやすいので、何度も言わせたり聞かせたりして練習する。 2. 練習Aでは、キャラクターの性別がわかっていると想定して「男の人」「女の人」の人数を聞いているが、クラスでは、多様な性に配慮して性別などの質問はしないほうがいい。 3. 練習Bを行う前に、「一人もいません」という表現を教えておくとよい。

練習 Ⅶ　まとめの練習 (p. 183)

練習を行う上での 留意点	1．練習Ａの４では、「知っています」の否定形が「知りません」になることに注意する。 ２．練習Ｂをする時は、学生にあらかじめ写真を準備しておくように伝える。ただし、個人情報を言いたくない学生もいるので、配慮する。有名人などの写真を使って架空の家族について話してもよい。また、会話Ⅰのように質問とコメントをしあってもいい。
その他の活動	「家族の紹介」　🖥 げんきオンライン「追加アクティビティ」 自分の家族や友だちから一人選び、詳しく紹介する。

会話 (p. 166)

留意点・応用例	会話Ⅱを応用して、友だちを誘う会話をペアでする。その際、最初の一行をそのまま使って、後は自由に作らせるといい。

第8課　バーベキュー

この課ですること

- カジュアルな文体で話す
- 考えや意見を述べる
- 人から聞いたこと(現在)を他の人に伝える
- しないように頼む
- するのが好きなこと／好きじゃないことについて述べる
- 旅行やパーティーの予定を立てる

🖥 げんきオンライン「学生用チェックリスト」

この課の学習項目

Short form（現在）	書く　書かない	文法1	練習Ⅰ
くだけた話し方（現在）	よく魚を食べる？　うん、食べる。	文法2	練習Ⅱ
（現在）と思います	日本人だと思います。	文法3	練習Ⅲ
（現在）と言っていました	ナオミさんは忙しいと言っていました。	文法4	練習Ⅳ
〜ないでください	写真を見ないでください。	文法5	練習Ⅴ
動詞＋のが 好きです／上手です	勉強するのが好きです。	文法6	練習Ⅵ
助詞「が」	だれがイギリス人ですか。	文法7	練習Ⅶ
何か／何も	何もしませんでした。／何かしましたか。	文法8	練習Ⅷ

練習 **I**　Short Forms （p. 198）　　　　　　　　　☛ 文法 1［Short form（現在）］

導入例　　　まず、short form は、informal speech や「～と思う」「～と言う」などの文型の一部として使用するということを伝える。その後「げんきな絵カード」の「見る」の絵を提示し、「見ます」「見る」と言い、次に同じイラストに×がついているものを提示し「見ません」「見ない」と言う。そして、「見る」「見ない」が short form であることを伝える。否定形については *ru* 動詞、*u* 動詞、不規則動詞に分けて、順番に活用のルールを導入する。

文法上の留意点　　否定形の作り方を説明する際、動詞については、不規則な「ある」→「ない」、ア行からワ行に移る「かう」→「かわない」などに注意する。形容詞については、「かっこいい」は「いい」→「よくない」と同様「かっこいい」→「かっこよくない」となるが、「かわいい」→「かわいくない」であることに注意する。

練習を行う上での留意点　　１．練習Aを行う前に、辞書形を書いた動詞の絵カードやげんきオンラインにある活用スライドを使い、種類別（*ru* 動詞／ *u* 動詞／不規則動詞）の活用練習をする。　　🖥 げんきオンライン「動詞・形容詞活用練習スライド」
２．練習Bを行う前に、イ形容詞、ナ形容詞、名詞に分けて活用練習する。

その他の活動　　「Short form（動詞否定形）」　🖥 げんきオンライン「追加アクティビティ」
ペアで交互に動詞の辞書形と否定形を言って練習する。

練習 **II**　Informal Speech （p. 198）　　　　　　　☛ 文法 2［くだけた話し方（現在）］

導入例　　　例１．メアリーとたけしの絵を見せて、二人が会話をしているという設定にする。「今日、買い物に行く？」「うん、行く」「ううん、行かない」のように教師が二役になって、会話をして導入する。
例２．バーベキューパーティーのお知らせと山下先生とメアリーの絵を貼っておく。「山下先生に電話します」と言った後、電話をかけているふりをして、「山下先生、今日バーベキューパーティーがあります。行きませんか」と電話で誘う。その後同様に「じゃあ、メアリーさんにも電話します」と言って、「もしもし、メアリーさん、今日大学でパーティーがあるよ。行く？」と導入する。

文法上の留意点　　後で学ぶ引用などと異なり、informal speech の文末では、終助詞がなければ名詞・ナ形容詞の「だ」が落ちることに注意する。また、疑問文では「か」をつけず、イントネーションが上がることに注意する。

練習を行う上での 留意点	1．練習Aをする前に、動詞の short form の否定形の復習をしておく。「9. 持っている」など、「ています」の short form の肯定形と否定形も確認した ほうがいい。また、答える際、「はい」「いいえ」と言わないように注意させ る。 2．練習Bをする前に、形容詞・名詞の short form の否定形の復習をして おく。 3．質問文のイントネーションは難しいので、反復練習する。
その他の活動	1．「動詞ビンゴゲーム」 💻 げんきオンライン「追加アクティビティ」 ビンゴの要領で、ワークシートの項目に該当する人を見つける。 2．「Informal speech」 💻 げんきオンライン「追加アクティビティ」 グループで、カジュアルな文体でワークシートの質問をしあう。

練習 Ⅲ 日本人だと思います (p. 199)   ☞ 文法3〔(現在)と思います〕

導入例	例1．トマトの写真を見せて、「トマトです。トマトは野菜ですか。果物で すか」と聞く。その後、「トマトは野菜だと思います。果物じゃないと思い ます」と導入する。 例2．ソラのイラストを見せる。「ソラさんは毎日クラスに来ます。宿題も 忘れません」と言ってから、「ソラさんはいい学生だと思います」と導入す る。
文法上の留意点	名詞とナ形容詞の肯定形には「だ」がつき、否定形にはつかないことに注意 する。逆に、イ形容詞の後には「だ」がつかないことにも注意する。
練習を行う上での 留意点	1．練習Aに入る前に、練習に使う単語の short form の復習をしたほうが いい。 2．否定形が定着していない場合は、黒板等で否定形の作り方を提示してお く。
その他の活動	1．「クラスメイトクイズ」 💻 げんきオンライン「追加アクティビティ」 クラスメイトについて「〜と思います」を使って予想する。 2．「二十年後は？」 💻 げんきオンライン「追加アクティビティ」 ワークシートを使い、ペアでそれぞれの二十年後について話し合わせる。

練習 Ⅳ　ナオミさんは忙しいと言っていました (p. 201)　　➡ 文法 4［(現在) と言っていました］

導入例　　　　　　例1．教師が一人の学生に「元気ですか」「今日の夜、何をしますか」「忙しいですか」などと質問をして、その答えを「スミスさんは元気だと言っていました」と他の学生に言って導入する。

例2．「今日、カラオケに行きませんか」と学生に聞く。何人かに聞いた後、「山下先生にも聞きましょう」と言って電話をかけるふりをする。「山下先生、カラオケに行きませんか。あ、そうですか……わかりました」と言って電話を切り、学生に「今日は忙しいと言っていました」と言って導入する。

文法上の留意点　　1．日本語には時制の一致がないので、主文が「言っていました」のように過去の場合でも、引用元の発言が現在形でなされていたなら、従属節の時制は現在形のままであることに注意する。

2．練習では「言っていました」だけ扱っている。「言っていました」と「言いました」の違いについては p. 193 の脚注5を参照。

練習を行う上での　　1．練習Aの質問で「何と」を「なにと」と言わず「なんと」と言うことに
留意点　　　　　　注意させる。

2．練習Aの9〜13は「天気予報では何と言っていましたか」のように「では」としたほうが自然だが、この表現はまだ習っていないので、簡単にするために「天気予報は何と言っていましたか」とした。

その他の活動　　　1．「キャンパスレポーター」　🖳 げんきオンライン「追加アクティビティ」
学生が学校新聞のレポーターとして有名人にインタビューし、報告する。

2．「〜と言っていました」　🖳 げんきオンライン「追加アクティビティ」
クラスメイトにいろいろな質問をして、後で「〜と言っていました」を使って報告する。

練習 Ⅴ　写真を見ないでください (p. 202)　　　　　➡ 文法 5［〜ないでください］

導入例　　　　　　例1．教師が「教科書を見てください」と言って、学生に教科書を見させる。その後「今からテストをします。教科書を見ないでください」と言って、教科書を閉じさせて、導入する。

例2．教師がルームメイト役になり、黒板等に大きいテレビの絵か写真を貼ってテレビを提示し、学生の一人にテレビのリモコンを持たせる。「あ、〜さん、テレビをつけないでください。(教科書らしい本を見せて) 今勉強していますから」と言って導入する。

文法上の留意点　　文法説明にもあるが、第6課の「〜てはいけません」との違いについて説明しておくといい。

練習を行う上での留意点	練習に入る前に short form の否定形の復習をする。

その他の活動	ジェスチャーゲーム：英語で動作が書かれたカードを一人の学生に渡し、その行為をさせて、他の学生に「〜ないでください」と言って止めさせる（例：「You are swimming.」と書いたカードを渡された学生が泳ぐふりをして、他の学生が「泳がないでください」と言う）。ジェスチャーをする学生を順番に交代させて行う。

練習 Ⅵ　勉強するのが好きです (p. 203)　　　　　　　　➡ 文法6 [動詞＋のが好きです／上手です]

導入例	まず、絵を見せながら学生に「テニス／歌／料理／運転／日本語が好きですか」などと質問して「名詞＋が好き／きらいです」を確認する。次にテニスをしている写真（または絵）とテニスを見ている写真（または絵）を見せながら「テニスを見るのが好きです。でも、テニスをするのが好きじゃないです」と言って導入する。

文法上の留意点	１．学生は、必ずしも「名詞」「動詞」といった品詞の概念を確実に把握しているとは限らない。どんな場合に「〜が好きです」を使い、どんな場合に「〜のが好きです」を使うかがなかなか理解できない場合があるので、注意する。 ２．7課で「〜ている（be 〜ing）」を学習したため、英語の〜ing と te-form を結びつけ、「勉強してが」などとする学生もいるので、注意する。 ３．日本では、自分について話す時に謙虚さが求められるので、自分自身について話す時に「上手」は使わないように指導する。

練習を行う上での留意点	練習Cでは、会話のきっかけとして好ききらいをたずね、そこから会話を発展させる練習をする。相手の発話に対して質問をしたり、自分のことについて話したりして、会話を広げていく。 　　例）A：何をするのが好きですか。 　　　　B：歌を歌うのが好きです。 　　　　A：私も好きです。よくカラオケに行きます。Bさんもカラオケに行きますか。

その他の活動	１．「好き・きらい・上手・下手 find who」　🖥 げんきオンライン「追加アクティビティ」 ワークシートに書かれている各条件に合う人を探す。 ２．「テレビを見るのが好きですか」　🖥 げんきオンライン「追加アクティビティ」 相手が好き・きらい・上手・下手なものはどれか、質問をして当てる。（Guessing Game）

練習 Ⅶ　だれがイギリス人ですか (p. 204)　　　　　　　　　　　☞ 文法 7［助詞「が」］

導入例	クラスで「だれが一年生ですか」と質問し、一年生の学生に手を挙げさせる。そして、「AさんとBさんが一年生です」と言って導入する。その際「が」を強調する。
文法上の留意点	「は」と「が」の違いは、母語に同様な概念がない場合、理解がとても難しい。練習でも「人＋が」に限定している。この段階の学生には詳しく説明せずに、テキストにある練習や説明程度にとどめておいたほうがいいだろう。
練習を行う上での留意点	練習Bをした後、ペアでクラスメイトについて「だれが料理するのが上手ですか」などのやりとりをさせてもよい。

練習 Ⅷ　何もしませんでした (p. 204)　　　　　　　　　　　　☞ 文法 8［何か／何も］

導入例	教師がスーパーの絵を見せながら、「スーパーに行きました。肉は高かったです。果物も高かったです」と言う。そして、何も入っていないマイバッグを見せながら、「だから、何も買いませんでした」と言って導入する。
文法上の留意点	1.「何も」の文では否定形が使われることに注意する。 2. 英語では疑問文で anything と something のどちらも出る可能性があるので、混乱しないように注意する。 3. 疑問文における「何か」と「何を」の違いがわかりにくいので、下のような例で説明するといい。 　　何か食べましたか。（Yes/No question）　→　はい、食べました。 　　何を食べましたか。（WH-question）　　→　うどんを食べました。
練習を行う上での留意点	練習では「何か」の使用は質問文に限定している。

練習 Ⅸ　まとめの練習 (p. 205)

練習を行う上での留意点	練習Aをする際、会話例の「Cさん」「Dさん」の代わりに具体的な友だちの名前を使うように指示する。

調べてみよう「Japanese Cooking Party」 (p. 207)

各自日本料理を一つ選び、材料のリストと簡単なレシピを書く。持ち寄ったレシピの中からグループで一つ選び、クラスで発表する。可能であれば、実際に作ってみる。

留意点	1．材料のリストは日本語と英語で作成させるといい。
	2．初級の学生なので、作り方は英語で発表させるが、教師が「切る」「混ぜる」「焼く」「煮る」「炒める」など基本的な動詞を紹介してもいい。
	3．プロジェクターで料理の写真を提示させることもできる。
	4．キッチンが使えるなら、グループでその料理を作ったり、他のグループが作った料理を味見したりしても楽しいだろう。

第9課　かぶき

この課ですること・・・

● 過去のできごとをカジュアルな文体で話す　　　● レストランや店で食べ物を注文する

● 過去のできごとについて考えや意見を述べる　　● 理由を述べる

● 人から聞いたこと（過去）を他の人に伝える

🖥 げんきオンライン「学生用チェックリスト」

この課の学習項目

Short form（過去）	書いた　書かなかった	文法1	練習 I
くだけた話し方（過去）	きのうテレビを見た？	文法2	練習 II
（過去）と思います	元気だったと思います。	文法3	練習 III
（過去）と言っていました	ヤスミンさんは、病気だったと言っていました。	文法4	練習 IV
動詞／形容詞による名詞修飾	めがねをかけている人です。	文法5	練習 V
もう〜ました／まだ〜ていません	もう食べました。／まだ食べていません。	文法6	練習 VI
理由＋から＋状況	天気がいいから、遊びに行きます。	文法7	練習 VII
助数詞「〜つ」	一つ　二つ	単語	練習 VIII

練習 I　Past Tense Short Forms (p. 219)　　　☛ 文法1 [Short form（過去）]

導入例	short form は、informal speech や「〜と思う」「〜と言う」などの文型の一部として使用するということを伝える。「げんきな絵カード」の「見る」の絵を提示して「見る」と言い、次に同じイラストに×がついているものを提示して「見ない」と言って、現在形の short form を確認する。その後、「きのう」と強調して、「見た」「見なかった」と導入する。

文法上の留意点	1．動詞肯定形の過去の活用の規則は *te*-form と同じであることを指摘する。
	2．short form の過去形の活用のうち、動詞については、不規則な「行った」や「ある」の過去否定形「なかった」に注意する。
	3．形容詞については、「よくなかった」「かっこよくなかった」が不規則で間違いやすいので注意する。
練習を行う上での留意点	1．形の練習ばかりだと飽きる学生もいるので、練習Ⅰ-Aで動詞の short form の練習を行った後、練習Ⅱ-Aで short form を使った informal speech を練習させ、その後練習Ⅰに戻って形容詞・名詞の short form を導入するというように、練習の順番を変えてもよい。
	2．練習Aをする前に、動詞の種類別（*ru* 動詞／ *u* 動詞／不規則動詞）に分けて活用を練習する。
	3．練習Bをする前に、イ形容詞、ナ形容詞、名詞に分けて活用を練習する。
その他の活動	1．「Short form（動詞過去形）」 🖥 げんきオンライン「追加アクティビティ」ペアで助け合いながら活用練習をする。
	2．「活用の復習」 🖥 げんきオンライン「追加アクティビティ」活用の確認として、一覧表を埋める。

練習 Ⅱ　Informal Speech （p. 220）　　　　　　　☛ 文法2［くだけた話し方（過去）］

導入例	第8課の練習Ⅱの導入と同様に、教師と学生は友だち同士という設定にして、学生に「きのうすしを食べた？」「きのう勉強した？」などと過去のことについて質問して導入する。
	例）教師：きのうすしを食べた？
	学生：うん、食べた。／ううん、食べなかった。
文法上の留意点	名詞・ナ形容詞の現在形では、疑問文も肯定文も「だ」が落ちるが、過去形の場合は「元気だった？」「うん、元気だった」というように疑問文でも肯定文でも「だった」が残ることに注意する。
練習を行う上での留意点	1．練習Aの前に、げんきオンラインにある活用練習スライドなどを使い、動詞の short form（過去形）の活用の復習をする。
	🖥 げんきオンライン「動詞・形容詞活用練習スライド」
	2．練習Bの前に、形容詞・名詞の short form（過去形）の活用の復習をする。その際は、イ形容詞、ナ形容詞、名詞に分けて行う。

| その他の活動 | 1．「きのう、何をした？」 🖥 げんきオンライン「追加アクティビティ」 |

その他の活動　　　　　1．「きのう、何をした？」　🖥 げんきオンライン「追加アクティビティ」
会話をしながら、動詞 short form の過去形（肯定／否定）を確認する。
2．「どっちのレストラン？」　🖥 げんきオンライン「追加アクティビティ」
ペアで情報交換して、今晩一緒に食べに行くレストランを二つの候補から決める。

練習 Ⅲ　元気だったと思います (p. 221)　　　　　☞ 文法3［(過去)と思います］

導入例　　　　　例1．有名人（ダース・ベイダーなど）の写真を見せて、「現在形＋と思います」を使って、「ダース・ベイダーはこわいと思います」などと言う。その後、「子供の時」と言ってから、「過去形＋と思います」を使って「子供の時、ダース・ベイダーはかわいかったと思います」と言って導入する。

例2．ロバートとソラの顔のイラストを貼り、「ロバートさんはパーティーが好きです。ソラさんはパーティーが好きじゃないです。きのうの夜、パーティーがありました。ロバートさんとソラさんは行きましたか」と聞く。少し答えを考えさせた後で、教師が「ロバートさんは行ったと思います」「ソラさんは行かなかったと思います」と言って導入する。

練習を行う上での
留意点　　　　　1．long form の質問からいきなり「short form と思います」へ変換するのは難しい。練習に入る前に short form の過去形の活用をフラッシュカードで復習する。その際、「〜と思います」と一緒に練習してもよい。

2．ワークブック p. 87 の short form の活用表を見ながら練習させてもよい。

練習 Ⅳ　ヤスミンさんは、病気だったと言っていました (p. 222)　☞ 文法4［(過去)と言っていました］

導入例　　　　　教師が一人の学生に「先週の週末、何をしましたか」と聞く。答えを聞いて、「○○さんは先週の週末、友だちと買い物をしたと言っていました」などと言って導入する。

練習を行う上での
留意点　　　　　練習Aの後、「○○さんのお父さんは若い時、だれが好きだったと言っていましたか」のように、家族や友だちから聞いた話をレポートさせてもよい。

その他の活動　　　　　クラス全員が知っている人（他の教師や職員など）に、若い時好きだった歌手や最近何をしたかなどを聞いてビデオに撮っておき、それをクラスで見せて「○○さんは××と言っていました」と言わせる。

練習 Ⅴ　めがねをかけている人です (p. 223)　　　☛ 文法 5 [動詞／形容詞による名詞修飾]

導入例	「歌を歌っている人」「コーヒーを飲んでいる人」「写真を撮っている人」の三枚の絵を用意して学生に見せながら、「田中さんは歌を歌っています」「鈴木さんはコーヒーを飲んでいます」「佐藤さんは写真を撮っています」と教師が言う。その後、田中さんを探しているが田中さんを知らないという状況を学生に与え、下のような会話をして導入する。 　　学生：田中さんはどの人ですか。 　　教師：田中さんは歌を歌っている人です。
文法上の留意点	short form による名詞修飾のうち、ここでは「～ている人」という形に限定して練習する。より幅広い名詞修飾は第 15 課で導入される。
練習を行う上での留意点	1．練習を始める前に te-form の復習をしておくといい。 2．練習 A の設定が春先の花見であることを伝え、花見客の写真などを見せると日本文化の紹介もできる。『げんきⅡ』p. 203 には、花見の簡単な説明と写真が載っている。

練習 Ⅵ　まだ食べていません (p. 224)　　　☛ 文法 6 [もう～ました／まだ～ていません]

導入例	例 1．学生 A に「もう昼ご飯を食べましたか」と質問する。「はい」と答えたら教師が「A さんはもう食べました」と言う。「いいえ」と答えたら、教師が「A さんはまだ昼ご飯を食べていません」と言って導入する。 例 2．食べ終わってカラになったお弁当の絵を学生 A に持たせ、中身が入っているお弁当の絵を教師が持ち、「A さんはもうお弁当を食べました」「私はまだ食べていません」と言って導入する。
文法上の留意点	1．否定の答えが「いいえ、まだ食べませんでした」「いいえ、まだ食べません」にならないように注意する。また、「いいえ、まだです」という表現を教えてもいい。 2．ここでは取り上げないが、状態動詞の「ある」「いる」などは、「まだ＋否定」の構文でも「～ている」の形をとることがない。学生からそのような誤用が出るようであれば、第 7 課・文法 1 の動詞の分類 (1)～(3) (p. 170) に戻って説明するとよい。
その他の活動	「怠け者はどっち？」　💻 げんきオンライン「追加アクティビティ」 To Do リストの項目をやったかどうか聞き合い、どちらがより怠け者か比べる。

練習 Ⅶ　天気がいいから、遊びに行きます (p. 225)　　　☞ 文法7 [理由＋から＋状況]

導入例	例1．まず、学生同士で「週末何をしますか」と聞き合う。次に、学生に同じ質問を教師にさせる。教師はポケットから映画やテーマパークなどのチケットを出して見せ、「チケットがあるから○○に行きます」と言って導入する。 例2．学生に「今晩、勉強しますか」と聞き、勉強しないと答えた学生に「どうしてですか」と理由を聞く。そして、答えを聞いた後、教師が「Aさんは＿＿＿＿から、今晩勉強しません」と導入する。
文法上の留意点	1．「から」は第6課で既習の項目である。ここでは「から」の前に short form を使うことを説明する。 2．「から」の前後の文が逆になる間違いをしないように、「から」の前には理由、後には結果がくるということを確認する。 3．「日本人です」のように「名詞＋です」で終わる文を「から」節にする場合、「日本人から」のように「だ」を落とす間違いが多いので注意する。
練習を行う上での留意点	練習Aでは、答えにいくつかの可能性がある。例えば、「クラスが始まるから、行きませんか／急ぎましょう／遊びに行きませんでした」「旅行に行ったから、お金がありません／今はひまです」などがある。つじつまがあっていれば、どれでもよいことにする。

練習 Ⅷ　まとめの練習 (p. 226)

練習を行う上での留意点	1．練習Aをする際は、まず「単語」の Numbers の項（p. 213）で「一つ」「二つ」などの語を練習してから行う。練習Aの後、実際のメニューを用意して練習してもよい。料金やメニューはインターネットで探すことができる。 2．練習Bは主に新出語彙の練習であるが、質問している時にパートナーの答えをメモにとらせ、後で「○○さんは～と言っていました」と報告させてもいい。

会話 (p. 210)

留意点・応用例	会話Ⅰを練習した後、「かぶき」の部分を「野球」「映画」「ジャズ」などに替えて友だちを誘うスキットを作らせる。会話を行う前に歌舞伎のビデオなどを見せ、簡単に歌舞伎の紹介をするといい。（参考：松竹株式会社「はじめての歌舞伎」https://www.shochiku.co.jp/entertainment/home/introduction/）

Useful Expressions 「色」 (p. 229)

留意点・応用例　　１．「色のアクティビティ（1）」　🖥 げんきオンライン「追加アクティビティ」
ワークシートに書かれた色に関する質問を、ペアまたはクラス全体で行う。
２．「色のアクティビティ（2）」　🖥 げんきオンライン「追加アクティビティ」
先生やクラスメイトの好きな色を推測して質問する。

第10課 　冬休みの予定

この課ですること・・・

🖝物や人を比較する　　　　　　　　　　🖝交通手段や所要時間を述べる
🖝旅行などの予定を述べる　　　　　　　🖝ツアーについて聞く／ツアーの予約をする
🖝状態の変化について述べる　　　　　　✐天気について話す

🖥 げんきオンライン「学生用チェックリスト」

この課の学習項目

二項比較	バスのほうが電車より速いです。	文法1	練習 I
三項以上の比較	新幹線がいちばん速いです。	文法2	練習 II
形容詞／名詞 ＋の	これは私のです。	文法3	練習III
〜つもりだ	見に行くつもりです。	文法4	練習IV
形容詞＋なる	きれいになりました。	文法5	練習V
どこかに／どこにも	どこかに行きましたか。／どこにも行きませんでした。	文法6	練習VI
助詞「で」（手段）	自転車で行きます。	文法7	練習VII

練習 I　バスのほうが電車より速いです (p. 239)　　　　　　　　🖝 文法1［二項比較］

導入例　　　　例１．世界地図を見せ、アメリカと日本を指しながら、「アメリカは大きい
です」「日本はあまり大きくないです」と言った後、「アメリカのほうが日本
より大きいです」と導入する。次に地図の中国と日本を指しながら、「中国
と日本とどちらのほうが大きいですか」と質問して、疑問文を導入する。

例２．クラスの中の背が高い学生を使い、「Ａさんは背が高いです」「Ｂさん
も背が高いです」と言ってから、その二人に立ってもらう。背の高さを比べ
た後、「ＡさんのほうがＢさんより背が高いです」と言って導入する。その
後、Ｃさんに立ってもらい、「ＡさんとＣさんとどちらのほう背が高いです
か」と疑問文を導入する。

文法上の留意点	１．比較の主体がトピックになっている場合は、「AのほうがBより」の代わりに「AはBより」のように「は」を用いることがあるが、ここでは「のほうが」だけを扱う。

２．日本語の比較文は、「どちら」と「どっち」、「のほうが」と「が」、「より」と「よりも」、さらに比較の主体と対象の語順の変換など、バリエーションが多い。多くのバリエーションを一度に提示しても混乱を招くので、注意する。

３．ここでは、比較の主体に「が」を付加できるような文のみを扱い、「野球よりサッカーのほうを<u>よく見る</u>」のように「を」などがつくものは導入していない。

練習を行う上での留意点	１．最初の練習では文法説明にある「AのほうがBより」「AとBとどちらのほうが／どっちのほうが」に限り、少し定着したら、他のバリエーションも入れるとよい。

２．練習Aの前や後に、学生にとって身近なものの絵や写真を見せて、同様の練習を行ってもよい。例えば、クラスの学生や有名人、学生がよく行くレストランなどを使う。

３．練習Bをペアで行わせる前に、Example を見て、（　　）で示している「のほう」「〜より」の部分が省略可能であることを確認しておく。また、「AもBも好きです／きらいです」のような、比較できない時に使える文型も確認しておく。

４．練習Bの10と11は、日本以外で学習している学生に対しては、質問に「〜と思います」を使って答えさせることもできる。また、「高校の時の生活／今の生活」など質問を変えてもよい。

その他の活動	「靴のほうが傘より高いです」　🖥 げんきオンライン「追加アクティビティ」

グループの各人にバラバラに与えられた情報を統合して、4つのアイテムを値段の順に並べる。

練習 Ⅱ　新幹線がいちばん速いです (p. 240)   ➡ 文法 2 ［三項以上の比較］

導入例	例１．練習Ⅰの導入で使用した世界地図を見せて、アメリカと日本を指しながら、「アメリカは日本より大きいです」と言い、次にロシアとアメリカを指しながら「ロシアのほうがアメリカより大きいです」と言う。そして、「アメリカと日本とロシアの中で、ロシアがいちばん大きいです」と導入する。次に「アメリカと日本とロシアの中で、どこがいちばん小さいですか」と質問して、疑問文を導入する。

例2．練習Ⅰの導入例2で使った背の高い学生二人に加えて、もう一人学生を使い、「AさんのほうがBさんより背が高いです」「BさんのほうがCさんより背が高いです」と言う。そして、「AさんとBさんとCさんの中で、Aさんがいちばん背が高いです」と導入する。次に「AさんとBさんとCさんの中で、だれがいちばん髪が長いですか」と疑問文を導入する。

文法上の留意点

1．「新幹線とバスと電車の中で、バスのほうが一番安いです」のように、二項比較と三項以上の比較を混同することがあるので注意する。

2．比較対象の種類によって、疑問詞が「だれ」「どこ」「何」などになることに注意する。「どちら」は二項比較のパターンの場合だということを再度確認する。「どれ」と「何」の違いは、p. 235の脚注3を参照。

練習を行う上での留意点

1．練習Aは二項比較と同じ絵を使うが、飽きないように教材を別に用意してもよい。

2．練習Bは、ペアで練習を行わせる前に、疑問詞に何を使うかをクラスで確認しておく。6には疑問詞「いつ」を使うことに注意する。また、7〜9の「クラス」は「クラスの学生の中で」という意味であることを確認する。

3．練習Dの応用として、クイズショーができる。学生をグループに分ける。テレビのクイズショーのように二項比較、三項以上の比較の文の質問を教師が読み上げ、それぞれのグループで相談して答えさせる。答えさせる際は、早いもの勝ちではなく必ず全部のグループに答えさせる。また、答えは練習のため文単位で答えるように指示する。いちばん正解が多いグループの勝ち。問題を作る時に、答えがはっきりとしたものであることに注意する。

  例）問題：東京スカイツリーとエッフェル塔とどっちのほうが高いですか。

    答え：東京スカイツリーのほうが高いです。

その他の活動

「どっちのほうがおもしろいですか」　📺 げんきオンライン「追加アクティビティ」

ペアで「どっちのほうが〜」「どれがいちばん〜」を使った質問を考える。

練習 Ⅲ　これは私のです (p. 242)　　　　　　　　➠ 文法3［形容詞／名詞＋の］

導入例

学生二人の本を手に取り、「これはAさんの本です」と「これはBさんのです」と言った後、二つの文を並べて書き、何が省略されているかを視覚的に示して導入する。形容詞は、高い値段と安い値段が書いてある二枚の靴の絵カードを見せ、「メアリーさんは高い靴を買いました」と「たけしさんは安いのを買いました」と言った後、二つの文を並べて書き、「の」が名詞に置き換わっていることを示して導入する。

文法上の留意点	1．文法説明にあるように、人については使わないことに注意させる。
	2．p. 236 に説明があるが、「名詞＋の」では「メアリーさんの本」が「メアリーさんのの」のようにならないことを再度確認するといい。
	3．代用名詞の「の」自体は、構文的には簡単であるが、それを導入することによって、他の部分で誤用が起きないように注意する。例えば、形容詞で名詞を修飾する際、「大きいのかばん」のように「の」を入れてしまう間違いや、「の」が英語の one に単純に対応していると勘違いして "I don't have one" のように修飾を伴わない状況で「のがありません」のように用いたりする間違いがよく観察される。
練習を行う上での留意点	練習Cは、まずクラスで Example の会話を読んで状況を理解させてから、ペアで練習させるといい。ペアワークの後、実物を用意し、教師が店員になって学生に買い物をさせるとより現実味が出る。その際、教師が既習の表現を使って質問をしたりすると復習にもなる。

練習 Ⅳ　見に行くつもりです (p. 243)　　☛ 文法4 [〜つもりだ]

導入例	教師が「これは私のスケジュールです」と言いながら、p. 126 のようなスケジュールを見せる。それを指し示しながら、「私はあした、友だちに会うつもりです」と言い導入する。
文法上の留意点	1．「あした、会うつもりです」と言っても、「あした、会います」と言っても、ほとんど意味は変わらない。細かな意味の違いを論じるよりも、同じ趣旨のことを言うのにもいろいろな方法があるという観点から捉えさせるといい。「つもりです」という構文は、新たな文法項目というより、short form の現在形（肯定／否定）の復習という位置づけであるので、活用の復習に主眼を置く。
	2．学生に余力があるなら、「先週末、バーベキューをするつもりでした。でも雨が降ったので、しませんでした」のように、本来の意図と実際の物事の進展が異なった場合を扱ってもよい。
	3．「つもりです」を「つもります」とする間違いがよくあるので注意する。
	4．否定の場合、「〜つもりじゃないです」という言い方もできるが、ここでは「〜ないつもりです」だけ扱っている。
練習を行う上での留意点	1．練習Aは、よくできる学生ほど、同じ曜日の二つの予定を te-form で結んで一つの文にしようとしたりする。しかし、例えば6と7の場合、「友だちと晩ご飯を食べて日本語を勉強しないつもりです」のような不自然な文になるので、学生には一つの動詞だけを用いるように指導したほうがよい。

2．練習Bは、理由などを言わせて、長い会話につなげるように指導しても
いい。また、ペアワークにして、後で「○○さんは～するつもりだと言って
いました」のような形で発表させてもよい。

練習 Ⅴ　きれいになりました (p. 244)　　　　　　　　　　☛ 文法 5［形容詞＋なる］

導入例　　　　　●イ形容詞＋なる
「¥20,000」の値札のついた時計の絵カードを見せて、「時計は 2 万円でした」
と言う。次に「¥10,000」の値札を「¥20,000」の上に貼り、「安くなりまし
た」と言って導入する。
　　　　　　　　●ナ形容詞＋なる
掃除する前と後の二枚の写真か絵を見せて、「私の部屋はきれいじゃなかっ
たです。きのう、掃除しました。だから、部屋はきれいになりました」と導
入する。
　　　　　　　　●名詞＋なる
教師が「私は教えるのが好きです。だから、先生になりました」と言って導
入する。

文法上の留意点　1．イ形容詞とナ形容詞の活用を混同して「眠いになる」「眠くになる」の
ような誤用を引き起こしやすいので注意する。
　　　　　　　　2．主文では、目の前で起こる変化をレポートするような場合には主語に
「が」を、あらかじめ観察対象が決まっていたような場合には「は」を用い
るのが自然である。
　　　　　　　　3．英語話者の場合、現在完了形 "has become . . . " の has に引きずられ
て、「なります」のように現在形を使いたがることがある。その場合、例え
ば、元々 1,000 円だったものがセールで 500 円になった場合、変化はすでに
起こったものであるから、過去形を使うのだと説明するといい。または、訳
自体を過去形の became にしぼってしまってもよい。

その他の活動　　「涼しくなりましたね」　🖥 げんきオンライン「追加アクティビティ」
ワークシートに書かれた状況を「～なりました」を使って表現して、会話を
続ける。

練習 Ⅵ　どこかに行きましたか (p. 246)　　　　　　　　　☛ 文法 6［どこかに／どこにも］

導入例　　　　　「げんきな絵カード」の「行く」の絵を見せて、「メアリーさんは週末、図書
館に行きました」と言う。そして、「げんきな絵カード」の「休み」の絵を
見せて、「たけしさんは週末どこにも行きませんでした」と言って導入する。

文法上の留意点	「どこにか」「どこもに」など助詞の順番が混同しないように指導する。「に」だけでなく「へ」「で」など助詞が残る場合があるが、この課では「に」に限って練習している。
練習を行う上での留意点	1．練習Aを行う前に第8課で学習した「何かしましたか」「何もしませんでした」を復習するとよい。 2．練習Aをする際、口頭練習だけでは、助詞の有無や順序が確認しにくいので、答えを書かせて確認するとよい。

練習 Ⅶ　自転車で行きます (p. 247)　　　　☞ 文法7［助詞「で」（手段）］

ここでは、練習Aで「（交通手段）で」、練習Bで「（時間）かかります」を扱う。それぞれの練習を行う前にその導入を行うとよい。

導入例	●（交通手段）で 練習Aの e.g. の絵を見せて、まず「私はうちから駅まで自転車で行きます」と言い、「〜で」を導入する。その後、「うちから駅までどうやって行きますか」と質問の仕方を確認する。 ●（時間）かかります 同じ絵を使い、時間に注目させ、「うちから駅まで十分かかります」と導入する。その後、「うちから駅までどのぐらいかかりますか」と質問の仕方を確認する。 テキストの絵の代わりに、有名な場所や身近な場所への行き方を話題にして、上と同様に導入してもいい。
文法上の留意点	1．文法7では「はしで」「日本語で」などの手段の「で」の用法を一般的に紹介しているが、練習では「バスで」など交通手段にしぼっている。 2．「自転車とバスで」のような並列はできるが、片方が「歩いて」の場合はそのままでは並列ができない（×バスと歩いて行きます）。そのような文を作りたがる学生には、「徒歩で」という語を導入して、「バスと徒歩で行きます」と指導するといい。
練習を行う上での留意点	練習Aをする前に、p. 55 の Useful Expressions「じかん」を見せて、「〜分」の言い方を練習するといい。
その他の活動	交通手段以外の「で」の使い方の練習として、いろいろな料理の写真を見せ、何で食べるかをクラスで話し合うことができる。例えば寿司の写真を見せて、「はしで食べます」「でも、手で食べてもいいです」と食べ方を紹介することもできる。その際、質問では「どうやって」ではなく「何で」を使うことも説明するといい。

練習 Ⅷ　まとめの練習 <small>(p. 248)</small>

練習を行う上での
留意点

練習ＡやＣをする際、巻末の日本地図（p. 378 ～ 379）を見ながら、「北海道」「横浜」などがどこにあるか確認するといい。

会話 <small>(p. 230)</small>

留意点・応用例

会話Ⅰの練習をした後で、下のような会話を示し、ペアで下線部を自由に作らせて発表させてもいい。

> Ａ：○○さん、休みはどうしますか。
>
> Ｂ：＿＿＿＿＿＿か＿＿＿＿＿＿に行くつもりですが、まだ決めていません。
> 　　＿＿＿＿＿＿と＿＿＿＿＿＿とどっちのほうがいいと思いますか。
>
> Ａ：＿＿＿＿＿＿＿＿＿＿＿＿＿＿＿＿＿＿＿＿と思います。
> 　　でも＿＿＿＿＿＿さんは＿＿＿＿＿＿＿＿＿＿と言っていました。

調べてみよう 「Trip to Japan」 <small>(p. 250)</small>

日本の旅行を計画する。旅行ガイドやインターネットで調べて行き先を一つ決め、行きたい理由、何をするか、行き方や金額などの質問に答える。

留意点

1．ネットで調べるといろいろな情報があるが、それを翻訳機能などで無理に訳さず、今の時点で言えること、クラスメイトが聞いてわかることだけを答えに書くように注意する。

2．4の行き方も、細かいところまで書く必要はなく、習った日本語で言えることだけで十分だと伝えておくとよい。

3．時間があれば、学生にスライドを使ってクラスで発表させる。その際、どの旅行がよかったのか学生たちに投票させ、クラスで一番人気のある旅行を選ばせてもいい。

4．交通機関については、p. 251 の Culture Notes「日本の交通機関」を参照させるといい。

第11課 休みのあと

この課ですること‥‥‥‥‥‥‥‥‥‥‥‥‥‥‥‥‥‥‥‥‥‥‥‥‥‥‥‥‥‥‥‥‥‥‥‥‥‥

● したいことについて話す　　　　　● 出身地について聞く／話す
● 経験したことについて話す　　　　○ 夢や将来について話す
● 友だちを紹介する

🖥 げんきオンライン「学生用チェックリスト」

この課の学習項目

〜たい	ハンバーガーを食べたいです。	文法1	練習Ⅰ
〜たり〜たりする	掃除したり、洗濯したりします。	文法2	練習Ⅱ
〜ことがある	有名人に会ったことがありますか。	文法3	練習Ⅲ
助詞「や」	すしや天ぷらをよく食べます。	文法4	練習Ⅳ

練習 Ⅰ　ハンバーガーを食べたいです (p.264)　　　　☞ 文法1 [〜たい]

導入例
例1. おいしそうなピザなどの食べ物の写真を見せて、「朝ご飯を食べませんでした。おなかがすいています。ピザが食べたいです」と言って導入する。

例2. 人気のあるK-popのグループの写真を見せながら、「私はK-popが好きです。○○のコンサートに行きたいです」と導入する。

文法上の留意点
1. 英語のwantを使った表現のように、「手伝いたい？」「うちに来たい？」などと言う学生もいるが、依頼や誘いの表現には「たい」を使わないので、注意する。
2.「〜たい」の前につく助詞は、「を」でも「が」でも、どちらでも可能であることを確認する。
3.「〜たがっている」を練習する際、目的格に助詞「が」が使えないこと、また活用は「verb stem＋たがっている」で、「〜た（short form past）＋がっている」ではないことに注意する。

練習を行う上での留意点
1. 練習Aをする前に、イ形容詞の活用「〜いです／〜くないです」を確認する。その後、動詞のみを与えて、それを「〜たいです」「〜たくないです」と変える練習をしてもよい（例:「読む」→「読みたいです」）。
2. 練習Cの前も同様にイ形容詞の活用「〜かったです／〜くなかったです」を確認して、動詞のみで練習してもよい。

３．練習Ｅをする前に、「〜たい」表現の人称制限について説明する。他者の希望を伝える表現として、Exampleでは「〜と言っていました」と「〜たがっています」を提示している。学生のレベルに応じて、既習表現の「〜と言っていました」のみを練習してもよい。「〜たがっています」が括弧書きなのはそのためである。

その他の活動	１．質問の練習：日本人の友だちが遊びに来て、案内することになったという設定で、その友だちに「何がしたいですか」「どこに行きたいですか」「何が食べたいですか」「どの映画が見たいですか」などと質問をする。 ２．「一緒に旅行」　🖵 **げんきオンライン**「**追加アクティビティ**」 どんな旅行をしたいか考え、自分と同じ旅行をしたい人を探す。

練習 Ⅱ　掃除したり、洗濯したりします (p. 266)　　　☛ 文法２［〜たり〜たりする］

導入例	一人の学生に「週末何をしましたか」と質問し、「本を読みました」「ゲームをしました」「友だちに会いました」など、したことを三つ以上言わせる。その後、「Ａさんは週末、本を読んだり、ゲームをしたりしました」と導入する。
文法上の留意点	１．「たい」形を導入した直後ということもあって、「音楽を<u>聞き</u>たり」「温泉に<u>行き</u>たり」のように「stem ＋たり」と間違える傾向があるので、注意する。 ２．「〜たり<u>と</u>、〜たり」と間に「と」を入れるのは、学生がしやすい間違いの一つである。
練習を行う上での留意点	練習Ｃでは５・７・８・９の「する」が「したい」「してはいけない」などの形で現れていることに注意し、答えでもそれらの形を使わせるようにする。
その他の活動	１．週明けの授業で、週末に何をしたか、ペアになって「〜たり〜たり」を使って会話をする。 ２．「図書館で何をしますか」「飛行機の中で何をしましたか」など教師が質問を考えて、学生に「〜たり〜たり」を使って答えさせる。 ３．練習Ｂのイラストを使って、第10課の比較の復習を兼ねて、以下のような会話もできる。 　　Ａ：山と海とどちらのほうが好きですか。 　　Ｂ：山のほうが好きです。 　　Ａ：山で何をしますか。 　　Ｂ：〜たり〜たりします。Ａさんは？

練習 Ⅲ　有名人に会ったことがありますか (p. 267)　　　　☞ 文法3［～ことがある］

導入例　　　　例1．珍しい食べ物の写真（例：ふぐ）を見せて、珍しい食べ物であることを英語で簡単に説明する。その後、「私はふぐを食べたことがあります」と言って導入する。

例2．教師がディズニーランドでミッキーマウスと一緒に撮った写真を見せて、「私はディズニーランドに行ったことがあります」と言って導入する。

文法上の留意点　　1．「～たことがありました」と間違える学生がいるので、最後は現在形になることを確認する。

2．質問に答える時に、動詞を入れずに「ことがあります」「ことがありません」とする学生がいるので、注意する。

練習を行う上での留意点　　1．練習Aは学生自身の状況で発話させてもよい。例えば、「2. study Korean」で、韓国語を勉強したことがない学生には「韓国語を勉強したことがありません」と言わせる。

2．練習Bは、会話例のように相手の答えに対して「どうでしたか」などと会話を発展させていき、より長い会話が行えるようにする。

その他の活動　　1．経験した人にしかわからない質問を教師が出し、学生はクラスの中で経験者を探してその答えを見つける。例えば「とんかつはおいしいですか」など。学生は経験者を探すためにクラスメイトに「とんかつを食べたことがありますか」と聞いて回り、経験者を探したら質問をして答えを得る。後でクラスで「○○さんはとんかつはおいしいと言っていました」と発表させることもできる。

2．三～四人のグループになって、グループ全員が体験した「おもしろいこと、珍しいこと」を三つ考え、後でクラスで発表する。

3．「『～たことがある』ビンゴゲーム」　📺 げんきオンライン「追加アクティビティ」ビンゴの要領で、ワークシートの項目をしたことがある人を見つける。

4．「東京に行ったことがあります」　📺 げんきオンライン「追加アクティビティ」ワークシートの項目をしたことがあるかどうか、ペアで聞き合う。

練習 Ⅳ　すしや天ぷらをよく食べます (p. 268)　　　　☞ 文法4［助詞「や」］

導入例　　　　本とノートだけの絵と、本とノート以外にもいろいろある絵を見せて、「本とノートがあります」と「本やノートがあります」を比較して導入する。

文法上の留意点　　助詞の間違いに注意する。「ゴルフやテニスや見ます」という間違いをしやすいので、最後の名詞の後には元の助詞がくることを確認する。

練習 Ⅴ　まとめの練習 (p. 269)

練習を行う上での
留意点

1. 練習AとCは比較的長い発話になるので、あらかじめ準備させて発表させてもよい。

2. 練習Bは学生の興味・経験に合わせ、教師が質問を作って行ってもよい。

会話 (p. 254)

留意点・応用例

1. 会話Ⅰの練習をした後で、下のような会話を示し、ペアで下線部を自由に作らせて発表させてもよい。

A：＿＿＿＿＿さん、久しぶりですね。休みはどうでしたか。

B：すごく楽しかったです。＿＿＿＿＿＿で、＿＿＿＿＿＿たり、
　　　　　　　　　　　　　　　　(place)

＿＿＿＿＿＿＿＿＿たりしました。

A：いいですね。私も＿＿＿＿＿＿＿＿たいです。

B：＿＿＿＿＿さんの休みは楽しかったですか。

A：まあまあでした。

2. 会話Ⅱを応用し、三人の中の一人が他の二人を引き合わせる会話をさせる。

第12課　病気

この課ですること‥‥‥‥‥‥‥‥‥‥‥‥‥‥‥‥‥‥‥‥‥‥‥‥‥‥‥‥‥‥‥

🔘説明する／説明を求める　　　　　🔘病状について説明する

🔘度を越している物事に不満を表す　🔘アドバイスをする

🔘しなければいけないことを述べる　🔗丁寧に確認の質問をする

💻 げんきオンライン「学生用チェックリスト」

この課の学習項目

～んです	頭が痛いんです。	文法1	練習Ⅰ
～すぎる	食べすぎました。	文法2	練習Ⅱ
～ほうがいいです	薬を飲んだほうがいいです。	文法3	練習Ⅲ
～ので	いい天気なので、散歩します。	文法4	練習Ⅳ
～なければいけません／ ～なきゃいけません	七時に起きなければいけません／ 起きなきゃいけません。	文法5	練習Ⅴ
～でしょうか	日本は寒いでしょうか。	文法6	練習Ⅵ

練習 **I** 頭が痛いんです (p. 282)

☞ 文法 1 [〜んです]

この項目は、学生にとってどんな状況で使うべきかが把握しにくいので、説明を求められた時、理由を述べたい時など、練習に出てくるような主な場面で使えるようになることを到達目標としている。

導入例	例1．教師がおなかが痛そうな動作をして、学生に「だいじょうぶですか」と聞かせる。そして「おなかが痛いんです」と答えて導入する。
	例2．教師が「みんなでカラオケに行きましょう」と言う。「メアリーさんもカラオケが好きだと言っていました。聞きましょう」と言ってメアリーのお面をかぶる。学生に「メアリーさん、カラオケに行きませんか」と誘わせる。メアリー役の教師がワークブックを見せながら、「ちょっと……。宿題がたくさんあるんです」と言って導入する。
文法上の留意点	1．ナ形容詞と名詞の現在肯定形の「〜なんです」の「な」に注意する。
	2．過去形の時は、「〜んでした」にならないようにする。
	3．理由を述べる時に「〜んです」を使う場合は、同じように理由を表す「から」は入れないことに注意する。例えば「どうして学校を休んだんですか」という質問に対して、「かぜをひいたんです<u>から</u>」とはしない。
練習を行う上での留意点	1．short form の活用がまだ定着していない学生もいるので、練習A・Bをする前に簡単な活用の練習をしたほうがいい。
	2．練習C・Dは、もう少し長いやりとりの会話をさせてもよい。 例）A：すてきな時計ですね。 　　B：日本で買ったんです。 　　A：高かったですか。 　　B：いいえ。……
その他の活動	1．「ダイエットをしている」「ピザがきらい」「きのうもピザを食べた」などという状況をそれぞれの学生に与えておく（カードを渡すか、プロジェクターで提示する）。そして教師がピザの絵を見せて、「私が作りました。一緒に食べませんか」と誘い、それに対して「ちょっと……。今ダイエットをしているんです」と断って理由を説明する練習をする。学生同士でやらせてもいい。
	2．「みなさんはきのう授業をサボりました」という状況を与えて「○○さん、どうしてきのう授業に来なかったんですか」と聞き、「〜んです」を使って言い訳をさせる。

３．学生をペアにし、それぞれのペアに、「げんきな絵カード」のメアリーやたけしの喜怒哀楽の絵（人物カード）を渡す。それぞれの学生がメアリーやたけしになり、喜怒哀楽のいずれかの絵を選んで相手に見せる。相手は「どうしたんですか」と聞き、絵を見せたほうはその絵の表情に合わせた返答をする。

練習 Ⅱ　食べすぎました (p. 284)　　　　　　　　　　　☞ 文法2 [〜すぎる]

導入例　　●動詞＋すぎる

練習Aの(1)の絵を使い、まず吹き出し内の"たくさん食べているメアリー"を指差しながら、「メアリーさんはきのうたくさん食べました」と言う。次に"おなかがいっぱいのメアリー"のほうを指差して、「メアリーさんは食べすぎました」と言って導入する。

●形容詞＋すぎる

「私は時計を持っていないので、時計がほしいです」と言う。「時計の店に来ました。この時計、かっこいいですね」と言って値札のついた時計を手に取る。「¥300,000」の値札を見せて、「この時計は高すぎます」と言って導入する。

文法上の留意点　「たくさん勉強しました」や「とても楽しいです」の意味で、「勉強しすぎました」「楽しすぎます」と言ってしまうことがある。基本的には「〜すぎる」は否定的な意味で使うことを確認する。

練習を行う上での留意点　練習Bはペアで文を作らせて、後でクラスで発表させてもよい。

その他の活動　　１．フリーマーケットにいるという設定で、高いかばんの写真を見せて、「買いますか」と質問する。「買いません」と答えた学生に「どうして買わないんですか」と聞く。「高すぎるんです」と答えさせ、合わせて「〜んです」の練習もする。その他、小さすぎるセーター、大きすぎる靴、長すぎるTシャツ、短すぎるTシャツなども使える。

２．「『〜すぎる』ビンゴゲーム」　🖥 **げんきオンライン**「追加アクティビティ」

ビンゴの要領で、ワークシートの項目に該当する人を見つける。

練習 Ⅲ　薬を飲んだほうがいいです (p. 285)　　　　　　☞ 文法3 [〜ほうがいいです]

導入例　　教師が「台風」の絵カードを見せ、「あした台風が来ます。あしたは大学に来ないほうがいいですよ。家にいたほうがいいですよ」と言って導入する。

文法上の留意点	１．学生は「食べるほうがいい」や「行かなかったほうがいい」などの文を作ることがあるので、肯定の時には過去形を、否定の時には現在形を使うことを確認する。 ２．相手に直接助言する時は、最後に「よ」をつけたほうが自然である。
練習を行う上での留意点	練習Aでは肯定か否定かによって動詞の活用を変えなければならないので、文の意味だけではなく、形にも注意させる。
その他の活動	１．学生に紙を配り、各自が抱えている問題を一つ書かせ、それを集める。教師がそれを読み上げ、他の学生にアドバイスを言わせる。その際、あまり深刻であったり、個人的な問題が出ないように気をつける。 ２．「友だちへのアドバイス」　💻 げんきオンライン「追加アクティビティ」 ペアで困った状況を説明したり、それに対するアドバイスをする会話を行う。

練習 Ⅳ　いい天気なので、散歩します (p. 287)　　　　　　　　☛ 文法4 [〜ので]

導入例	例１．教師が「来週テストがありますね」と言い、「勉強しますか」と聞く。「勉強します」と答えた学生がいたら、「○○さんはテストがあるので、勉強します」と導入する。 例２．ナオミさんの顔のイラストを見せて、「ナオミさんはとてもやさしいです」「だから人気があります」と言い、「ナオミさんはとてもやさしいので、人気があります」と言って導入する。
文法上の留意点	１．ナ形容詞と名詞の現在肯定形には「だ」ではなく「な」がくることに注意する。そこが「から」と違う点である。また「から」同様、「ので」の前には理由がくるように気をつける。 ２．英語圏の学生には because で覚えるよりも so の語順で覚えるほうが混乱が少ない場合もある。
その他の活動	１．下に示したような文をカードにして、順番をバラバラにした上で黒板に貼る。適当なものを選び、「ので」を使ってつなげる練習をする。 　魚がきらいです　　　　　　　すしを食べません 　あしたは友だちの誕生日です　パーティーをします 　かぜをひきました　　　　　　学校を休みます ２．「クラスメイトの秘密」　💻 げんきオンライン「追加アクティビティ」 クラスメイトに理由を聞く質問をしたり、質問に答えたりする。

練習 Ⅴ　七時に起きなければいけません／起きなきゃいけません (p. 288)

☞ 文法5 [～なければいけません／～なきゃいけません]

導入例	例1．汚い部屋の絵を見せて、「私の部屋です。あした友だちが来ます。今日掃除しなければいけません」と言う。 例2．「あしたテストがあります。テストがあるので、勉強しなければいけません」と導入する。
文法上の留意点	この文法はいろいろな言い方があるが（p. 279 の脚注4参照）、ここでは「～なければいけない／～なきゃいけない」に限定している。
練習を行う上での留意点	1．練習を行う前に、short form の否定形を復習しておく。「～なければいけません」「～なきゃいけない」は言いにくいので、なめらかに言えるまで練習させる。 2．練習Aの後「Aさんは今日何をしなければいけませんか」と学生に質問してもよい。 3．練習Dは「～なきゃいけない」を断りの理由を述べる時に使う練習である。学生Aは、断られた後はまた別のことに誘うなどして、会話を長くさせてもいい。また、ペアワークではなく、教師がA役になり、学生に自由に答えさせることもできる。
その他の活動	1．既習の「ので」と組み合わせた練習を行う。例えば、「げんきな絵カード」の「かぜをひく」と「薬を飲む」を見せ、「かぜをひいたので、薬を飲まなければいけません」と言う。その他にも「家族が病気なので、晩ご飯を作らなければいけません」などを出してもいい。 2．「勉強しなきゃいけないんです」　🖥 げんきオンライン「追加アクティビティ」ワークシートを参考に、ペアで「誘う／断る」の会話練習を行う。

練習 Ⅵ　日本は寒いでしょうか (p. 289)

☞ 文法6 [～でしょうか]

導入例	教師がメアリーのお面をかぶり、メアリー役になる。学生の出身地（例：ソウル）に遊びに行くという設定で「ソウルに遊びに行きます。今ソウルは暑いでしょうか」と聞いて導入する。
文法上の留意点	「でしょう」にはいろいろな用法があるが、この課では質問に限定している。
練習を行う上での留意点	short form の活用がまだ定着していない学生もいるので、練習Aをする前に簡単な活用の練習をしたほうがいい。

その他の活動	占い師（furtune teller）に会いに行くという設定で、質問したいことを考えさせる。質問ができたら、「でしょうか」を使って質問させる（例：お金持ちになるでしょうか）。学生をペア（占い師と客）にしてもいいし、教師が占い師の役になって質問に答えてもいい。

練習 Ⅶ　まとめの練習 (p. 290)

練習を行う上での留意点	１．練習Ｂはペアワークが終わった後に、教師が「月曜日に一緒に出かけますか」と聞き、「いいえ、月曜日は○○さんが〜なきゃいけないんです」と学生に答えさせて、答えが正確に言えているか確認する。 ２．練習Ｃでは応用として、Useful Expressions「健康と病気」（p. 293）の表現を使って行ってもよい。

第13課　アルバイト探し

この課ですること

● できること／できないことを述べる　　● アルバイトの経験について話す

● 複数の理由を述べる　　　　　　　　🔗 電話をかける

● 第一印象を述べる　　　　　　　　　🔗 仕事の面接を受ける

🖥 げんきオンライン「学生用チェックリスト」

この課の学習項目

可能動詞	―キロ泳げます。	文法 1	練習 I
〜し	物価が高いし、人がたくさんいるし。	文法 2	練習 II
〜そうです（様態）	おいしそうです。	文法 3	練習 III
〜てみる	着てみます。	文法 4	練習IV
なら	紅茶なら飲みました。	文法 5	練習 V
頻度	一日に二回食べます。	文法 6	練習VI

練習 I　―キロ泳げます (p. 33)　　　　　　　　　➡ 文法1 [可能動詞]

導入例	例１．ハングル、アラビア語など、学生のだれかが知っている言語の単語を大きく書いたカードを見せ、「わかりますか」と学生に聞く。読める学生がいたら読んでもらい、「Aさんはアラビア語が読めます」「私はアラビア語が読めません」などと言って導入する。

例2.「げんきな絵カード」の「ジーンズ」の絵とメアリーとジョンの絵を示しながら、「メアリーさんとジョンさんはジーンズを買いに行きます」と状況を説明する。メアリーの絵の横に一万円札の絵、ジョンの絵の横に千円札の絵を貼り、「メアリーさんは一万円持っています。ジョンさんは千円持っています」と言う。「ジーンズ」の絵カードに「4,800円」の値札を貼り、「メアリーさんはこのジーンズが買えます」「ジョンさんはこのジーンズが買えません」と導入する。

文法上の留意点　　1．可能形はすべて *ru* 動詞で、否定形や過去形も *ru* 動詞の活用をすることを確認する。

2．英語では "can understand" と言えるので「わかる」も可能形が作れると思いがちだが、「わかる」には可能形がないことも一言添えるといい。

練習を行う上での
留意点　　1．練習Eで初めて過去形の可能動詞が出てくるので、この練習の前に少し過去形の練習をしておいたほうがいい。

2．練習Gで用いる場所としては、スーパー、コンビニ、郵便局、銀行、ホテルなどの一般的な場所の他、学生がよく知っている店、近場の町なども使える。

その他の活動　　1．状況を与えて、学生に自分のできることを言わせる。

例）クラスでバンドを作ります。だれが楽器ができますか。上手に歌が歌えますか。

クラスでパーティーをします。だれがケーキが作れますか。上手に写真が撮れますか。

2．「何ができる？」　🖥 **げんきオンライン**「追加アクティビティ」

ワークシートに書かれたことができるか、ペアで質問しあう。

練習 Ⅱ　物価が高いし、人がたくさんいるし (p. 35)　　　　➡ 文法2 [～し]

導入例　　有名人やクラスの学生が知っている身近な人の写真を見せ、「～さんはすてきです」と言う。その後で、すてきである理由を単文でリストアップする。例えば、「頭がいいです」「親切です」「料理が上手です」「外国語が話せます」など。その後、「～さんは頭がいいし、料理が上手だし、すてきです」と「reason し、reason し、situation」の文を示す。

文法上の留意点　　「～し」の前には short form がくること、特にナ形容詞と名詞の現在肯定形の時には「だ」が入ることに注意する。

練習を行う上での 留意点	練習Bでは、学生に合わせて、理由が出やすい状況の質問を追加してもいい。例えば4の「日本に住みたいですか」の「日本」の部分を学生の知っている町に変えて質問ができる。
その他の活動	ある商品のコマーシャルを作ると想定して、その商品を見せながら、商品のいい点を述べる。例えば、「この教科書は、おもしろいし、絵がたくさんあるし、とてもいいです」など。

練習Ⅲ　おいしそうです (p.37)　　　　☛ 文法3 [〜そうです（様態）]

導入例	おいしそうなケーキの写真を見せて、「おいしそうです」「甘そうです」と導入する。
文法上の留意点	1．文法説明にもあるが、きれいな人や物、かわいい人や物を見てそのまま「きれいそうです」「かわいそうです」と表す誤用が多く見られるので、注意する。 2．名詞を形容する時は「〜そう<u>な</u>」と「な」が入ることに注意する。 3．ここでは過去形を導入する必要はないが、導入する場合、過去形は「〜そう」の前の部分ではなく、「〜そうだった」と「です」が活用することに注意する。 4．文法では「なさそう」を説明してあるが、練習では取り上げていない。
その他の活動	1．練習AやC以外にも、教師が映画やツアーのパンフレット、ギフトカタログなどを持ってきて、「〜そう」を使って言わせてもよい。 2．「つまらなそうです」　💻 げんきオンライン「追加アクティビティ」 カードに書かれた気持ちを表情で表し、他の学生が当てる。

練習Ⅳ　着てみます (p.39)　　　　☛ 文法4 [〜てみる]

導入例	何かめずらしい食べ物を用意して、「食べたことがありません。食べてみます」と言って食べる。他には「本を読んでみます」「靴をはいてみます」「服を着てみます」などの動詞でも導入できる。
文法上の留意点	「〜てみる」を「勉強してみます」のように"try to do"の意味で使いたがる学生もいるので、注意する。
練習を行う上での 留意点	練習Bでは、「どうぞ、使ってみてください」などの店員の発話の後に、使った後の感想を言わせて、品物を購入するところまで会話を続けさせてもよい。
その他の活動	「何がしてみたいですか」　💻 げんきオンライン「追加アクティビティ」 ワークシートに書かれたことをしたいと思っている人を探す。

練習 Ⅴ　紅茶なら飲みました (p. 40)　　　　　　　　　　　　　☛ 文法5［なら］

導入例　　　例1．いろいろな日本料理が入った絵か写真を見せながら、教師がうれしそうに「私は日本料理が好きです」と言う。そして、すしやとんかつなどの絵を指しながら、悲しそうな顔をし、「でも、私は日本料理が作れません」と言う。その後、カップラーメンの絵に○をつけ、うれしそうに、「ああ、カップラーメンなら作れます！」と言って導入する。

例2．「げんきな絵カード」の「楽器」の絵を用意し、ピアノに○、ギターに×をつけておく。まず、ピアノの絵を示しながら、「私はピアノが弾けます」と言う。次にギターの絵を見せ、「私はギターが弾けません」と言う。そして「私はピアノなら弾けますが、ギターは弾けません」と言って導入する。

文法上の留意点　　1．ここでは学生にとって複雑にならないように、「になら」「でなら」のように「助詞＋なら」で言える時も、助詞はすべて省いてある。

2．対照の「なら」の場合、もう一方の文の目的語の助詞は「は」になることに注意する。

練習 Ⅵ　一日に二回食べます (p. 41)　　　　　　　　　　　　　☛ 文法6［頻度］

導入例　　　例1．下のようなスケジュール表を見せ、「たけしさんは月曜日にコンピューターの授業があります」「たけしさんは水曜日にもコンピューターの授業があります」と言い、「たけしさんは一週間に二回コンピューターの授業があります」と導入する。

	Your Schedule	Your Partner's Schedule
月曜日 げつようび		
火曜日 かようび		
水曜日 すいようび		
木曜日 もくようび		
金曜日 きんようび		
土曜日 どようび		
日曜日 にちようび		

例2．学生の一人と以下のようにやりとりする。

教師：　Ａさんは何時に寝ますか。

学生Ａ：十一時に寝ます。

教師：　何時に起きますか。

学生Ａ：六時に起きます。

教師：　Ａさんは一日に七時間寝ます。

練習を行う上での 留意点	1．練習Aの前に、単語リストの「Numbers」(p. 25) を見ながら「一日」「二日」「三日」など日数の言い方を練習しておく。 2．練習Cをする前に「一年／二か月 に一回」などの表現も導入しておくといい。
その他の活動	1．「一日に何時間ぐらい勉強するか／何時間ぐらい YouTube を見るか」など、学生がアンケートの質問を作り、実際にクラス外でアンケートをとる。クラスでアンケートの結果について発表する。 2．「クラスメイトの日常生活」 🖥 げんきオンライン「追加アクティビティ」 ワークシートに書かれたことをどのぐらいの頻度でするか、ペアで質問しあう。

練習 Ⅶ まとめの練習 (p. 42)

練習を行う上での 留意点	練習Cの(b)では、質問が出やすいように、雇う側にいくつか質問する項目をプリントで渡しておいてもいい。例えば、コンピューターが使えるか、外国語が話せるか、留学したことがあるか、働いたことがあるか、いつから来られるか、など。また、その学生を採用するかどうかの理由を「～し、～し」を使って述べさせることもできる。

会話 (p. 22)

その他の活動	「アルバイトの面接」 🖥 げんきオンライン「追加アクティビティ」 会話Ⅱのパターンに沿って、アルバイト面接のロールプレイをする。

調べてみよう「どこに行きたい？」 (p. 43)

グループの一人一人が旅行の候補地を選び、その場所の魅力やそこでできること、その他の特徴などを調べてグループ内で発表し、グループの旅行先を決める。

留意点	1．ネットで調べるといろいろな情報があるが、それを翻訳機能などで無理に訳さず、今の時点で言えること、クラスメイトが聞いてわかることだけを使って話すように注意する。 2．時間があれば、それぞれのグループが選んだ場所についてクラスで発表させる。紹介された場所の中からどこに行きたいかを投票して、一番人気のある場所を決めてもいい。

第14課 バレンタインデー

この課ですること……………………………………………………………………………

- ●ほしいものについて話す
- ●確かでないことについて話す
- ●物をあげたりもらったりする

- ●バレンタインデーなどの特別な日について話す
- ♂悩みを相談したり、アドバイスをしたりする

🖥 げんきオンライン「学生用チェックリスト」

この課の学習項目

ほしい	チョコレートがほしいです。	文法 1	練習 I
～かもしれません	ギターが弾けるかもしれません。	文法 2	練習 II
あげる／くれる／もらう	友だちにチョコレートをあげました。	文法 3	練習 III
～たらどうですか	新聞を見たらどうですか。	文法 4	練習 IV
数字＋も／ 数字＋しか～ない	四時間も勉強しました。／ 三十分しか勉強しませんでした。	文法 5	練習 V

練習 I チョコレートがほしいです (p. 57)   ☛ 文法 1 [ほしい]

導入例　　例1．古い車の写真か絵を見せて、「私の車です。とても古いです。新しい車がほしいです」と言って導入する。

例2．「毎日、とても忙しいです。週末も仕事をします」と疲れた表情で言い、「休みがほしいです」と言って導入する。

文法上の留意点　　1．よくある間違いとしては「ほしいでした」や「～をほしいです」などがあるので、「ほしい」の活用がイ形容詞と同じであること、助詞「が」をとることに注意させる。

2．「～をほしがっています」の時には、助詞が「を」になることを確認する。

練習を行う上での留意点　　1．練習Dの比較表現は第10課で学習したが、忘れている学生もいるので、この練習の前にクラス全体で比較表現を復習するとよい。

2．練習Eをする前に、「ほしい」表現の人称制限について説明する。他者がほしいものを伝える表現として、練習Eでは「ほしいと言っていました」と「ほしがっています」を提示している。学生のレベルに応じて、既習表現の「ほしいと言っていました」のみを練習してもよい。

練習 Ⅱ　ギターが弾けるかもしれません (p. 59)　　　　　☛ 文法2 [〜かもしれません]

導入例	例１．今晩の天気予報の図を見せて（例：曇りで降水確率が30％）、「今晩、雨が降るかもしれません」と導入する。 例２．第17課・会話（p. 115）の吹き出しの中のたけしの絵を見せて、「たけしさん、どうしたんでしょう。元気じゃないですね」と言い、「きのう寝なかったかもれしません／病気かもしれません」などと言って導入する。
文法上の留意点	１．「〜かもしれない」の前にくる語句は品詞や時制にとらわれない。説明の時には、動詞、形容詞、名詞、現在形、過去形などいろいろな例文を挙げたほうがいいだろう。 ２．「元気だかもしれません」「学生だかもしれません」などとならないように、名詞・ナ形容詞の現在形に「だ」がつかないことに注意させる。
練習を行う上での留意点	練習Aをした後に、クラスの学生について「Aさんは忙しいですか」「Bさんはきのう勉強しましたか」などと質問し、他の学生に推測させてもよい。
その他の活動	ある場所や人や物の写真を見せて、どんなところか、どんな人か、何かを学生に推測させることができる。例えば、横浜の中華街の写真を見せて「どこでしょうか」と聞いたり、四角いスイカの写真を見せて「何でしょうか」などと聞く。

練習 Ⅲ　友だちにチョコレートをあげました (p. 61)　　　　　☛ 文法3 [あげる／くれる／もらう]

導入例	●「あげる」の導入 教師が学生に「チョコレートが好きですか」と聞いて、好きだと答えた学生に「私はAさんにチョコレートをあげます」と言って、チョコレートを渡して導入する。 ●「くれる」の導入 学生Bにぬいぐるみを渡しておく。そして、「今日は私の誕生日です。ぬいぐるみがほしいです」と言って、Bからぬいぐるみをもらう。その後、「Bさんは私にぬいぐるみをくれました」と言って導入する。
文法上の留意点	１．「私が／は Aにあげる」が定着した後、「Bさんが／は Cさんに本をあげました」と三人称同士のやりとりでも「あげる」が使われることを確認するといい。 ２．「くれる」の文では主語の助詞に「が」を使うほうが自然になる状況が多い。

3.「私は」「私に」は実際には省略されることが多い。「あげる」「くれる」という二つの動詞があることによって、やりとりの方向性がわかることを説明するとよい。

4.「○○さんが／は くれる」「○○さんにもらう」など、助詞に気をつける。

5. 身内など、心理的に近しい人物がやりとりに加わる場合（例：「田中さんが妹にチョコレートをくれました」など）はここでは扱わない。話者自身が関与するやりとりの表現に慣れることを目標にしている。

6. この課では「さしあげる」「くださる」「いただく」「やる」は扱わない。「くださる」は第19課で、また「さしあげる」「いただく」は第20課で、敬語指導の一環として導入される。また、「やる」は第21課で、「ペットなどに与える」という意味の動詞として、語彙として導入される。

練習を行う上での留意点

1.「あげる／くれる／もらう」の三つの動詞を一度に練習すると学生が混乱するので、一つずつ練習する。まず、練習A・Bで「あげる」の練習、次に練習Cで「くれる」のみを練習した後、同じ練習Cを使い「もらう」を練習する。練習D以降は三つの動詞を使った練習を行う。

2. 練習AやCのように、テキストの絵を用いて練習することもできるが、教室では実物や絵カードなどを使って、学生同士で実際にやりとりをさせながら練習したほうが効果的である。そのほうが、自分から相手へ、相手から自分へ、という方向性がわかりやすくなる。

3. 練習Eをする際は、学生が「あげる」「くれる」ばかり用いて、「もらう」をあまり使わないこともあるので、「もらう」も積極的に使うよう指導するとよい。

その他の活動

「何がほしいですか」　🖥 げんきオンライン「追加アクティビティ」
ペアで話し合い、優勝賞品からほしい物を取り合う。

練習 Ⅳ　新聞を見たらどうですか (p. 64)　　☛ 文法4［〜たらどうですか］

導入例

「げんきな絵カード」の「かぜをひく」の絵を見せて、学生がその絵の人物であるという状況設定をする。「どうしたんですか」と聞いて、「かぜをひいたんです」という返事が来たら、「家に帰ったらどうですか」と言って、導入する。

文法上の留意点

「〜たらどうですか」を安易に英語の "Why don't you 〜 ?" と置き換えると、"Why don't you call me?" や "Why don't you come to my house?" などの誘う表現や要求する表現と混同しやすいので、「〜たらどうですか」はアドバイスを与える時に使うことを指導する。

| 練習を行う上での
留意点 | 練習Aを行う前に、動詞の過去肯定形を作る練習をしておくといい。 |

| その他の活動 | 1.「悩み相談（1）」 🖵 げんきオンライン「追加アクティビティ」
グループでそれぞれの悩みを相談し、一番いいアドバイスを発表する。
2.「悩み相談（2）」 🖵 げんきオンライン「追加アクティビティ」
悩みをパートナーに相談し、アドバイスしてもらう。 |

練習 Ⅴ 四時間も勉強しました (p. 65)　　　　☞ 文法5［数字＋も／数字＋しか〜ない］

| 導入例 | 例1.学生に「きのう何時間寝ましたか」と質問する。たくさん寝た学生とあまり寝なかった学生の答えを書いて、「私は7時間寝ました。Aさんは10時間も寝ました。Bさんは3時間しか寝ませんでした」と三つの文を比較して導入する。
例2.一冊の本とジョンの顔の絵を見せて、「ジョンさんは去年、本を一冊しか読みませんでした」と言い、20冊ぐらいの本とソラの顔の絵を見せて、「ソラさんは去年、本を二十冊も読みました」と言って導入する。 |

| 文法上の留意点 | 1.「しか」に続く形が否定形なので、「まんがが一冊しかありません」は「まんがが一冊もない」という意味だと勘違いする学生がいるので注意する。
2.自分の持ち物に関して「も」を使う時、例えば「Tシャツを20枚も持っています」などは自慢げに聞こえたり、他の人に対して「3枚しか持っていないんですか」などとコメントするのは失礼になる場合もあるので、注意するよう指導する。
3.「だけ」との違いは第11課の表現ノート（『げんきⅠ』p. 262）を参照。 |

| 練習を行う上での
留意点 | 練習Aをする前に Useful Expressions「数え方」の表（p. 69）を見ながら助数詞の導入練習をする。練習Aを行う際には「物＋助詞＋数量」の順序に注意する。 |

練習 Ⅵ まとめの練習 (p. 67)

| 練習を行う上での
留意点 | 練習Cでは、学生の人数分の封筒に「手編みのセーター」「手作りのケーキ」などの絵を一枚ずつ入れたものを用意して学生一人一人に配り、ペアでその封筒を交換させてもいい。 |

会話 (p. 46)

| 留意点・応用例 | 1.会話Ⅰの「バレンタインデー」「いつも同じセーターを着ているから」の部分を入れ替えて練習する。例えば、設定を「誕生日」にして、「○○さんは料理が好きだから、料理の本をあげたらどうですか」などとできる。 |

　2．会話Ⅱは日常生活でよく使う会話なので、暗記させてクラスで実際に演技させるといい。その際、紙袋に入ったセーターを用意し、それを使って演技させる。

　3．日本ではバレンタインデーは女性から男性にチョコレートやプレゼントをあげる日という形でとらえられてきたが、最近では同性同士や自分自身へのプレゼントなど、多様化してきていることも説明するといい。

■第15課　長野旅行

この課ですること ……………………………………………………………………

🔴一緒に何かしようと誘う　　　　　🔴友だちと旅行の計画を立てる
🔴準備をする　　　　　　　　　　　⚪予定について話す
🔴物や人を詳しく説明する

🖥 げんきオンライン「学生用チェックリスト」

この課の学習項目

意志形	コーヒーを飲もうか。	文法 1	練習 I
意志形＋と思っている	運動しようと思っています。	文法 2	練習 II
～ておく	お金を借りておきます。	文法 3	練習 III
名詞修飾節	韓国に住んでいる友だち	文法 4	練習 IV

練習 I　コーヒーを飲もうか (p. 80)

☛ 文法 1［意志形］

導入例　　　　　お祭りの案内と山下先生とメアリーの絵を貼っておく。教師が学生役になり、二人を誘う。山下先生には「先生、あしたお祭りがあるから、一緒に行きましょう」と言い、メアリーには「あしたお祭りがあるから、一緒に行こう」と言って導入する。

練習を行う上での　　1．練習Bを行う時は、下の例のように会話を広げてもよい。
留意点
　　　　　　　　　　例）A：今日、何か予定ある？
　　　　　　　　　　　　　B：ううん、別に。
　　　　　　　　　　　　　A：じゃあ、カフェでコーヒーを飲もうか。
　　　　　　　　　　　　　B：うーん、ちょっと……。
　　　　　　　　　　　　　A：近くのカフェは安いし、おいしいコーヒーが飲めるし、いいよ。
　　　　　　　　　2．練習Dは学生に動作をさせながら歌わせると楽しい。

その他の活動	１．デートや友だち同士で出かけるという状況設定をし、意志形を使って会話を作らせる。例えば、まずレストランの前で「入ってみようか」、レストランの中に入って「どこに座ろうか」「何を食べようか」「コーヒーを飲もうか」「帰ろうか」「また来ようね」というような会話が考えられる。レストランの入り口の写真、店内の写真、メニューなど、想定した会話に合わせて準備しておく。 ２．「映画を見ようか」 🖵 げんきオンライン「追加アクティビティ」 親と子供の設定で、親が子供を誘う会話をする。

練習 Ⅱ　運動しようと思っています (p. 82)　　　　　☞ 文法2 [意志形＋と思っている]

導入例	学生Aに、「Aさん、週末は何をしますか」と聞く。Aの答えを聞いて、「Aさんは週末に～しようと思っています」と言う。「私は週末に～しようと思っています」と自分の予定を言ってもよい。
文法上の留意点	「short form＋と思います」と「意志形＋と思います」の違いについて、学生から質問が出る場合がある。意志形を使う場合は話者が動作を「しよう」とする意志があり、意志形動詞の主体と「思う」主体が同一である。一方、「short form＋と思います」では、通常「思う」のは話者だが、short formの動詞の動作の主体は必ずしも話者である必要はない。
その他の活動	「出かけようと思っています」 🖵 げんきオンライン「追加アクティビティ」 ワークシートで与えられた日や期間に何をするかペアで相談し、結果をクラスで発表する。

練習 Ⅲ　お金を借りておきます (p. 83)　　　　　☞ 文法3 [～ておく]

導入例	カレンダーやスケジュール帳を見せて、「来週の週末、旅行に行きます」と言い、週末に丸をつける。今日の日付を指して、「今日、ホテルを予約しておきます」と導入する。
練習を行う上での留意点	１．練習Cの例では「～ておかなきゃいけない」「～ておいたほうがいい」の表現が使われている。これらの表現を確認してから練習に移る。 ２．練習Cを行った後に、クラス全体、またはグループで、「花見に行く」「バーベキューをする」など状況を設定し、それぞれ役割を分担してもよい。

練習 Ⅳ　韓国に住んでいる友だち (p. 85)　　　　　　　☞ 文法4［名詞修飾節］

導入例　　　　　「これは本です。きのう買いました」と言った後、「これは」と板書し、ス
　　　　　　　　　ペースを空けて、「本です」と板書する。次に、「これはきのう買った本で
　　　　　　　　　す」と言いながら、「きのう買った」を「これは」と「本です」の間のス
　　　　　　　　　ペースに別の色で書いて導入する。

```
┌─────────────────────────────┐      ┌──────────────────────────────┐
│ これは          本です。    │  →   │ これは きのう買った 本です。 │
└─────────────────────────────┘      └──────────────────────────────┘
```

文法上の留意点　　1．よくある間違いとして「私が作った<u>の</u>ケーキです」のように文と名詞の
　　　　　　　　　間に「の」を入れてしまうことが挙げられる。
　　　　　　　　　2．形容詞による名詞修飾と同じように、修飾される単語は最後にくること
　　　　　　　　　を強調する。

練習を行う上での　　1．練習Aをした後、ペアでスマホの写真を見せ合って、「先週食べたケー
留意点　　　　　キ」など写真の説明をさせてもよい。
　　　　　　　　　2．練習Dは文をつなげさせた上で文の意味を英語で言わせて、正しく理解
　　　　　　　　　しているか確認してもよい。

その他の活動　　　1．数枚の写真を用意しておき、「ニューヨークに行きました。東京に行き
　　　　　　　　　ました。ハワイに行きました」と言う。そして、写真をちらっと見せて、
　　　　　　　　　「これはニューヨークで撮った写真です」と言う。他の写真も同様に紹介し
　　　　　　　　　た後、「どの写真が見たいですか」と学生Aに聞いて、「ニューヨークで撮っ
　　　　　　　　　た写真を見せてください」と答えを引き出す。その後、学生Aが写真を見て
　　　　　　　　　いる時、「Aさんは何を見ていますか」と他の学生に聞いて、「Aさんは先生
　　　　　　　　　がニューヨークで撮った写真を見ています」と言わせたり、いろいろな文で
　　　　　　　　　練習させる。
　　　　　　　　　2．Show and Tell：学生に何か物をクラスに持ってこさせ、それについて
　　　　　　　　　名詞修飾節を使って説明させる。説明の後、他の学生はその物について質問
　　　　　　　　　する。(例：これは父にもらったぬいぐるみです。子供の時、毎日一緒に寝
　　　　　　　　　たり、遊んだりしました。)
　　　　　　　　　3．「うそをつく人がきらいです」　　📱 げんきオンライン「追加アクティビティ」
　　　　　　　　　好きな人、付き合いたくない人などについて、部分作文をする。

練習 Ⅴ　まとめの練習 (p. 89)

練習を行う上での　　練習Dでは、教師が「大阪」「ニューヨーク」などいくつかの旅行先を提案
留意点　　　　　して選ばせてもいいが、その際はそこで何ができるかについて学生がある程
　　　　　　　　　度知っている場所を選ぶといい。

会話 (p. 70)

留意点・応用例　　1．Casual speech での会話は学生も慣れていないので、適宜説明をしながら進めたほうがいい。

2．会話Ⅰは「ゆいさんに電話しておく」というメアリーの発話で終わっているので、メアリーがゆいに電話するというロールプレイを行ってもいい。

3．会話Ⅰの応用として、ペアで、一人が別の一人を何かに誘う会話を作らせる。

4．「旅行の計画」　💻 げんきオンライン「追加アクティビティ」

テキストの会話Ⅰ・Ⅱのパターンに沿って、旅行の計画を立てる。

第16課 忘れ物

この課ですること

● 人がしてくれたこと／人にしてあげたことについて述べる
● 希望や願いを述べる
● 謝る

● なくした物について説明する
　⚲ 目上の人や先生に頼む
　⚲ 友だちや家族に頼む

💻 げんきオンライン「学生用チェックリスト」

この課の学習項目

〜てあげる／〜てくれる／〜てもらう	晩ご飯を作ってあげました。	文法1	練習Ⅰ
〜ていただけませんか	ゆっくり話していただけませんか。	文法2	練習Ⅱ
〜といい	よくなるといいですね。	文法3	練習Ⅲ
〜時	かぜをひいた時、病院に行きます。	文法4	練習Ⅳ
〜てすみませんでした	来られなくてすみませんでした。	文法5	練習Ⅴ

練習 Ⅰ　晩ご飯を作ってあげました (p. 104)　　☞ 文法1 [〜てあげる／〜てくれる／〜てもらう]

導入例　　● 「〜てあげる」の導入

練習Aの病気の人の部分の絵を見せ、「私の友だちです。今、病気です」と状況設定をする。そして、右側のご飯を運んでいる絵を見せて、「これは私です。私は友だちにご飯を作ってあげました」と言って導入する。

●「～てくれる」「～てもらう」の導入

いろいろな外国語で「たばこを吸わないでください」と書いた禁煙のポスターを作っているという設定で、中国語、スペイン語などができる学生に「〇〇語ができますか。じゃあ、書いてください」と言って書いてもらう。その後、学生が書いたものを見せて、「Aさんが書いてくれました」と言って導入する。その後、同じ状況で「Aさんに書いてもらいました」と導入する。

文法上の留意点

「～てあげる」と「～てくれる」の時は、「トムさんに連れていってあげました」のようにいつも受益者に「に」を使ってしまう学生もいるので、必ずしも「に」とは限らないことに注意する。「～てあげる」「～てくれる」の練習だけで手一杯で助詞を覚えるのが大変な学生には、受益者は省略しても状況からわかる場合が多いので、助詞を気にしなくてもいいことを説明し、受益者を省略して練習させればよい。

練習を行う上での留意点

1．「～てあげる／～てくれる／～てもらう」の三つの文型を一度に練習すると学生が混乱するので、「～てあげる」を先に導入・練習し（練習A・B）、その後「～てくれる」「～てもらう」の導入・練習（練習C・D）に移る。

2．練習Cでは、まず「～てくれる」で1から12まで一通り練習した後、「～てもらう」で練習してそれぞれの定着を図るやり方と、一問ごとに両方の文を作らせて助詞に注目させるやり方がある。

3．練習Fの「お見合いパーティー」は、日本では男女間で行われるのが一般的だが、クラスで行う場合は学生の多様性に配慮したほうがいい。

その他の活動

1．「～てあげる」と他の文型を組み合わせて長い文を言わせる練習をする。例えば、「～たがっている」「意志形＋と思っています」という既習の表現を使って、以下のような練習ができる。

一人の学生を「弟／妹」の役にして、"I want to go to Disneyland"と書いたカードを渡し、「ディズニーランドに行きたい」と言わせる。教師が他の学生に「どうしますか」と聞き、「妹がディズニーランドに行きたがっているので、連れていってあげようと思っています」と言わせる。

2．「私が紹介してあげますよ」 🖥 げんきオンライン「追加アクティビティ」

問題カードを持っている学生が自分の問題を述べ、解決につながる状況カードを持っている学生が「～てあげる」を使って援助を申し出る。

3．「家族は何をしてくれましたか find who」 🖥 げんきオンライン「追加アクティビティ」

ワークシートに書かれた条件に当てはまる人を探す。

練習 Ⅱ　ゆっくり話していただけませんか (p. 107)　　　☛ 文法2 [〜ていただけませんか]

導入例	教室の棚の上など高いところに本などを置いておく。手を伸ばしても取れない状況を示し、背の高い学生に「取ってくれませんか」と言って導入する。
文法上の留意点	ここでは「〜てくれない？」「〜てくれませんか」「〜ていただけませんか」の三種類の表現を練習するが、学生には肯定形「〜てくれますか」や「〜てもらえますか」など、他にも多くの表現があることを示してもいいだろう（p. 98 の脚注4参照）。基本的には表現が長ければ長いほど、丁寧さも増す。
練習を行う上での留意点	１．練習Aを行う際は、理由を加えさせてもいい。例えば、「ノートを見せる」ならば、「きのう、かぜをひいて授業に行けなかったから、ノートを見せてくれない？」と言わせる。「ノートを見せてくれない？きのう、かぜをひいて授業に行けなかったんだ」と「〜んです」を使ってもいい。 ２．練習Bの例ではAが「海に行きたい」と言うところで終わっているが、その後Bが「海は好きじゃないから、他のところに行こうよ」などと会話を続けさせてもいい。
その他の活動	１．クラスで（クリスマス）パーティーをすることにする。いろいろしなければならないことを黒板などに提示して、だれがするのかを決める（例：「ケーキを作る」「サンタクロースになる」「ギターを弾く」など）。学生同士で「Aさん、〜てくれない？／〜てくれませんか」と頼む。「私はギターが弾けないんです」と断ってもいいだろう。だれがするか決まったら、その人の名前を書く。その後、教師が「Bさんがビールを買いに行きますか」と聞いて、学生に「いいえ、Aさんが買いに行ってくれます／Aさんに買いに行ってもらいます」と「〜てくれる／〜てもらう」を使って答えさせる。 ２．「見せてくれない？」　🖥 げんきオンライン「追加アクティビティ」 会話例を参考にして、会話を作る。

練習 Ⅲ　よくなるといいですね (p. 108)　　　☛ 文法3 [〜といい]

導入例	●「〜といいですね」の導入 例１．「げんきな絵カード」の「かぜをひく」の絵を見せながら、「Aさんはかぜをひいています」と言い、学生Aがその絵の人物であるという状況設定をする。その後、「Aさん、早くよくなるといいですね」と言って導入する。 例２．学生の一人に「週末、何をしますか」と聞く。学生の答えによって、「〜といいですね」と言って導入する。例えば、学生が「山に登ります」と答えたら、「いい天気だといいですね」と言い、「レポートを書きます」と答えたら、「早くレポートが終わるといいですね」と言って導入する。

● 「～といいんですが」の導入

教師がゆいなどのお面をかぶり、「私は来年留学します」と言った後に、「授業がおもしろい／友だちがたくさんできるといいんですが」などと言って導入する。

文法上の留意点　1．自分自身に対しては「～といいですね」とは言わず、「～といいんですが／～といいんだけど」と言うことに注意する。
2．「奨学金をもらうといい」よりも「もらえるといい」、「パーティーに行くといい」よりも「行けるといい」のように、自分の意志でコントロールできる動作を表す動詞は可能形を使うほうが自然であると指導する。

練習を行う上での留意点　1．練習Ａは相手にとっていい結果になることを願う表現の練習で、練習Ｂは自分自身にとっていい結果が出ることを願う表現の練習である。
2．練習Ｂはペアで会話の形で行うこともできる。例えば、一人が「日本に住みたいんです。仕事が見つかるといいんですが」と言った後、相手が「どんな仕事を探しているんですか」など、会話を進める。

練習 Ⅳ　　かぜをひいた時、病院に行きます (p. 110)　　　　☞ 文法4［～時］

導入例　『げんきⅠ』のあいさつ (p. 31) の「いただきます」「ごちそうさまでした」の絵を見せながら、「ご飯を食べる時、『いただきます』と言います」「ご飯を食べた時、『ごちそうさまでした』と言います」と言って導入する。その後、「いただきます」という時は食べる前なので「食べる時」になり、「ごちそうさまでした」と言う時は食べ終わった後なので、「食べた時」になるということを説明する。

文法上の留意点　1．英語を母語とする学生は、英語との違いから「時」の時制で混乱することが予想されるので、ここでは特に、授業の前に必ずテキストの文法説明を読んでくるように指導する。
2．「日本に来る時、パスポートを作りました」など、「時」の前の文が現在形で、後の文が過去形の時と、「朝寝坊した時、タクシーに乗ります」と「時」の前の文が過去形で、後の文が現在形の時に、英語のように時制の一致が起こらないことに注意する。このような場合には英語にはそのまま訳せない。
3．「～している時」（p. 101 の脚注7）は練習では扱っていない。
4．文法説明では「～た時」は主文よりも先に起こると説明しているが、実際には、主文も過去形の場合、「～た時」のほうが後に起こることもある（例：「チベットに行く時、ビザを取りました」の代わりに「チベットに行った時、ビザを取りました」と言うなど）。ここではそのような例は練習していない。

練習 Ⅴ　来られなくてすみませんでした (p. 112)　　　　　　☛ 文法4［～てすみませんでした］

導入例　　　　　例1．（目上の人に謝る場合）「ジョンさんは今日、宿題を忘れました」と状況を説明する。その後、教師がジョンの困った顔のお面をかぶり、学生一人に山下先生のお面をかぶらせ、「先生、宿題を忘れてすみませんでした」と頭をさげて謝って導入する。

例2．（友だちに謝る場合）「たけしさんとメアリーさんは今日11時に駅の前で会います。今11時15分ですが、たけしさんはまだ来ません」と状況を説明する。その後、教師がたけしのお面を、学生がメアリーのお面をかぶり、たけし役の教師が「メアリー、遅くなってごめん。バスが来なかったんだ」と言って導入する。

文法上の留意点　　1．動詞の否定形の *te*-form「～なくて」は、この課で初めて導入されている。

2．この課では、自分がすでにしてしまったことについて謝るという場合に限る。例えば「あした授業に来られなくてすみません」などは練習しない。

練習を行う上での留意点　　1．練習Aを行う前に、文字カードや絵カードを使って、動詞の否定形の *te*-form「～なくて」を作る練習をしておくといい。

2．練習Bの教師に謝る練習では、教師の研究室に行くという設定で練習させてもいい。その場合、必要な所作や表現（ドアをノックする、入る時に「失礼します」と言うなど）を教える。

その他の活動　　　ペアで学生に短い会話を作らせる。まず二人の関係（友だち、ルームメイト、先生と学生、彼と彼女、ホストファミリーと留学生など）を決めさせ、謝罪するスキットを考えて、後でクラスで発表させる。

練習 Ⅵ　まとめの練習 (p. 113)

練習を行う上での留意点　　練習Aは長い発話になるので、宿題として学生に準備させたほうがいい。

会話 (p. 92)

留意点・応用例　　1．会話Ⅰの最初の四つのせりふを使って、先生の研究室に行って授業を休んだことを謝る練習をする。理由は前もって "you had a test of another class in the afternoon" "you lost the bike key" "your mother didn't wake you up" などと設定しておくとスムーズにいくだろう。

2．会話Ⅱの「このぐらいの大きさです」と言う時に、手を使って大きさを表現させるといい。文化的背景によって表現の仕方が異なる場合もあるので、それぞれの学生にやらせた後に、日本ではどう表現するか見せてもいい。

3．会話Ⅱの「電車を降りる時、忘れたと思うんですが」という文で、電車の中に忘れたか電車の外で忘れたか確認して、「時」が理解できているか確かめる。

4．会話Ⅱの「ファイル」の代わりに他の物をなくしたとして会話を作らせる。なくした物、いつなくしたかの説明をできるだけ詳しくさせる。

調べてみよう「日本のお土産」(p. 113)

自分や友だち／家族に日本で日本らしいお土産を買うという設定で、どんなお土産を買うか調べて発表する。発表後、クラスで投票してもよい。

留意点　　　だれにあげるのか、どうしてそのお土産を選んだのか、選んだお土産がいくらぐらいなのかなどをスピーチの中に入れてもいい。

第17課　ぐちとうわさ話

この課ですること

● 聞いたことを伝える　　　● ぐちを言う
● 仮定の話をする　　　　　○ うわさをする
● 何かを他の物や人にたとえる　○ しなくてもいいことについて話す

🖳 げんきオンライン「学生用チェックリスト」

この課の学習項目

～そうです（伝聞）	就職したそうです。	文法 1	練習 I
～って	土曜日は都合が悪いって。	文法 2	練習 II
～たら	お金がたくさんあったら、うれしいです。	文法 3	練習 III
～なくてもいい	勉強しなくてもいいです。	文法 4	練習 IV
～みたいです	スーパーマンみたいですね。	文法 5	練習 V
～前に／～てから	電話してから、友だちの家に行きます。／友だちの家に行く前に、電話します。	文法 6	練習 VI

練習 Ⅰ　就職したそうです (p. 125)　　　　　　　　　　☛ 文法 1［〜そうです（伝聞）］

| 導入例 | 学生に「みなさん、先週の週末何をしましたか」と聞く。何人かの学生の答えを聞いて、「Aさんは先週デートをしたそうです」「Bさんはキャンプに行ったそうです」と言って導入する。 |

| 文法上の留意点 | 1．第13課で学習した「〜そうです」（It looks like . . .）と混乱する学生もいるので、違いを説明したほうがいい。「おいしそうです」「おいしいそうです」のような例文を挙げて説明するとわかりやすい。
2．過去のことについて言う時でも「〜そうでした」にならないことに注意する。 |

| 練習を行う上での留意点 | 1．練習Aでは、short form の活用がしっかりできているかどうかを確認する。
2．練習Bの5では学生が自由に作ることになっているが、身近なニュースに関する語彙のリストを用意しておいてもいい。 |

| その他の活動 | 1．「うわさ話」　🖥 げんきオンライン「追加アクティビティ」
ペアでワークシートに書かれたうわさ話をして、会話を発展させる。
2．有名人にインタビューをするという設定にする。学生の一人がその有名人になり、他の学生は一人ずつ順番にレポーターになり質問する。各自質問した後、その情報をテレビの視聴者（＝クラスの他の学生）に「〜そう」を使って伝える。 |

練習 Ⅱ　土曜日は都合が悪いって (p. 126)　　　　　　　　　☛ 文法 2［〜って］

| 導入例 | 教師と学生は友だち同士という設定にして、「きのう、何をした？」と学生Aに聞く。学生の答えを聞いて、「Aさんは、晩ご飯を食べに行ったって」などと報告して導入する。 |

| 文法上の留意点 | 「〜って」は「〜と言っていました」の短縮された口語表現であるが、「メアリーさんが、ジョンさんは朝六時に起きるって」のように情報源を示すことは少ない。 |

| 練習を行う上での留意点 | 文型自体は比較的簡単だが、「って」の「っ」の拍の取り方が難しいので、教師の後に何度も繰り返させて練習するとよい。 |

| その他の活動 | 「ドラえもんが大好きだって」　🖥 げんきオンライン「追加アクティビティ」
三人のクラスメイトに聞きたい質問をし、その答えをクラスに報告する。 |

練習 Ⅲ　お金がたくさんあったら、うれしいです (p. 127)　　　■▶ 文法3［〜たら］

導入例　　例1．雨の絵を見せて、「今週の週末、雨が降ったら、うちで本を読みます」と言う。次に雨の絵に×がついた絵を見せて、「雨が降らなかったら、山に登ります」と言って導入する。

例2．店でかばんの買い物をしているという状況を設定する。用意したかばんを示して、「このかばん、すてきですね。ほしいです。でも、あまりお金がありません」と言う。そして、「安かったら、買います」「高かったら、買いません」と導入する。

文法上の留意点　「たら」の文には if の場合も when の場合もあることを確認する。例えば、「友だちが十二時に来ます。友だちが来たら、昼ご飯を食べます」「友だちは来ないかもしれません。友だちが来たら、うれしいです」の文章を比較する。

練習を行う上での留意点
1．練習Aをする前に、動詞・イ形容詞・ナ形容詞・名詞それぞれの肯定形と否定形の「〜たら」を練習しておくといい。
2．練習Cで、例文は一回のやりとりで終わっているが、学生Bの言ったことに対して学生Aが会話を発展させて、より長いやりとりにしてもよい。

練習 Ⅳ　勉強しなくてもいいです (p. 128)　　　■▶ 文法4［〜なくてもいい］

導入例　　「日本では、家の中に入る時、何をしなきゃいけませんか」と学生に質問する。「靴を脱がなきゃいけません」と答えが出たら、メアリーの絵を提示して「メアリーさん、アメリカのうちではどうですか」と聞く。教師がメアリーのお面をかぶり、「私のうちでは、靴を脱がなくてもいいです」と言って導入する。

文法上の留意点　「〜なくてもいい」の導入後、「〜てもいい」「〜てはいけない」「〜なきゃいけない」をあわせて整理しておくといい。

その他の活動
1．「今週の週末は忙しいですか」　💻 げんきオンライン「追加アクティビティ」
ワークシートに書いてあることをしなきゃいけないか、しなくてもいいか、ペアで話す。
2．「日本人留学生へのアドバイス」　💻 げんきオンライン「追加アクティビティ」
「〜なくてもいい」を使って、日本人留学生へのアドバイスを考える。
3．「パーティーに行こう」　💻 げんきオンライン「追加アクティビティ」
パーティーの案内を見て、しなくてはいけないこと、しなくてもいいことについて、ペアで話す。

練習 Ⅴ　スーパーマンみたいですね (p. 130)　　　　　　　☞ 文法5［〜みたいです］

導入例　　　　　　●「名詞＋みたい」の導入

例1．歌舞伎の女形の写真を見せ、「男の人です。女の人みたいです」と言って導入する。

例2．大学生ぐらいの人の絵か写真を見せて、「この人は二十一歳です。でも、自分で料理ができません。朝、いつもお母さんに起こしてもらいます。いつもゲームをしています」などと言い、「この人は子供みたいです」と言って導入する。

●「動詞＋みたい」の導入

「げんきな絵カード」の「さがす」の絵を見せて、「田中さんは何かを探しているみたいです」と言って導入する。

文法上の留意点　　1．外見からの判断だけではなく、性格や行動に関しても「みたい」が使えることも教える。

2．この課の「みたい」も第13課で学習した「そう」と同じ「It looks like ...」という意味だが、第13課の「そう」は形容詞の後に、この課の「みたい」は動詞／名詞の後に使うように区別した。

練習 Ⅵ　電話してから、友だちの家に行きます (p. 132)　　　☞ 文法6［〜前に／〜てから］

導入例　　　　　　「げんきな絵カード」の「晩ご飯」と「勉強する」の絵を用意する。「メアリーさんは、晩ご飯を食べます。それから、勉強します」と言った後、「晩ご飯を食べてから、勉強します」と「〜てから」を導入する。同じ絵を使って「勉強する前に、晩ご飯を食べます」と言って、「〜前に」を導入する。

文法上の留意点　　「〜前に」の前は、過去のことについて言う場合でも、必ず現在形が使われることを確認する。

その他の活動　　　1．朝、起きてから学校に来るまで、または家に帰ってから寝るまでを、「〜前に」と「〜てから」を使って描写させる。

2．「ジェスチャーゲーム」　🖳 げんきオンライン「追加アクティビティ」

ワークシートに書かれている動作を行い、「〜てから」「〜前に」を使って描写する。

会話 (p. 114)

その他の活動　　　1．会話Ⅰの応用として、「もう日本語の授業に慣れましたか」で会話を始め、難しいこと、大変なことについて言わせる。

2．会話Ⅱの「ぼくだったら、仕事より彼女を選ぶけど」という文を使って、「○○さんだったら、どうしますか」と聞き、「私／ぼくだったら、仕事／彼女／彼／パートナーを選びます」と答えさせる。

3．「新しい生活」　🖥 げんきオンライン「追加アクティビティ」

会話Ⅰを応用して、久しぶりに会った人と新しい生活について話す。

第18課　ジョンさんのアルバイト

この課ですること ・・・

🔹物の状態を描写する　　　　　　　🔹職場で上司と話す

🔹自分の失敗について話す　　　　　◐季節などの変化について話す

🔹後悔の気持ちを表す

🖥 げんきオンライン「学生用チェックリスト」

この課の学習項目

他動詞／自動詞	ドアを開けます。／ドアが開きます。	文法 1	練習 I
自動詞＋ている	窓が開いています。	文法 2	練習 II
〜てしまう	新しい単語を覚えてしまいました。	文法 3	練習 III
〜と	秋になると涼しくなります。	文法 4	練習 IV
〜ながら	携帯を見ながら朝ご飯を食べます。	文法 5	練習 V
〜ばよかったです	もっと勉強すればよかったです。	文法 6	練習 VI

練習 I　ドアを開けます／ドアが開きます (p. 146)　　　☛ 文法 1 [他動詞／自動詞]

導入例　　　　　「げんきな絵カード」の「開ける」の絵を見せ、「女の人はドアを開けます」と言う。次に「開く」の絵カードを見せ、「ドアが開きます」と言う。二つの文を提示して、他動詞と自動詞の違いを説明する。

文法上の留意点　1．今までに習った動詞も多いが、一度にたくさんの動詞を扱うので、学生が混乱しないように気をつける。例えば、「入る」と「入れる」も自動詞・他動詞と機械的に導入するのではなく、「お風呂に入る」「お茶を入れる」など、今までに習った文章で示すといい。

2．他動詞の主語は「人」、自動詞の主語は「物または動物」だと思い込む学生がいたら、「入る」「出る」など「人」が自動詞の主語になりうることも指摘する。

３．動詞「出る」は、「部屋を出る」のように助詞は「を」を取るが、自動詞であることに注意する。

| 練習を行う上での留意点 | 練習Aを行う際は、p. 140の他動詞・自動詞の表を見ながらしてもいい。一度では覚えられないので、口頭で言わせたり、書かせたり、何度も繰り返して覚えさせる。覚える時は、「ドアを開ける」「ドアが開く」など、名詞や助詞と一緒に覚えたほうがよい。 |

練習 Ⅱ　窓が開いています (p. 147)　　　　　　　　　　☞ 文法2［自動詞＋ている］

導入例	例１．教室の窓のところに行って「窓を開けます」と言い、窓を開けた後、「窓を開けました。今、窓が開いています」と導入する。 例２．教師が「カフェに行きましょう」と言う。練習A (2) のカフェの絵を見せて、「あ、カフェが閉まっていますね」と残念そうな顔をして導入する。
文法上の留意点	「自動詞＋ている」（窓が開いています）と「他動詞＋ている」（窓を開けています）の違いを確認する。
練習を行う上での留意点	練習Aの後、教室にある物を使って「〜ている」で状況説明をしてもいい（例：電気がついています）。
その他の活動	１．p. 140のリストの他動詞を使って、一人の学生が他の学生に「Aさん、〜を〜てください」（例：窓を開けてください）と依頼し、依頼された学生がそれをする。その後、別の学生がその状態を「〜が〜ている」を使って説明する（例：窓が開いています。Aさんが開けました）。 ２．「電気がついているから、消しておきます」　🖥 げんきオンライン「追加アクティビティ」 絵を見ながら、出かける前の家の状態を描写し、何をしておくかを考える。

練習 Ⅲ　新しい単語を覚えてしまいました (p. 149)　　　　☞ 文法3［〜てしまう］

| 導入例 | ●「すべて〜する」の意味での「〜てしまう」
水の入ったペットボトルを見せ、「私はのどが乾いています。水が飲みたいです」と言い、水を一気に飲む。その後、空のペットボトルを見せながら、「全部飲んでしまいました」と言って導入する。

●後悔の意味での「〜てしまう」
「きのう、チョコレートを買ったので、持ってきました！ みんなで食べましょう」と言って、かばんの中からチョコレートを取り出そうとする。「あれ？」と言いながら、困った顔をしてかばんの中を探した後、「すみません。忘れてしまいました」と言って導入する。 |

文法上の留意点	しなかったことに対する反省として、「勉強しなくてしまいました」とする学生もいるので、このような時には使えないことに注意する。
練習を行う上での留意点	1．まず、「すべて〜する」の意味の「〜てしまう」の導入をし、練習Aを行う。次に、後悔の意味の「〜てしまう」を導入し、練習B以降を行う。 2．練習Cを行う前に casual form での言い方「〜ちゃった」「〜じゃった」を練習したほうがいい。

練習 Ⅳ　秋になると涼しくなります (p. 151)　　　☛ 文法 4 [〜と]

導入例	例1．教室の電気のスイッチのところに行き、「スイッチを押します」と言う。電気が消えたのを確認し、「スイッチを押すと電気が消えます」と言って導入する。 例2．教師が学生という設定にして、「学生の生活は大変です。宿題やテストがたくさんあるし、専攻のクラスは大変だし」と言う。そして、「でも、日本語のクラスが大好きです。日本語のクラスに来ます。いつも元気になります」と言い、「日本語のクラスに来ると元気になります」と導入する。
文法上の留意点	この課では「と」の後の文は「すること」ではなく「起こること」、また現在形にしぼっている。
練習を行う上での留意点	1．「〜と」を使った文は、学生に自由に作らせると不自然な文になりやすいので、最初は練習AからCのように自由度の少ない練習から始めたほうがいい。 2．練習Cの7の「踊りたくなる」は「〜たい」＋「なる」の形であることを説明したほうがいい。

練習 Ⅴ　携帯を見ながら朝ご飯を食べます (p. 153)　　☛ 文法 5 [〜ながら]

導入例	練習A (1) の絵の左側を見せて、「ゆいさんは歯を磨いています」と言う。次に、右側の絵も見せ、「ゆいさんは、音楽を聞きながら歯を磨いています」と言って導入する。	
文法上の留意点	1．「〜ながら」の前は動詞語幹であり、te-form ではないことを確認する。 2．この表現は同一人物が二つの動作を行っている時に使うことを指導する。例えば、練習Aの (6) の絵を見て「歩きながら電話があります」などとは言えないことを確認する。 3．「アルバイトをしながら、学校に行く」のように必ずしも同時ではないが二つのことを同時期にする場合にも使える。	

練習を行う上での 留意点	1．練習Cで使用するカードとして、「何をしていますか(2)」 🖵 げんきオンライン「追加アクティビティ」を用いることができる。全体で始める前に、教師が歩きながらアイスクリームを食べている動作をしながら、「今、何をしていますか」と学生に聞いて当てさせ、ゲームの手順を示しておくとスムーズにいく。 2．練習Dは今まで学習した文型と「～ながら」を組み合わせて発話させる練習である

練習 Ⅵ　もっと勉強すればよかったです (p. 154)   ☞ 文法6 [～ばよかったです]

導入例	●「～ばよかったです」の導入 第19課・練習Ⅴ-Cの2-(b)（p. 176）のような雨が降っている絵を見せて、「雨が降っています。でも、傘がありません」と言って、「傘を持ってくればよかったです」と言って導入する。	
	●「～なければよかったです」の導入 第12課・練習Ⅱ-A (4)（『げんきⅠ』p. 285）の絵を見せて、「きのうたくさん買いすぎて、お金がありません。たくさん買わなければよかったです」と言って導入する。	
文法上の留意点	同じregretという言葉が出てくるため、学生は「～てしまう」と「～ばよかった」を混同する場合があるので注意する。「～てしまう」はしたことに対するregretで、「～ばよかった」はしなかったことに対するregretである。	

練習 Ⅶ　まとめの練習 (p. 157)

練習を行う上での 留意点	練習Bは、例のようにこの課で学習した「～てしまう」「ばよかった」を使って話すように指示するとよい。

会話 (p. 136)

留意点・応用例	会話Ⅱの「しょうゆを落とす」の代わりに「フォークを落とす」「メニューを汚す」などを使って会話を作らせ、動作も交えて発表させてもいい。

第19課 出迎え

この課ですること

- 敬意を示す
- 感謝を述べる
- してよかったことについて話す
- 目上の人と丁寧に話す
- 丁寧な場面での会話を理解する
- 確信していることについて話す

🖥 げんきオンライン「学生用チェックリスト」

この課の学習項目

尊敬語	コーヒーを召し上がります。	文法1	練習Ⅰ
お～ください	お待ちください。	文法2	練習Ⅱ
～くれてありがとう	悩みを聞いてくれてありがとう。	文法3	練習Ⅲ
～てよかったです	日本に留学してよかったです。	文法4	練習Ⅳ
～はずです	頭がいいはずです。	文法5	練習Ⅴ

練習Ⅰ コーヒーを召し上がります (p. 170)　　　☛ 文法1［尊敬語］

導入例　　　●特別な敬語動詞の導入

「げんきな絵カード」の「朝ご飯」と「召し上がる」の絵を貼る。そして、教師はメアリーのクラスメイトだと状況設定をする。メアリーと山下先生の絵カードを見せながら、「メアリーさんはパンを食べます」「山下先生はお弁当を召し上がります」と言って導入する。同じように他の動詞（いらっしゃる、ご覧になる、など）を導入する。

●「お verb stem ＋になる」の導入

上と同様に教師はメアリーのクラスメイトだと設定し、「げんきな絵カード」の「帰る」の絵とメアリーの絵を見せて、「メアリーさんは六時にうちに帰ります」と言い、次に山下先生の絵カードを見せて、「山下先生は六時にうちにお帰りになります」と言って導入する。

文法上の留意点　　1．この課で初めて敬語を本格的に学ぶ。形の導入の前に、敬語を使う理由や敬語の種類などについて簡単に説明しておいてもいい。

2．尊敬語の形には「起きられる」「行かれる」のような「～られる」「～れる」もあるが、『げんき』では扱っていない。

3．身内には尊敬語を使わないことを説明しておく。

練習を行う上での留意点　　1．特別な敬語動詞は、練習Aを行う前に p. 164 の表を見ながら一通り確認しておく。

２．練習Ｃを行う前に、練習Ａの単語を使って、時制を変えたり否定形にしたりする練習をするといい。「いらっしゃったことがあります」のようないろいろな文型で練習することもできる。

３．練習Ｃはペアでしてもいい。その場合、まず、クラスで尊敬語の質問文をチェックしてから行うとスムーズにできる。

４．練習Ｅをする際、有名人は日本人に限らなくてもいい。

その他の活動	「まりこさまのスケジュール」 🖥 げんきオンライン「追加アクティビティ」

ワークシートに書かれた文章を、尊敬語を使って書き換える。

練習 Ⅱ　お待ちください (p. 172)　　　　　　　　☞ 文法２[お～ください]

導入例	「今、友だちとレストランに来ました。お客さんがたくさんいます」と状況を説明して、教師が店の人になり、「いらっしゃいませ。すみません、今、ちょっと混んでいます。こちらでお待ちください」と言って導入する。
文法上の留意点	「晩ご飯をお作りください」のような間違った文を作らないように、「晩ご飯を作ってください」などの「～てください」と「お＋ verb stem ＋ください」の違いに注意する（p. 166 の文法２を参照）。
練習を行う上での留意点	「お＋ stem ＋ください」は、聞いて意味が理解できることを学習目標としている。練習では、公的な場やアナウンスでよく聞く表現を集めてある。

練習 Ⅲ　悩みを聞いてくれてありがとう (p. 173)　　　☞ 文法３[～てくれてありがとう]

導入例	たけしと山下先生の絵を貼る。教師はメアリーのお面をかぶり、たけしの絵を指して、「宿題を手伝ってくれました」と言う。山下先生の絵を指して、「推薦状を書いてくださいました」と言う。そして、「たけしさんと先生にお礼を言います」と言い、たけしの絵に向かって「宿題を手伝ってくれてありがとう」、山下先生の絵に向かって「先生、推薦状を書いてくださってありがとうございました」と言って導入する。
練習を行う上での留意点	練習Ｃは比較的長い発話になるので、次のようなひな形を示して練習させてもいい。

```
私は_____にお礼が言いたいです。
_____は_____くれました。
おかげで_____。「_____」と言いたいです。
```

その他の活動	1.「お礼のメッセージ作り」 💻 げんきオンライン「追加アクティビティ」

友だちや家族にお礼のメッセージを書く。

2.「お礼を言う」 💻 げんきオンライン「追加アクティビティ」

ワークシートに書かれた状況で、ペアでお礼の会話を行う。

練習 Ⅳ 　日本に留学してよかったです (p. 174)　　　　　　☛ 文法4［～てよかったです］

導入例	困った顔をした人の絵とうれしそうな顔をした人の絵を用意する。まず、困った顔の絵を示して、「留学生です。日本で勉強しています。でも日本が好きじゃないです。友だちができないし、授業はつまらないし」などと文句を言った後で、既習の「日本に来なければよかったです」を導く。その後、うれしそうな顔の絵を示し、「留学生です。日本の生活は楽しいです。友だちもたくさんいるし、日本語も上手になったし」と言い、「日本に来てよかったです」と導入する。
文法上の留意点	1.導入例のように「～ばよかったです」との違いを確認する。 2.「～なくてよかったです」と否定形にも使えることも説明する。
練習を行う上での留意点	練習Aの後、学生に「日本語をやめなくてよかったですか」「この大学を選んでよかったですか」などと質問し、どうしてそう思うのか理由を答える練習をしてもいい。

練習 Ⅴ 　頭がいいはずです (p. 175)　　　　　　☛ 文法5［～はずです］

導入例	●「～はずです」の導入 例1.レストランの絵か写真を見せて、「このレストランは高いです。でも、いつも混んでいます」と言う。そして「このレストランの料理はおいしいはずです」と導入する。 例2.外国人の写真を見せて、「ジョーさんは、日本に20年住んでいます。日本の会社で働いています」と言い、「ジョーさんは日本語が話せるはずです／上手なはずです」と導入する。 ●「～はずでした」の導入 第14課・練習Ⅴ-Bのジョンが勉強している絵（p. 65）を見せ、「ジョンさんは今日、テストがあります。だから、きのう勉強しなきゃいけませんでした」と言う。その後、「でも、きのうはとてもいい天気でした」と言う。次に、ジョンが勉強している絵に×をし、第20課・練習Ⅲ-Aの3のジョンが出かける絵（p. 196）を示し、「ジョンさんは勉強しませんでした。出かけてしまいました」「きのうジョンさんは勉強するはずでしたが、出かけてしまいました」と導入する。

文法上の留意点	ナ形容詞と名詞の現在肯定形の活用に注意する。（例：「元気<u>な</u>はずです」「日本人<u>の</u>はずです」）
練習を行う上での留意点	１．「～はずです」と「～はずでした」を同時に入れると学生が混乱する可能性があるので、まず、「～はずです」の導入と練習Ａ・Ｂをした後で、「～はずでした」の導入と練習Ｃに持っていく。 ２．練習Ｂ・Ｃの後、時間があれば「～から、…はずです」「…はずでしたが、～」という文型を使って自由に文を作らせる練習をしてもいい。
その他の活動	クラスで Find who の活動をして情報を集める。その後、教師の質問に対して、集めた情報を「～はずです」を使って答える。 例えば、以下のような Find who のアクティビティを行う。

```
Find someone who . . .
studied Spanish in high school      _____ さん
likes classical music               _____ さん
didn't sleep well last night        _____ さん
has a guitar                        _____ さん
is a vegetarian                     _____ さん
```

その後、教師は以下のような質問をする。
　　例）教師：だれがスペイン語を話せますか。
　　　　学生：Ａさんが話せるはずです。高校でスペイン語を勉強したと
　　　　　　　言っていました。

他の質問例：
　　「だれが疲れていますか。」
　　「だれがギターが弾けますか。」
　　「だれがマクドナルドで食べませんか。」

練習 Ⅵ　まとめの練習 (p. 177)

留意点・応用例	練習Ａをする前に、クラス全体で尊敬語を使った質問文を確認しておく。

会話 (p. 160)

留意点・応用例	会話Ⅱを練習した後、学生を適当なグループに分け、店員とお客になってジェスチャーを添えてこの会話をすると楽しい。例えば、四人のグループの学生が店に入り、店員とやりとりをした後、席に案内してもらう。時間あれば、その後、『げんきⅠ』p. 76 のメニューなどを使って、注文するところまでしてもよい。

第20課 メアリーさんの買い物

この課ですること……………………………………………………………

● 自身のことについてへりくだって話す　　● 道を聞いたり、教えたりする

● やりやすいこと／やりにくいことについて話す　◯ 丁寧に申し出る

● 品物を返品／交換する

💻 げんきオンライン「学生用チェックリスト」

この課の学習項目

丁重語	田中と申します。	文法1	練習 I
謙譲語	お持ちします。	文法2	練習 II
～ないで	ひげをそらないで、会社に行きました。	文法3	練習 III
埋め込み疑問文	アメリカ人かどうかわかりません。	文法4	練習IV
～という～	ローソンというコンビニ	文法5	練習 V
～やすい／～にくい	覚えやすいです。／覚えにくいです。	文法6	練習VI

練習 I　田中と申します (p. 191)　　　　　　　　　　　　☛ 文法1［丁重語］

導入例　　　　　仕事で初めて会ったという設定にして、学生Aに敬語を使って名前を質問するように促す。学生Aが「お名前は何とおっしゃいますか」と聞いたら、教師は「○○と申します」と言って、導入する。

文法上の留意点　　1．敬語はさまざまな教科書の間で分類や用語が異なっているので、他の教科書で学んだことのある学生がクラスにいる場合などは、混乱させないように注意する。『げんき』では、「ございます」などの丁重語を extra-modest expressions と呼んでいる。

2．尊敬語では「いる」「行く」「来る」がすべて「いらっしゃる」であったのに対し、丁重語では「いる」に対して「おる」を使い、「行く」「来る」に対して「参る」を使うことに注意する。

3．尊敬語と丁重語の違いを明確に示す。尊敬語では、主語は尊敬すべき人で、その人に対する敬意を表すが、丁重語の場合は主語は自分もしくは自分のグループに属するものであり、聞き手に対する敬意を表す。

4．ビジネス等の場面を除き、若い世代ではあまり丁重語を使わなくなっており、使いすぎると不自然に聞こえる場合があるので、注意する。

練習を行う上での　　1．練習Bでは、実際の駅のアナウンスなどを録音したものを聞かせてもい
留意点　　　　　　　　い。

　2．練習Dで自己紹介する際、自由に文を作らせると、「私はスポーツが好きでございます」のような文を作りがちなので、書かせたものを教師がチェックしてから発表させたほうがいい。

　3．練習Dはペアで名刺を渡しながら自己紹介をすることもできる。練習を行う前に名刺の受け渡し方を説明し、会社の名前と自分の名前を書いた名刺を作らせる。また、『げんきⅠ』p. 32 の Culture Notes「あいさつとおじぎ」を使って、おじぎの仕方も説明する。

その他の活動　「自己紹介」　💻 げんきオンライン「追加アクティビティ」

新しく着任した外交官という設定で、歓迎会での自己紹介をする。

練習 Ⅱ　お持ちします (p. 193)　　　　　　　　　　　　　🖙 文法 2［謙譲語］

導入例　「げんきな絵カード」の人物絵カードにあるたけしと山下先生の「よろこぶ」の絵を黒板に貼る。教師がメアリーのお面をかぶり、「（私は）たけしくんに会いました」「山下先生にお会いしました」と言って導入する。たけしの絵を低い位置に、山下先生の絵を高い位置に貼るなどして、視覚的にも違いがわかるようにするといいだろう。その後、同じように「あげる／さしあげる」などの他の動詞を導入してもよい。

文法上の留意点　1．「謙譲語（humble expression）は丁重語（extra-modest expression）とどう違うのか」という質問が学生から出るので、わかりやすく説明できるように準備しておく必要がある。基本的にどちらも自分の行為に関して使える表現であることは共通しているが、謙譲語の場合は、その行為が敬意を表したい相手に直接的に関係する場合に限定される。

　2．ここでは、学生の負担を軽くするために、活用の例外的なものは「いただく」と「さしあげる」だけに限っている。謙譲語は尊敬語に比べて使用する機会が少ないこと、敬語は中級でも扱う項目なので、その時に他の謙譲語の導入ができると考えたためである。

　3．「うかがう」は、他の教科書では「たずねる」の謙譲語として扱われている場合もあるが、『げんき』では対応する普通の動詞のない単語として導入している。

練習を行う上での留意点　1．練習Bは第6課・練習Ⅶ（『げんきⅠ』p. 162）で学習した「～ましょうか（offering assistance）」を使って言う練習である。

　2．練習Dは、尊敬語、丁重語、謙譲語の違いをもう一度確認してから行う。また、短いスキットとして学生に暗記させ、クラスで発表させてもいい。

練習 Ⅲ　ひげをそらないで、会社に行きました (p. 196)　　　　　　☛ 文法 3 [〜ないで]

導入例	何人かの学生に「けさ、朝ご飯を食べましたか」と聞く。その後、学生の答えに応じて、「Aさんは朝ご飯を食べて、大学に来ました」「Bさんは朝ご飯を食べないで大学に来ました」と言って導入する。
練習を行う上での留意点	「〜ないで」の形は「〜ないでください」の時にすでに導入済みであるが、定着していない場合も考えられるので、形が作れるか確認してから練習Aに入ったほうがいい。
その他の活動	1．「『〜ないで』の質問」　💻 げんきオンライン「追加アクティビティ」 「〜ないで」を使ったワークシートの質問をペアで聞き合う。 2．「怠け者度チェック」　💻 げんきオンライン「追加アクティビティ」 「〜ないで」を使ったワークシートの質問をペアで聞き合い、どちらがより怠け者か比較する。

練習 Ⅳ　アメリカ人かどうかわかりません (p. 197)　　　　　　☛ 文法 4 [埋め込み疑問文]

導入例	まず、教師がだれかの写真を見せて、「この人について、質問してください」と学生に言う。 ●〜かどうか いくつかの質問に答えた後、学生が「サッカーが好きですか」のような質問をしたら、「好きかどうかわかりません」と言って導入する。 ●疑問詞＋か 同様に、学生が「何歳ですか」と質問したら、「何歳かわかりません」と言って導入する。
文法上の留意点	「か」「かどうか」の前に名詞・ナ形容詞の現在肯定形がくる時は、現在形「だ」はたいてい落ちることを指摘する。（例：学生<u>かどうか</u>知りません。）
練習を行う上での留意点	「〜かどうか」と「疑問詞＋か」を同時に練習すると学生が混乱する可能性があるので、どちらかを先に練習し、その文型がある程度定着してからもう一方を導入・練習したほうがいい。練習Aでは、1〜5が「〜かどうか」、6〜11が「疑問詞＋か」の練習となっている。
その他の活動	1．すてきな人に会ったという状況設定で、その人について知りたいことを「〜か（どうか）知りたいです」を使って言わせる。（例：名前が何か／どこに住んでいるか／彼（彼女）がいるかどうか／大学生かどうか 知りたいです。）

2．学生をペアにして、それぞれのペアの一人に絵または写真を渡す。絵を渡された学生がもう一人の学生にその絵を 10 秒間見せてから、その絵について質問をする。答えられない質問には「〜か（どうか）覚えていません」を使って答える。この活動は、教師が絵を持って、クラス全体に見せて行うこともできる。

　　　質問例：犬がいましたか。
　　　　　　　男の人は何をしていましたか。
　　　　　　　Ｔシャツは赤かったですか。

3．「私の将来」　🖵 **げんきオンライン**「追加アクティビティ」
占い師に自分の将来を聞くという設定で、ペアで会話をする。

練習 Ⅴ　ローソンというコンビニ (p. 198)　　　☛ 文法5［〜という〜］

導入例　　例1．まず「げんきな絵カード」の「レストラン」の絵を見せて、「きのうレストランで食べました」という。そしてそのレストランに名前を貼って、「きのう『ボンジュール』というレストランで食べました」と言う。

例2．学生に「ワンピースを知っていますか」と質問する。質問の意味がわからない学生もいるだろうが、答えを聞いた後で、まんが本を見せながら、「『ワンピース』というまんがを知っていますか」と質問する。「ワンピース」がまんがの題名だと知らない学生には、「〜という」を使って質問したほうが親切であることを示す。

文法上の留意点　　聞き手がよく知っていると話し手が思うことには「〜という」を使う必要はないことを確認する（例：パンという食べ物）。

その他の活動　　「日本クイズ」　🖵 **げんきオンライン**「追加アクティビティ」
日本に関するクイズを出し、ペアで答えを考えさせる。

練習 Ⅵ　覚えやすいです (p. 199)　　　☛ 文法6［〜やすい／〜にくい］

導入例　　例1．「あさ」と書いたカードを見せ、「言ってください」と学生の一人に指示し言わせる。その後、「あたたかかった」と書いたカードを見せ、それも言わせる。「あたたかかった」を言う時には、たいていの学生は言いにくそうにするので、その時に、「難しいですね。でも、『あさ』は簡単ですね」と言い、「『あさ』は言いやすいです。『あたたかかった』は言いにくいです」と導入する。

例2．教師がはしで食べにくそうなもの（ヨーグルトやゼリーなど）とはしを持ち、食べにくそうにして、「ヨーグルトははしで食べにくいです」と言って導入する。

文法上の留意点	1.「〜やすい／〜にくい」を単に英語の "easy to do/hard to do" と置き換えると、「テニスはしにくいです」のような間違った文が出るので注意する。
	2. 目的語となる語が主語になるため、「このかばんを持ちにくいです」のような助詞の間違いに注意する。

その他の活動	「生活快適度チェック」　💻 げんきオンライン「追加アクティビティ」
	ワークシートの質問をペアで聞き合って、生活が快適かどうかをチェックする。

練習 Ⅶ　まとめの練習 (p. 201)

練習を行う上での留意点	練習Bは道を聞いたり教えたりする練習である。会話Ⅱを行う前、または行った後にこの練習を行い、道の聞き方、教え方を確認するといい。

調べてみよう「日本の文化」 (p. 203)

興味のある日本文化を一つ選び、調べて発表する。発表では、そのトピックを選んだ理由、簡単な説明、およびデモンストレーションやビデオ・写真などの視覚情報を含める。

留意点	1. トピックによっては難しい語彙が必要になるので、発表する時には、キーワードとなる語彙には英語の訳をつけることなどを指導するといい。
	2. 発表を準備させる時には、発表時間やスライドの数を決めておくといい。

第21課　どろぼう

この課ですること

- ●悪い経験やできごとについて話す
- ●準備してあることを確認する
- ●だれかにやってほしいことを述べる
- ●事故・事件について警察に報告する
- ♂変えたいことについて話す

💻 げんきオンライン「学生用チェックリスト」

この課の学習項目

受け身	どろぼうにかばんをとられました。	文法1	練習Ⅰ
〜てある	写真が置いてあります。	文法2	練習Ⅱ
〜間に	社長が寝ている間に、起きます。	文法3	練習Ⅲ
形容詞＋する	公園を多くします。	文法4	練習Ⅳ
〜てほしい	若いころの話をしてほしいです。	文法5	練習Ⅴ

練習 **I**　どろぼうにかばんをとられました (p. 217)

☞ 文法1［受け身］

導入例　　　　　　例1．「私は大学生の○○です。ルームメイトがいます」と言って、教師が
大学生役になる。「きのうケーキを買いました。今から食べようと思います」
と言って箱を開ける。「あ、ケーキがありません。ルームメイトにケーキを
食べられました」と導入する。

例2．犬の写真を見せて、「私は犬を飼っています」と言う。その後、汚れ
たソファの写真を見せて「犬にソファを汚されました」と導入する。

文法上の留意点　　　1．*ru*動詞と「来る」の受け身は可能形と同じ形であることに注意させる。

2．「〜に」の前は動作をした人が示されることを指摘する。練習Bにある
「雨に降られる」「蚊にさされる」は「〜に」の前に人以外がくる例外として
説明する。

3．受け身には被害と中立の受け身があるが、練習では被害の意味の受け身
だけに限定している。

4．受け身も「〜てもらう」も他者の行為の影響を述べるものである。ワー
クブック p. 81 に、どちらを使うかを判断する問題がある。授業でもこの違
いについて説明しておいたほうがいい。

練習を行う上での
留意点　　　　　　　受け身形と可能形（第13課）で混乱する学生がいる場合は、ワークブック
p. 79 の表を使って、確認するといい。

その他の活動　　　　「受け身形の練習」　🖥 げんきオンライン「追加アクティビティ」
ペアで助け合いながら受け身形の活用練習をする。

練習 **II**　写真が置いてあります (p. 219)

☞ 文法2［〜てある］

導入例　　　　　　例1．「今晩友だちが家に遊びに来ます」と言って状況を設定する。その後
「その友だちはお菓子が大好きなので、お菓子を買っておきました」と言い、
そのお菓子を見せて、「お菓子が買ってあります」と導入する。

例2．「ポスターを貼ります」と言って、ポスターを黒板に貼る。その後、
ポスターを指差しながら、「ポスターが貼ってあります」と導入する。

文法上の留意点　　　1．他動詞を使うこと、その際、助詞「を」が「が」に変わることに注意さ
せる。

2．「〜てある」と既習の「〜ておく」との違いを質問されることも多い。
p. 213 の文法説明を参照のこと。

3．「あいてあります」のように、自動詞に「〜てある」をつけてしまう間
違いが多いので注意する。

練習を行う上での 留意点	1．「閉まる／閉める」のように自動詞と他動詞が似た動詞は間違えやすいので、練習を始める前に、動詞を確認しておいたほうがいい。 2．練習Cでは「〜なきゃいけない」「〜ておく」「〜なくてもいい」「〜てくれませんか」などの表現が入っているので、ペアで練習する前に意味や作り方を確認しておく。
その他の活動	1．第18課・練習Ⅱ-C（p. 149）の会話を以下のように変えて、「〜てありません」を使って言わせる。 　　　A：エアコンが<u>つけてありません</u>ね。 　　　B：そうですね。じゃあ、私がつけますよ。 　　　A：すみません。お願いします。 2．「プロポーズの日」　🖥️ **げんきオンライン**「**追加アクティビティ**」 今日プロポーズする友だちに、準備ができているか確認する会話をペアで行う。 3．「友だちが来る前に」　🖥️ **げんきオンライン**「**追加アクティビティ**」 友だちが来る前に、何をしておくか話し合い、準備ができた後の部屋の様子について「〜てあります」で描写する。

練習 Ⅲ　社長が寝ている間に、起きます (p. 221)　　　　　　　　　　　☛ 文法3 [〜間に]

導入例	例1．「両親が一週間旅行します。でも私は家にいます」と言って状況を設定した後、「両親が旅行している間に友だちを呼んでパーティーをします」と導入する。 例2．泣いている赤ちゃんを抱いている親の写真を見せて、「私の友だちと赤ちゃんです。毎日忙しいから、本が読めません」と言う。次に、寝ている赤ちゃんの写真を見せて、「今、赤ちゃんは寝ています。赤ちゃんが寝ている間に、本を読みます」と言って導入する。
文法上の留意点	1．過去のことであっても、「〜間に」の前にくる動詞の時制は現在形になることに注意する。 2．「〜間に」の前には「〜ている」の形がくるが、「日本にいる」のような状態動詞の場合は「〜ている」の形にはならないことに注意する。
練習を行う上での 留意点	練習Aではクラスのレベルに応じて「社長がお休みになっている間に」などと敬語を使わせてもいい。

練習 Ⅳ　公園を多くします (p. 222)　　　　　　　　　　☞ 文法4 [形容詞＋する]

導入例　　　　　例1．スマホ等を小さい音で聞かせ、「聞こえますか」とたずねる。「聞こえ
ません」という答えが返ってきたら、「じゃあ、音を大きくします」と言っ
て、ボリュームを上げる。
例2．「美容院に髪を切りに行きます」と言って、美容院の写真を貼り、「美
容院に来ました」と言う。いすを置いて、その後ろに一人の学生を立たせて
美容師役にする。教師はそのいすに座り、「かわいく（かっこよく）してく
ださい」と言って導入する。

文法上の留意点　　1．「形容詞＋なる」と対比させて意味の違いを示してもいい。
2．「形容詞＋する」は「音は大きくする」のような助詞の間違いが多い。
先行する文脈がなければ、他動詞のように「を」を用いるほうが自然である
ことを確認しておく。

練習を行う上での　　練習Cは描き直すことができるように、鉛筆を使うように指導しておく。テ
留意点　　　　　キストの枠が小さければ、別紙を配布してもいい。

その他の活動　　　「学生ユニオン」　🖵 げんきオンライン「追加アクティビティ」
学校生活をよくするにはどうしたらいいか、学生ユニオンのメンバーとして
意見を出す。

練習 Ⅴ　若いころの話をしてほしいです (p. 223)　　　　　☞ 文法5 [〜てほしい]

導入例　　　　　ルームメイトの絵を見せて、「私のルームメイトはあまり掃除をしません。
だから部屋が汚いです」と状況を説明し、「私はルームメイトに掃除をして
ほしいです」と導入する。その後、「私のルームメイトは夜遅くテレビを見
ますから、私は寝られません」と言い、「私はルームメイトに夜遅くテレビ
を見ないでほしいです」と導入する。

文法上の留意点　　助詞の間違いや「〜たい」との混同のほか、「私はルームメイトに掃除をす
るがほしいです」や「テレビを見なくてほしいです」という間違いがよくあ
るので注意する。

練習を行う上での　　1．練習Cでは、「授業料を安くしてほしい」など、要望のみをグループで
留意点　　　　　紙に書かせてもよい。また、その紙を見せながら発表させてもいい。
2．練習Cでは教師が項目を一つ選び、ペアでできるだけ多く意見を出させ
た後、最も重要だと思う意見を二つ選ばせる。次に、二つのペアを合わせて
四人グループにし、さらに二点にしぼらせる。グループで意見をまとめる作
業を通して、より活発な意見交換をさせることができる。

練習 Ⅵ　まとめの練習 (p. 224)

練習を行う上での 留意点	１．練習Bを行う前に、練習に使う動詞の受け身形「なぐられる」「盗まれる」などをあらかじめ確認しておくといい。 ２．練習Bでは、警察官役にいつ、どこで、何があったかなどを聞き取り、メモをとらせる。

会話 (p. 206)

留意点・応用例	会話Ⅰ・Ⅱを使って、アパートに住んでいてどろぼうに入られたという同じ状況で、盗まれたもの、遅く帰った理由を各自で自由に変えて会話文を作らせる。

第22課　日本の教育

この課ですること

● 他の人に何をやらせるか話す　　　● 教育について意見を言う
● 指示命令する　　　　　　　　　　♀ 不平を言う
● 助言を求める／助言をする　　　　♀ 他のものにたとえる

🖥 げんきオンライン「学生用チェックリスト」

この課の学習項目

使役	服を洗わせます。	文法1	練習Ⅰ
使役＋てあげる／てくれる／てもらう	一人暮らしをさせてくれませんでした。	文法2	練習Ⅱ
動詞語幹＋なさい	掃除しなさい。	文法3	練習Ⅲ
〜ば	薬を飲めば、元気になります。	文法4	練習Ⅳ
〜のに	留学したことがないのに、日本語がぺらぺらです。	文法5	練習Ⅴ
〜のように／〜のような	魚のように泳げます。	文法6	練習Ⅵ

練習 I　服を洗わせます (p. 238)　　　　　　　　　☛文法1［使役］

導入例　　　　　p. 255 のお母さんとまなの絵を見せて、「メアリーさん
のホストファミリーのお母さんとまなさんです。お母
さんはまなさんに『勉強して！』と言います（この段
階では「なさい」は未習）。まなさんは勉強しなければ

いけません」と言う。その後、「お母さんはまなさんに勉強させます」と
言って導入する。

文法上の留意点　　1．「させる」には make（強制）と let（許可）の両方の意味があるが、最初
からこれを混ぜると混乱するので、練習Iでは make の意味だけに限定して
ある。let の意味の「させる」は、「させてくれる」等の形で練習IIで扱う。
　　　　　　　　2．もとの動詞が「行く」のような自動詞の場合、動作をさせられる人につ
く助詞は「に」と「を」の二つが考えられるが、文法説明では、「を」を用
いるのは比較的に限られた場合だけであるとして、脚注での説明に留めてあ
る（p. 233 の脚注2参照）。

練習を行う上での　　1．練習Aは現在肯定形に変えることだけを求めているが、過去や否定の形
留意点　　　　　　も作らせてもいい。
　　　　　　　　2．練習Cは、少人数のグループで話し合わせる以外にも、教師がクラス全
体に質問して答えさせたり、ペアで練習させてもいい。

その他の活動　　　1．「使役形の活用練習」　🖳 げんきオンライン「追加アクティビティ」
ペアで助け合いながら使役形の活用練習をする。
　　　　　　　　2．「使役 find who」　🖳 げんきオンライン「追加アクティビティ」
子供の時に親がさせたことをたずね合う。

練習 II　一人暮らしをさせてくれませんでした (p. 241)
☛文法2［使役＋てあげる／てくれる／てもらう］

導入例　　　　　●「させてくれます」の導入
ピアノを弾いている子供の写真を見せる。「私はピアノを習いたかったです。
ピアノのレッスンは高かったですが、母はピアノを習わせてくれました」と
導入する。にこやかな親の顔が用意できればなおいい。
　　　　　　　　●「させてください」の導入
学生の一人に山下先生のお面をかぶらせ、山下先生役を演じさせる。教師は
山下先生と同じ大学で教えていて、一緒にレストランに食べに来たという設
定を伝える。食べ終わったことにして伝票を取り、「今日は先生の誕生日で
すから、私に払わせてください」と言って導入する。

文法上の留意点	ここでの使役形は let（許可）の意味で「～てくれる／～てあげる／～てください」と一緒に練習させる。その場合、だれが行為をするか、だれがさせるかを確認することが必要である。
練習を行う上での留意点	1．練習Bは、テキストにある質問以外にも、子供の時や高校の時に親がさせてくれたこと／させてくれなかったことについて、学生自身に質問を作らせてもいい。 2．練習Dをする前に、もう一度「使役＋てください」（「コピーを取らせてください」）と普通の「～てください」（「コピーを取ってください」）の違いを確認したほうがいい。

練習 Ⅲ　掃除しなさい (p. 243)　　　　　　　　　　☛ 文法 3 ［動詞語幹＋なさい］

導入例	p. 255 のお母さんとまなの絵を見せて、「まなさんはぜんぜん勉強をしません。だから、お母さんはまなさんに『勉強しなさい』とよく言います」と言って導入する。
文法上の留意点	1．「～なさい」の文型は肯定の意味だけに使い、否定には使えないことに注意する。否定の意味ではどう言ったらいいか聞かれた場合は、「動詞＋のをやめなさい」が使えることがある（p. 234 参照）。 2．既習の「おやすみなさい」「ごめんなさい」と「～なさい」の関連について質問が出たら、詳しい説明をすると複雑になるので、語源的には関連していると簡単な説明にとどめたほうがいい。
練習を行う上での留意点	クラスで練習Aをした後、ペアワークとして一人が親、一人が子供になり、親が「～なさい」と言った後、子供が「私の親は～させます」と言わせて、使役の復習をすることもできる。
その他の活動	子供への十戒（Your 10 commandments）：自分が親になった時、どんなことをさせるか／させないかを「～なさい」「～のをやめなさい」という文型を使って 10 個考えてクラスで発表させる。

練習 Ⅳ　薬を飲めば、元気になります (p. 243)　　　　　☛ 文法 4 ［～ば］

導入例	ロバートの絵を用意し、「ロバートさんは日本語が上手になりたいそうです。何かアドバイスがありますか」と質問する。「日本人の友だちを作ったほうがいいです」という答えが学生から出たら、「そうですね。日本人の友だちを作れば、日本語が上手になります」と教師が言って導入する。

文法上の留意点	1．「～ば」と「～たら」の違いを聞かれた場合は、「AたらB」のAの起こる確率が非常に高い場合（例：今晩家に帰ったら電話します）は「～ば」に置き換えができないが、その他の場合はさほど神経質になる必要はないことを説明する。

2．「～ば」「～たら」の前に使える述語の種類や文末形式の種類の違いについては、個人差や方言差が大きいので、細かい説明をする必要はないだろう。

練習を行う上での留意点	1．「～ば」の活用自体は、第18課の文法6（p. 144）で「～ばよかったです」の形で導入済みであるが、練習Aを始める前に、ば-form の活用を復習したほうがいい。

2．練習Bをした後に、同じ状況で自由に「～ば大丈夫ですよ」の文を言わせてもよい。

3．練習Cでは、練習Bのように「～ば大丈夫ですよ」と答えがちなので、質問に応じて文の後半を変えるように指示する。全部終わったら、自分の質問を作らせてもいい。

その他の活動	「どうすればいいですか」　💻 げんきオンライン「追加アクティビティ」

ペアで、与えられた状況に関する悩みを聞き、「～ば」を使ってアドバイスする。

練習 Ⅴ　留学したことがないのに、日本語がぺらぺらです (p. 245)　　☞ 文法5 [～のに]

導入例	「げんきな絵カード」の「怠け者」の絵を見せて「学生です。でも、ぜんぜん勉強しません」と言い、「学生なのに勉強しません」と導入する。同様に「あした試験があります。でも、ぜんぜん勉強しません」と言い、「あした試験があるのにぜんぜん勉強しません」と導入する。

文法上の留意点	1．「～のに」は後に続く文が事実を述べるものに限られる。例えば、「雨が降っているのに出かけませんか」とは言えないことに注意する。

2．「～ても」との違いについて質問があった場合は、「～ても」は基本的に条件文であるが、「～のに」は前件が事実であることを説明する。

3．ここでは「AのにB」の形のみを扱っている。「時計が壊れた。高かったのに。」のような文末に来る「のに」は取り上げていない。

練習 Ⅵ　魚のように泳げます (p. 246)　　　　　☛ 文法6 [〜のように／〜のような]

導入例　　　　　●「〜のように」の導入

かわいい猫など小動物の写真を見せ、「私の猫です。かわいいです。ぬいぐ
るみのようにかわいいです」と言って導入する。

●「〜のような」の導入

パンダによく似た犬の写真（「dog panda」などと検索するとすぐ見つかる）
を見せ、「パンダのような犬です」と言って導入する。

練習を行う上での
留意点
１．練習Bでは、自分についてだけではなく、友だちや家族、教師などについ
て話してもいい。

２．練習Dでは、「天ぷらのような料理」「京都のような町」といった表現の
「天ぷら」「京都」の部分が、単に似ているというだけでなく、聞き手が知っ
ているものである必要があることを説明する。

３．練習Dを宿題にして、説明するものの写真を用意させ、それを見せなが
ら説明させてもいい。

練習 Ⅶ　まとめの練習 (p. 248)

練習を行う上での
留意点
１．練習Aは、クラスを賛成派・反対派の二つに分けて、それぞれのグルー
プの中で準備をさせてからクラス全体で話し合うのもいいだろう。準備なし
で行うとなかなか意見が言えないことがあるので、宿題で意見を準備させて
おいてから行うのも一つの方法である。

２．練習Bは、事前に宿題として準備させておき、クラスで発表させる。

３．練習Cはリストにあるものに限る必要はない。リストにないもので、学
生が自分の子供の時によく親から言われたことについて会話文を作らせても
いい。

会話 (p. 228)

留意点　　　　　会話Ⅰの2行目の「〜でしょ」については、第12課・文法6の脚注5（『げ
んきⅠ』p. 281）に説明がある。

第23課 別れ

この課ですること ・・

● 望まないことをさせられた不満を言う　　● 別れを述べる

● 新しい生活への決意を述べる　　　　　　⌖ 何かの手順を聞いたり、説明したりする

● 過去の思い出を語る

🖥 げんきオンライン「学生用チェックリスト」

この課の学習項目

使役受け身	荷物を持たされます。	文法1	練習Ⅰ
～ても	学生がうるさくても、怒りません。	文法2	練習Ⅱ
～ことにする	日本語の勉強を続けることにしました。	文法3	練習Ⅲ
～ことにしている	メッセージをチェックすることにしています。	文法4	練習Ⅳ
～まで	大学を卒業するまで、日本にいるつもりです。	文法5	練習Ⅴ
～方	アプリの使い方を教えてくれませんか。	文法6	練習Ⅵ

練習 Ⅰ　荷物を持たされます (p. 260)　　　　　　　　　☛ 文法1 [使役受け身]

導入例　　　　　p. 255のお母さんとまなの絵を見せて、「まなさんは勉強が好きじゃないで
す。でも、お母さんはとても厳しいです。お母さんはまなさんに勉強させま
す」と使役の文を言う。次に、「まなさんはお母さんに勉強させられます」
と言い、使役受け身の文を導入する。

文法上の留意点　1．『げんき』では、u動詞の活用は「立たせられる」ではなく「立たされ
る」の形で練習している。

2．使役には make（強制）と let（許可）の両方の意味があるが、使役受
け身の場合は make の意味だけになることを注意する。

3．受け身、使役、使役受け身の違いについて混乱する学生もいるので、も
う一度復習したほうがいい。例えば下のような文を挙げて、その違いについ
て説明するといい。

　　私は弟に大好きなすしを食べられました。（受け身）

　　母は私に大きらいな野菜を食べさせました。（使役）

　　私は母に大きらいな野菜を食べさせられました。（使役受け身）

練習を行う上での　1．練習Bをした後、夫婦／カップル／ルームメイト同士という状況で自由
留意点　　　　　に文を作らせてもいい。

2．練習Dは、テキストのように自由にさせてもいいし、「窓を開けさせられました」💻 **げんきオンライン**「**追加アクティビティ**」のワークシートを使って行ってもいい。

その他の活動　　1．「使役受け身形の練習」　💻 **げんきオンライン**「**追加アクティビティ**」
ペアになり、相手の言った動詞辞書形の使役受け身形を答え合う。
2．「使役受け身 find who」　💻 **げんきオンライン**「**追加アクティビティ**」
ワークシートに書かれた条件に合う人を探す。

練習 **Ⅱ** 　学生がうるさくても、怒りません (p. 262)　　　　　　　　　☞ **文法2［〜ても］**

導入例　　　　　●「動詞＋ても」の導入
「あした、動物園に行きます。でも、雨が降るかもしれません」と言い、学生に「雨が降ったら、どうしますか」と質問する。「行きません」「行きます」という学生の答えに応じて「Aさんは雨が降ったら、行きません」「Bさんは雨が降っても、行きます」と導入する。
●「形容詞＋ても」の導入
「友だちが料理を作ってくれました。少し食べましたが、まずいです。友だちの料理を全部食べますか」と質問する。「食べます」「食べません」という学生の答えに応じて、「Aさんは友だちの料理がまずかったら、食べません」「Bさんは友だちの料理がまずくても、食べます」と導入する。

文法上の留意点　1．活用に関して、動詞の場合は「〜た」と同じ形であるため、形容詞などでも「悲しかっても」のような間違いを起こしやすいので注意する。
2．第22課の「〜のに」との違いについて質問があった場合は、「〜ても」は基本的に条件文であるが、「〜のに」は前件が事実であることを説明する。

練習を行う上での留意点　1．練習Aをする前に、動詞・イ形容詞・ナ形容詞・名詞それぞれの肯定形と否定形の *te*-form を練習しておくといい。
2．練習Cでは、学生の能力に応じて下のように会話を発展させてもいい。
　　A：いじめられたら、学校を休みますか。
　　B：いいえ、いじめられても、学校を休みません。勉強が好きですから。Aさんは？
　　A：私はいじめられたら、休みます。家で勉強できるし、一人でいるのが好きですから。

練習 Ⅲ 日本語の勉強を続けることにしました (p. 264)　　☞ 文法3［〜ことにする］

導入例	「急にあした休みになりました。となりの人と何か一緒にすることを考えてください」と言い、ペアで話し合わせる。そして、「AさんとBさんは何をしますか」と質問をして、答えさせる。その答えに応じて「AさんとBさんは〜することにしました」と導入する。
文法上の留意点	「〜ことにする」の前には肯定形だけでなく否定形もくることに注意させる。
練習を行う上での留意点	練習Aをした後、学生に自分たちも今学期がもうすぐ終わる状況にあると仮定させて文を作らせてもいい。

練習 Ⅳ メッセージをチェックすることにしています (p. 265)　　☞ 文法4［〜ことにしている］

導入例	p. 82のナオミが運動している絵を三枚用意し、それぞれに「きのう」「今日」「あした」と書いておく。「きのう」と書いた絵を見せ、「ナオミさんはきのう運動しました」と言う。同様に「今日」「あした」の絵を見せながら、「今日も運動します」「あしたも運動します」と言い、「ナオミさんは毎日運動することにしています」と導入する。
文法上の留意点	1．「〜ことにする」同様、「〜ことにしている」の前には肯定形だけでなく否定形もくることにも注意させる。 2．「〜ことにする」と「〜ことにしている」は形が似ているため、意味を混同しがちである。違いをはっきり示したほうがいい。
その他の活動	「〜ことにしている find who」　💻 げんきオンライン「追加アクティビティ」 ワークシートに書かれた条件に合う人を探す。

練習 Ⅴ 大学を卒業するまで、日本にいるつもりです (p. 266)　　☞ 文法5［〜まで］

導入例	「今、学校にいます。家に帰りたいですが、雨がたくさん降っているし、傘がないし、待たなきゃいけません」と言って、状況を設定する。学生に「何をしますか」と聞き、その答えに応じて「雨がやむまで〜します」と導入する。例えば学生Aが「図書館で勉強します」と答えたら、「Aさんは、雨がやむまで、図書館で勉強します」と言って導入する。
文法上の留意点	1．過去のことであっても「〜まで」の前にくる動詞はいつも現在形になることに注意する。

2.「～までに」(第18課「単語」p. 139) と「～まで」の違いについても
説明したほうがいい。例えば下のような例文を使うといい。

六時まで、会社にいます。

六時までに、会社に行きます。

練習 Ⅵ　アプリの使い方を教えてくれませんか (p. 268)   ☞ 文法6［～方］

導入例　　　　　学生に「どうやって天ぷらを作るか知っていますか」と聞く。知っている学
生がいたら、「Aさんは天ぷらの作り方を知っています」と言って、導入す
る。知っている学生がいなければ、「だれも天ぷらの作り方を知りません」
「私は天ぷらの作り方を知っています」と言って、導入する。

その他の活動　　ホストファミリーが一週間旅行に行くことになり、一人で留守番をすること
になったが、家のことがぜんぜんわからないという状況を設定する。ホスト
ファミリーが旅行に行く前に、どんなことを聞いておきたいか質問を考えさ
せる（例:「ごみの出し方を教えてください」など）。質問が出にくい場合
は、英語のリストを見せてもいい。(例：how to use the microwave、how
to heat［沸かす］the bath、など)

練習 Ⅶ　まとめの練習 (p. 269)

練習を行う上での　　練習Bは、会話Ⅱの最初と最後の文を使い、その他は自由に作るようにする
留意点　　　　　　　といい。

A：この一年、いろいろなことがあったね。

⋮

A：みんないい思い出だね。

その他の活動　　「第21～23課のまとめロールプレイ」　□ げんきオンライン「追加アクティビティ」
ワークシートに書かれた設定で、ペアでロールプレイをする。

調べてみよう「クールジャパン」 (p. 271)

旅行会社の社員として、「クールジャパン」という新しい旅行プランを考える。まず、行き先を
決め、東京からの行き方や所要時間、訪問にいい時期、そこでできること、特産品、名物など
を調べ、写真などを見せながら発表する。

留意点　　　　　1. 学期末のプロジェクトとして、時間をかけていろいろ調べさせ、スライ
ドなどにまとめて発表させてもよい。

2. 発表の後、どれが一番行ってみたい旅行か、クラスで投票してもいい。

「読み書き編」の指導

「読み書き編」の指導にあたって

1. 読み書きの指導を行う上での留意点

　〈読み書き編〉では、第1課でひらがな、第2課でカタカナを学習した後、第3課以降で漢字を学習する。〈会話・文法編〉の第1・2課ではテキストにローマ字が付されているので、〈会話・文法編〉で文法や語彙を学習しながら、それと並行して、『げんきⅠ』のJapanese Writing System（p. 20～27）と〈読み書き編〉第1課・第2課の指導を行い、ひらがな、カタカナを教える。第3課以降では、〈会話・文法編〉を先に扱い、文法と語彙を十分に定着させた後に〈読み書き編〉の学習に移るといい。

　『げんき』では、ほとんどすべて教科書体フォントを用いている（〈会話・文法編〉の文法説明の囲みの中では、ゴシック体を用いている。また、〈読み書き編〉の第5・9・11課にゴシック体を用いた読み教材がある）。『げんきⅠ』p. 19にあるように、教科書体と手書きの文字は違いがあるので、文字を導入する時は、手書きの文字も見せながら導入するとよい。

　漢字学習に関しては、『げんき』では日本語の文字を手で書くことを念頭に置いており、ワークブックにも漢字を書く練習がある。しかしながら、実際の生活では、レポートをパソコンで書くなど、漢字を手で書く機会は減っている。漢字が書けることを到達目標とするか、それとも書くのはパソコンなどを使い、漢字が読めることに目標をしぼるかは、学生のニーズや各機関のプログラムの実情等に応じて判断するといい。

　パソコンやスマホで書かせるための指導をする場合には、漢字変換の仕組みや、アルファベットによる入力で気をつけること（助詞の「は」は「wa」と発音・表記されるが、入力の際には「ha」とタイプすること、カタカナの長母音の入力には「−」（ハイフン）を用いることなど）を説明し練習する必要がある。

2.「読み書き編」の使い方

⑴ 漢字表（第3課以降）

　その課で習う新しい漢字の一覧である。各課、14～16個の漢字が導入されている。表の中で　　　　　の中に入っている読み方や単語は、〈会話・文法編〉で単語として導入されているものであり、その課で覚えるべきものである。クラスで導入・練習を行うが、それだけでは十分ではないので、学生に各自で練習し、毎日少しずつ覚えるように指示する。課ごとに漢字テストを行うと定着がよい。

⑵ 漢字の練習（第3課以降）

　各課とも、練習Ⅰは漢字の練習である。『げんきⅠ』ではその課の新しい漢字を使った練習

問題が載せてあるので、漢字表で勉強した後にこの練習を行う。『げんきⅡ』では、既習漢字について、以前習った読みを復習したり、その課に出てくる新しい読み方を練習する。これは時間がなければ、学生に自習させることもできる。

⑶ 読み教材

　漢字の練習に続いて、一つ～二つの読み教材がある。その課の新出漢字、およびその課より前に既習の漢字語句にはふりがながつけられていないので、その課の漢字を練習した後に読ませる。本文を読む前に質問が置かれている場合は、まずそれを行い、読み物の内容について前知識を与えて学習者の興味・関心を高める。読んだ後は、内容確認の質問があるのでそれを行う。

　読み教材の本文に出てくる新しい単語はリストにまとめてあるが、これらの単語を覚えさせるかどうかはクラスの状況に応じて決めるとよい。〈会話・文法編〉で同じ課までに導入されている語は、既習扱いになっている。

　読み教材を音読したものが「OTO Navi」アプリにあるので、学生に予習や復習として聞くように指示することができる。また、授業で使用できる音声ファイル（MP3形式）はげんきオンライン教師用ページ「補助教材ダウンロード」にある。

⑷ 書く練習

　その課のテーマに関連した「書く練習」を各課の最後に設けた。時間があれば授業時間内に行い、なければ宿題にすることもできる。その場合、日本人に手伝ってもらったりネット上の自動翻訳に頼ったりする学生がいるので、自分の力でするように指導する。

　『げんき』には原稿用紙の使い方の指導は含まれていないが、文字のバランスなどを身につけさせるために原稿用紙に書く指導を行うことも考えられる。ただし、原稿用紙の使い方の規則を全部教えようとすると、学生の負担を増やすことになるので、注意が必要である。

3. 授業の進め方

⑴ 各課の所要時間と内容

　〈読み書き編〉は、各課を3時間程度で終われるように作成してある。1時間目は漢字の導入と練習、2時間目は読み教材、3時間目は「書く練習」というのが基本であるが、授業の進め方は割り当てられた時間に応じて、それぞれの教師が工夫してほしい。

　第1課・第2課の場合は、ほとんどがひらがな／カタカナの導入・練習に費やされることになる。学生によっては、より多くの時間を必要とする場合もあるので、学生を見ながら時間配分を決めてもらいたい。

⑵ 指導例

　ここでは、読み書き編の学習に週3時間とれる場合の指導例を示す。以下のような流れの中に、後述の「5．授業を楽しくする活動例」（本書 p. 153 ～ 155）で示すようなアクティビティを随時入れていくとよい。

1時間目

漢字の導入と練習

　学生にテキストの漢字表のページを開かせて、新出漢字を導入する。個々の漢字の導入には、次のような流れが考えられる。

(1)　まず、大きく板書して成り立ちや筆順、熟語を示す。複雑な漢字は、その字の成り立ちや部首などの構成部分に分けて説明するなど、工夫するとよいだろう。イラストを使って導入してもいい（次ページの「4．イラストを使った漢字の導入」を参照）。

(2)　覚えるべき熟語をフラッシュカードで練習する。

(3)　ワークブックの「Kanji Practice」のページなどを用いて、各漢字を数回ずつ書く練習をさせる。その間、教師は学生の間を回って間違いを直す。

(4)　漢字を使った文を読み上げてディクテーションさせたり、漢字を使った短い文を学生に作らせる。

次回への布石

　時間があれば、フラッシュカードなどで新出単語を導入しておく。第13課以降では、練習Ⅰに挙げた既習漢字の復習や新しい読み方の練習なども行う。

宿題

　ワークブックの「Using Kanji」のページをすることと、「OTO Navi」アプリで本文の音声を聞いて、本文に出てくる漢字の読み方などを確認することを宿題にする。

2時間目

漢字の復習

　漢字・漢字を使った熟語などをフラッシュカードを使って復習する。ディクテーションをさせるのも効果的である。

読解

　本文を読む前に、その内容に関連した質問をするとよい（第10課以降はテキストに質問が掲載されている）。本文の文法などで注意すべき点があれば、それを指導する。

　　読解の指導では、できるだけ直訳を避け、質問や言い換えなどで内容理解の促進を図る。段落ごとに区切り、学生を指名して音読させる。クラスのサイズや雰囲気に応じて、グループで音読させたり、クラス全体で音読することもできる。

　　次に、適当な長さごとに本文の内容について質問をして、理解できているか確認するとよい。複雑そうなところでは、段落の終わりを待たずに、タイミングよく、その都度説明したほうがよい。新しい表現でも他の表現で言い換えができる部分などがあれば、それを指摘するようにする。話の続きに興味を持たせるため、本文の内容に共感するかどうか、身近にも似た例があるか、などに話を発展させることもできる。

　　全体を読み終えたら、本文の後にある質問を使って、内容を確認する。

3時間目

漢字クイズ

　　ひらがなを漢字にしたり、漢字の読みを書かせたりして、漢字の定着度を測る（漢字テストの例は本書 p. 156 〜 157 参照）。学生の負担や意欲などを考慮して、単語のテストを行ってもよい。

書く練習

　　テキストの「書く練習」をする。学生が書いている間、教師は学生の質問に答えたり、適宜アドバイスをしたりする。授業内で終わらない場合は、残りを宿題とする。

　　ワークブックにあるような部分作文や、指定された単語や漢字を使って文を作る問題を用意しておき、答えを言わせたり板書させたりすることができる。

4. イラストを使った漢字の導入

　　イラストやストーリーを使って漢字を導入することで、漢字を覚えるのが苦手な日本語学習者でも比較的容易に楽しく漢字が覚えられるだろう。『Kanji Look and Learn』（坂野永理ほか著／ジャパンタイムズ出版刊）は主に非漢字圏の学習者を対象に、初級〜中級レベルの漢字512字の形と意味を、イラストとストーリーを使って紹介している教材であり、『げんきⅠ』と『げんきⅡ』の漢字がすべて含まれている。ここでは『Kanji Look and Learn』を使用した漢字の導入例を紹介する。なお、げんき漢字アプリ（GENKI Kanji for 3rd Ed.）では、それぞれの漢字の説明部分にこのイラストとストーリーが入っている。

▶第4課「曜」の導入

「曜」は『げんきⅠ』第4課で導入されるが、習い始めの学習者にとっては形が複雑な漢字である。『Kanji Look and Learn』第2課（漢字番号24）で紹介されているイラストとストーリーは以下のようになっている。

At the beginning of **weekday**, birds sing "*piyo-piyo* (ピヨピヨ)."
週の始まりに、鳥がピヨピヨと鳴きます。

　まず、イラストの部分をプロジェクターなどで提示し、「At the beginning of weekday, birds sing "*piyo-piyo* (ピヨピヨ)."」とストーリーを説明する。漢字の左側の日へん「日」は同じ課ですでに学習済みであり、右上の「ヨ」は鳥の鳴き声の「ピヨピヨ」の「ヨ」で、右下の「隹」は鳥の姿を連想させる形である。ストーリーを紹介することで、"weekday" という漢字の意味も同時に覚えることができる。

▶第7課「入」の導入

　『げんきⅠ』第7課で導入される「入」は、『Kanji Look and Learn』第7課（漢字番号97）で紹介されている。イラストとストーリーは以下のようになっている。

A person is **entering** the tent.
人がテントの中に入ろうとしています。

　まず、イラストの部分をプロジェクターなどで提示し、「A person is entering the tent.」とストーリーを説明する。イラストは人が四つん這いになってテントに入ろうとしている様子である。ストーリーで "to enter" という漢字の意味も紹介する。

　なお、『Kanji Look and Learn』の漢字の提出順は『げんき』と異なるので、次のページの対応表を参考にしてほしい。

『げんき』『Kanji Look and Learn (KLL)』学習漢字対応表

げんき#		KLL#

第3課

001	一	1
002	二	2
003	三	3
004	四	4
005	五	5
006	六	6
007	七	7
008	八	8
009	九	9
010	十	10
011	百	11
012	千	12
013	万	13
014	円	14
015	時	29

第4課

016	日	17
017	本	25
018	人	26
019	月	18
020	火	19
021	水	20
022	木	21
023	金	22
024	土	23
025	曜	24
026	上	33
027	下	34
028	中	35
029	半	30

第5課

030	山	145

031	川	146
032	元	87
033	気	88
034	天	153
035	私	201
036	今	27
037	田	49
038	女	52
039	男	51
040	見	65
041	行	66
042	食	70
043	飲	71

第6課

044	東	45
045	西	46
046	南	47
047	北	48
048	口	15
049	出	98
050	右	37
051	左	39
052	分	32
053	先	56
054	生	55
055	大	81
056	学	54
057	外	36
058	国	64

第7課

059	京	300
060	子	53
061	小	82
062	会	72

063	社	107
064	父	58
065	母	59
066	高	83
067	校	108
068	毎	62
069	語	128
070	文	220
071	帰	121
072	入	97

第8課

073	員	269
074	新	85
075	聞	74
076	作	174
077	仕	271
078	事	272
079	電	103
080	車	104
081	休	113
082	言	75
083	読	119
084	思	253
085	次	446
086	何	57

第9課

087	午	42
088	後	41
089	前	40
090	名	127
091	白	156
092	雨	102
093	書	120
094	友	96

095	間	44
096	家	193
097	話	76
098	少	90
099	古	86
100	知	254
101	来	68

第10課

102	住	205
103	正	297
104	年	60
105	売	118
106	買	117
107	町	100
108	長	93
109	道	144
110	雪	494
111	立	77
112	自	180
113	夜	138
114	朝	133
115	持	126

第11課

116	手	140
117	紙	208
118	好	95
119	近	226
120	明	94
121	病	111
122	院	112
123	映	187
124	画	188
125	歌	179
126	市	99

127	所	307
128	勉	122
129	強	125
130	有	264
131	旅	318

第12課

132	昔	276
133	々	447
134	神	482
135	早	92
136	起	115
137	牛	165
138	使	245
139	働	268
140	連	410
141	別	293
142	度	283
143	赤	154
144	青	155
145	色	158

第13課

146	物	316
147	鳥	167
148	料	161
149	理	162
150	特	292
151	安	84
152	飯	164
153	肉	168
154	悪	234
155	体	142
156	同	298
157	着	192
158	空	149

5. 授業を楽しくする活動例

　読み書きの指導では、「漢字を覚えて本文を読む」という単調な作業の繰り返しになりがちだが、ゲームの要素を取り入れたり、ペアやグループで作業させたりすることによって、活気のある授業にすることができる。以下に、(1)漢字やかなの定着を図る活動例、(2)ディクテーション（書き取り）を使った活動例、(3)作文のための活動例、(4)その他を挙げる。

⑴ 漢字やかなの定着を図る活動例

▶ビンゴゲーム１

　ビンゴに使う漢字を選び、その漢字が書いてあるビンゴシートを数種類用意し、学生に配布する。教師が漢字を読み、学生は自分のシートにその漢字があればチェックしていく。

▶ビンゴゲーム２

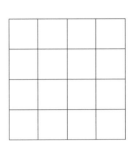

　教師が空白のマスのシートを学生に配布する（漢字の数によってマスの数を調整する）。教師が例えば「歌」と言って、学生が自由にマスを選んで「歌」を記入する。全部のマスが書き終わったら、ビンゴゲームを始める。始める前にシートを学生同士で交換させてもいい。

▶陣取りゲーム

　学生をペアにし、色の違うペンを持たせる。ビンゴシートの全部のマスの中に漢字が入ったものを各ペアに一枚ずつ配布する。教師がその中の一つの漢字を読み上げ、学生は相手より早くその漢字を見つけて○で囲む。最後にそれぞれの○の数を数え、より多くの○をつけた学生の勝ち。

▶かるた取り

　漢字やかなを一文字ずつ書いたカード、またはその漢字やかなを含んだ熟語を書いたカードを机の上に並べ、教師が漢字の読みを言い、グループでかるた取りをする。各グループで（もしくはクラスで）、一番多くのカードを取った学生が勝ち。

▶漢字の部分のマッチング

　その課で導入された漢字をいくつか選び、その漢字を分解したものを黒板に貼る。例えば、「朝」という漢字の場合、「十」「日」「十」「月」を貼る。学生はバラバラにされた部分を組み合わせて、漢字を元どおりに完成させる。ペアで行ってもよい。わざと間違えた部分を入れておき、学生の注意を喚起することもできる。（『げんきⅠ』p. 348の第11課・練習Ⅰ-A参照）

▶漢字当てクイズ

　その課で導入された漢字を以下のように四つの四角でカバーする。そして一枚ずつ四角を取っていき、どの漢字か当てさせる。早く当てた学生が勝ち。パワーポイントを使って作成し、プロジェクターで提示するとやりやすい。

▶漢字のマッチング

　複数の漢字からなる単語を複数個選び、カードに漢字を一文字ずつ書く。例えば、「新聞」という単語なら「新」と「聞」を別のカードに書く。それらのカードをバラバラに提示する。学生はバラバラになったカードを組み合わせて元の単語に戻していく。同じ漢字を二度使ってもいいとする。ペアで行ってもいい。

▶部首（漢字の一部）を使った復習ゲーム

　部首（または漢字の一部）を一つ板書する（木へん、にんべん、日、目など）。クラスをペア（クラスの人数が多い時はグループ）に分けて、その部分を含んだ既習漢字を思い出す限りすべて書き出させる（例：日→明、間など）。その時、テキストを見てはいけないとする。ペアの一人が前に出て、漢字を黒板に一つ書き、次のペアの一人は別の答えを黒板に書く。思い出せないペアはパスをして、最後までパスをしなかったペアが勝ちとなる。

(2) ディクテーション（書き取り）を使った活動例

▶新出漢字を使ったディクテーション

　漢字を導入した後で、教師がその漢字を使った文を読み上げ、学生に書き取らせる（例えば、「午後」と「雨」という漢字の導入の後、「きのうの午後、雨が降りました。」と言う）。正しく書き取れているかどうか、学生に答えを板書させてチェックする。復習のためにディクテーションを行う時は、フラッシュカードなどで漢字を復習した後で行う。

▶ペアディクテーション

　教師は新出漢字を含む短い文を6〜8文ぐらい考える。奇数の番号だけに文が書いてあるシートと、偶数の番号だけに文が書いてあるシートを用意し、ペアになった学生にそれぞれ渡す。学生一人が文を読み上げ、もう一人が書き取る。書き取りがすべて終わったらお互いに見せあい、間違いを直す。この練習では読む練習と書く練習を並行して行うことができる。

🖥 げんきオンライン「追加アクティビティ」参照

【読み書き編】第4課・練習Ⅰ　追加アクティビティ
漢字ペアディクテーション

ワークシートA

The following is what Mary did over the weekend. Read the sentences to each other and fill in the blanks.

1. 金曜日に 九時半におきました。

2. ＿＿＿＿＿＿＿＿＿＿＿＿＿＿＿＿＿＿＿。

3. 十二時ごろ きょうとのレストランで カレーライスをたべました。

4. ＿＿＿＿＿＿＿＿＿＿＿＿＿＿＿＿＿＿＿。

5. ハンバーガーをたべました。二百四十円でした。

6. ＿＿＿＿＿＿＿＿＿＿＿＿＿＿＿＿＿＿＿。

【読み書き編】第4課・練習Ⅰ　追加アクティビティ
漢字ペアディクテーション

ワークシートB

The following is what Mary did over the weekend. Read the sentences to each other and fill in the blanks.

1. ＿＿＿＿＿＿＿＿＿＿＿＿＿＿＿＿＿＿＿。

2. 十一時に ともだちと きょうとにいきました。

3. ＿＿＿＿＿＿＿＿＿＿＿＿＿＿＿＿＿＿＿。

4. 土曜日に 一人で マクドナルドにいきました。

5. ＿＿＿＿＿＿＿＿＿＿＿＿＿＿＿＿＿＿＿。

6. 日曜日に 日本人のともだちと テニスをしました。

げんきオンライン「追加アクティビティ」
第4課「漢字ペアディクテーション」

(3) 作文のための活動例

▶要約作文

　本文を読んだ後、本文の内容理解に重要だと思われる単語や表現をいくつか選んで、カードに書く。学生をペアまたはグループに分け、それぞれにそのカードを渡し、それらの表現を使って内容の要約を共同で作成させる。

▶絵を使った作文

　クラスをグループに分け、ストーリーが考えられる絵や写真を見せる。グループでそれについてストーリーを考えて書く。

　四コマまんがであればクラスを四つのグループに分けて、それぞれのグループが一つの絵を担当し、発表させて一つの長い話を作ることもできる。

(4) その他

▶繰り返し読み（読みの活動例）

　テキストの読み物を速く読む練習。ペアになり、まず一人が読み物を声に出してなるべく速く読む。教師は2分など時間を区切り、時間が来たら、読むのをやめさせる。ペアの相手はどこまで読めたかをメモする。次にペアのもう一方が同じように読み、どこまで読めたかをメモさせる。その後、最初に読んだ人が同じ読み物を同じ時間で読み、相手はどこまで読めたかをメモする。2回目のほうが1回目より速く読めるので、速く読む練習になる。

▶穴埋め問題（単語の復習と内容確認の活動例）

　本文の一部をコピー／スキャンして、単語をいくつか消しておく。シートにして配り、空白部分にどんな言葉が入るか考えさせる。ヒントとして入れるべき単語のリストを黒板に書いておいてもよい。ペアでさせてもよい。

6.「読み書き編」のテストについて

　学習者の到達度を評価する方法としては、漢字に焦点をあててその読み書き能力を測る漢字テスト、複数課まとめて読む技能・書く技能を総合的に評価するテスト、中間試験、期末試験などがある。以下に読み書き編のテスト例を示す。

▶漢字テスト

　漢字テストは、漢字の定着を図るために、その課の漢字の導入・練習が終わった後に行うといい。初めて漢字に触れる学生にとっては、漢字テストもどのような形式になるか想像できないこともあるので、最初のテストを行う前に、出題形式、評価項目、部分点の有無などを説明しておくといい。

　漢字テストの形態は様々であるが、例1は漢字の読み書きができるか確認するテスト形式である。配点は「読み」問題が単語全体で1点、「書き」問題は漢字一つにつき1点となっている。例2は文を読んでそこに出てくる漢字語彙の読みと意味を答える問題と、文中に入る語彙を考え、その漢字を書く問題からなる。

例1：漢字テスト（第8課）

第8課　漢字テスト　　名前：＿＿＿＿＿＿＿＿＿＿　　/15

Rewrite the *hiragana* with an appropriate mix of kanji and *hiragana*.
Rewrite the kanji with *hiragana*.

① 田中さんは＿＿＿＿＿＿＿だと＿＿＿＿＿＿＿。
　　　　　　　　会社員　　　　　　おもいます

② ＿＿＿＿＿＿＿を＿＿＿＿＿＿＿。
　　　新聞　　　　読みました

③ ＿＿＿＿＿＿　＿＿＿＿＿＿を買いました。
　　　新しい　　　　車

④ ＿＿＿＿＿＿をつけて、＿＿＿＿＿＿をします。
　　　でんき　　　　　　　しごと

⑤ ＿＿＿＿＿の＿＿＿＿＿に＿＿＿＿＿をしますか。
　　　つぎ　　　やすみ　　　　なに

⑥ お母さんはケーキを＿＿＿＿＿と＿＿＿＿＿いました。
　　　　　　　　　　　つくる　　　いって

例2：漢字テスト（第20課）

第20課 漢字テスト　　名前：＿＿＿＿＿＿＿＿＿＿＿　　/30

I.　Write the reading of each underlined word and provide its English equivalent.

(1 x 16 = 16)

A.　両親は皿をあらうのがきらいだから、いつもぼくがしなきゃいけない。
　　(1)　(2)

B.　最近、先生はぜんぜん笑わない。どうしたんだろう。
　　(3)　　　　　　　　(4)

C.　ここで、車は止まらなければいけない。
　　　　　　　　(5)

D.　来年も日本語を続けたいです。
　　　　　　　　(6)

E.　きのう、カフェで昔の彼とお茶を飲んだ。私がお金を払った。
　　　　　　　　　　(7)　　　　　　　　(8)

	reading	meaning		reading	meaning
(1)	( )	＿＿＿＿＿＿	(5)	( )	＿＿＿＿＿＿
(2)	( )	＿＿＿＿＿＿	(6)	( )	＿＿＿＿＿＿
(3)	( )	＿＿＿＿＿＿	(7)	( )	＿＿＿＿＿＿
(4)	( )	＿＿＿＿＿＿	(8)	( )	＿＿＿＿＿＿

II.　Choose the most appropriate word for each ( ) from the list below and fill in ( ) with its kanji. Provide *hiragana* if necessary. (2 x 7 = 14)

(1) あの人は、顔はきれいかもしれないが、（　　　　　）はきれいじゃない。

(2) 大きな声で歌うと、のどが（　　　　）なりますよ。

(3) 今日中に20ページのレポートを書くのは（　　　　）です。

(4) このTシャツを3（　　　　）ください。

(5) （　　　　）にあしたのパーティーに来てくださいね。

> いたく　　ぜったい　　こころ　　はな　　むり　　まい

▶読解テスト

　まとまった文章を読んで、内容が理解できるかテストする。文章は本文をそのまま使うこともできるし、本文をもとに書き換えた文章を使うこともできる。例3は、テキストの本文を書き換えたもので、読んで正しく理解できているかを確認する○×式問題である。

例3：読解テスト（第9課）

第9課　読解テスト

「マリアさんの日記」を読んで質問に答えましょう。
Read Maria's diary and answer the question.

十一月十八日（日）はれ

　きのうは雨だったが、今日はとてもいい天気だ。午前中は一時間ぐらい音楽を聞いて家族にメールを書いた。テレビも少し見た。昼ごろ、ロバートさんのホストファミリーの家に行った。ホストファミリーの家はとなりの町にあるから、電車で行った。家は駅の近くにあった。大きくて新しい家だった。

　ロバートさんのホストファミリーの山中さんに会った。家族は三人だ。お父さんは銀行で働いている。背が高くて、やせている人だ。お母さんは病院で仕事をしている。高校生の子どもが一人いる。英語がとても好きだから、夏休みにアメリカに行って、勉強すると言っていた。

　みんなでいろいろな話をした。それから、晩ごはんを食べた。お母さんは「何もありませんが」と言っていたが、テーブルの上にたくさんごちそうがあった。おさけもちょっと飲んだ。晩ごはんはとてもおいしかった。晩ごはんの後、日本料理の本をもらった。お母さんは少し古いと言っていたが、とてもきれいだ。夜十一時半ごろうちに帰った。

　ロバートさんのホストファミリーはとても親切だと思った。楽しい一日だった。

Mark ○ for true statements and ✕ for false statements. (3 x 6 = 18)

（　　　）1. 十一月十八日はとてもいい天気だった。
（　　　）2. 山中さんの家は、駅の近くだった。
（　　　）3. お父さんは高校の先生だ。
（　　　）4. 子どもは夏休みにアメリカに行くと言っていた。
（　　　）5. 晩ごはんは何もなかった。
（　　　）6. お母さんに着物をもらった。

➤作文テスト

　文単位で書かせて評価することもできるが、レストランの紹介や手紙などのまとまった文章を書かせて、文章全体の構成がうまくできているかも確認するといいだろう。例4では先生へ近況を伝える手紙を書かせている。

例4：作文テスト（第7課）

第7課　作文テスト　　先生への手紙

Assume that you are studying in Japan. Write a letter to your Japanese teacher back home. Describe your town, school, family, friends, and so on.

_____ 先生へ

_____

_____

_____

　評価は、下のようなルーブリックを使って行ってもいい。このルーブリックは、内容、構成、正確さ、長さの4項目を採点対象とし、それぞれの項目の重要度により得点配分を変えている。配点はクラスの到達目標等によって変えるといい。ルーブリックを使って採点した評価を学習者に示すことにより、学習者はどこができていないのかを理解でき、教師も効果的なフィードバックを与えることができる。

	Excellent	Good	Needs Improvement
Accuracy (grammar, use of vocabulary, kanji, and spelling)	There are no errors that confuse the readers 4	There are a few errors 3 2	There are some errors 1 0.5
Content	Lots of information 3	Needs a little more content 2	Needs more content 1 0.5
Organization	Well Organized 2	Need a little more organization 1	Needs more organization 0.5
Length	Enough 1	Not enough 0.5	Too short 0

➤音読テスト

　流暢に読めるかどうかをテストする。テストの前に、「OTO Navi」アプリの本文の音声を聞いて、練習させるといい。以下は教師用のテストの評価基準例である。

評価基準例（各項目 10 点満点）

（1）習った漢字語彙が正確に読める	/10
（2）ある程度の速さで読める	/10
（3）句読点や意味の区切りで自然な間が感じられる	/10
（4）自然な抑揚のある読み方ができる	/10
（5）正確な発音で読める	/10
合計点	**/50**

第1課 ひらがな

ひらがなの導入例　授業でのひらがなの導入例は、「会話・文法編の指導」の「第1課の前に」（本書 p. 36）を参照。また、ひらがなは、以下のように何かと関連づけて紹介すると、学生が興味を持って覚える。『KANA CAN BE EASY ―絵で覚えるひらがな・カタカナ―』（小川邦彦著／ジャパンタイムズ出版刊）などが参考になる。

例：「お」の導入　　「か」の導入　　「さ」の導入

Oh! with a fist　　car off the curve　　samurai sword

留意点　　1．ひらがなの練習方法は、「第1課の前に」（本書 p. 36）を参照。

2．第1課終了時までに、少なくともひらがなが読めるように指導する。ひらがなの習得には時間がかかる学生もいるので、学生の様子を見ながら、いつまでに書けるようにするかなどの到達目標を決めたほうがいい。

3．一度にすべてのひらがなを覚えるのは大変なので、ワークブック I のひらがなの練習（p. 121〜127）を毎日少しずつ練習させるようにする。

4．ひらがなを一文字ずつ書いたフラッシュカードを使い、授業の初めに毎回復習するといい。単語をひらがなで書いたフラッシュカードを使うこともできる。

5．練習 I-A・B は清音、C は濁音と半濁音、D は拗音と促音、E は長音のひらがな練習となっている。それぞれ音声を聞きながら、練習を行う。

6．第1課・第2課では、学習者が日本語を読むのに慣れておらず、漢字も使用していないため、文は分かち書きにしてある。

その他の活動　　1．ビンゴ：ビンゴシートのマスに好きなひらがなを一文字ずつ書かせ、ビンゴゲームの要領でゲームを行う。「(1) 漢字やかなの定着を図る活動例」（本書 p. 153）参照。

2．トランプ並べ：各グループによくシャッフルしたひらがなのカードを与え、カードを五十音順に並べさせる。カードはワークブック I のひらがな表（p. 11）を切り取って使うこともできる。一番早く並べ終わったグループが勝ち。

3．かるた取り：各グループにひらがなのカードを一式与える。カードはワークブック I のひらがな表（p. 11）を切り取って使うこともできる。学

生は、教師が読んだひらがなを探し、見つけたら、そのカードを取る。「(1)
漢字やかなの定着を図る活動例」（本書 p. 153）参照。

4．単語のディクテーション：教師が「がくせい」など〈会話・文法編〉の
第1課で習った単語を言い、学生にひらがなでその単語を書き取らせる。最
初は読み上げる単語が何文字か伝えてから行うといい。何人かの学生に板書
させてもいい。全員が書いた後、教師がチェックする。

5．「ひらがな・読む練習」 🖥 げんきオンライン「追加アクティビティ」
よく似たひらがなを聞き分けたり、ひらがなを読む練習をする。

6．「ひらがな・ペアディクテーション」 🖥 げんきオンライン「追加アクティビティ」
ペアでワークシートの単語を読み合い、相手が読んだ単語を書き取る。「(2)
ディクテーションを使った活動例」（本書 p. 154）参照。

第2課 カタカナ

カタカナの導入例 ひらがなと同様の手法で、『げんきＩ』p. 24 の五十音図の順番で、暗記の助
けとなるような絵を見せたり、話を作って見せたりしながら導入する。その
際、『KANA CAN BE EASY ―絵で覚えるひらがな・カタカナ―』（小川邦
彦著／ジャパンタイムズ出版刊）などが参考になる。

留意点 1．授業では、初めに清音を導入し、その後、濁音や半濁音などの特殊音の
導入を行う。長音の表記法やひらがなにはない文字（ウィ、ジェなど）につ
いても説明する（『げんきＩ』p. 25 〜 26 参照）。

2．カタカナは第2課の最初に導入し、第2課終了時までに少なくともカタ
カナが読めて、自分の名前が書けるように指導する。いつまでに書けるよう
にするかなどの到達目標は、学生の様子を見ながら決めたほうがいい。

3．ひらがなと同様、ワークブックＩに入っているカタカナの練習（p. 128
〜 132）を毎日少しずつさせる。授業では、フラッシュカードを使って練習
させる。

4．練習Ｉ-Aは音声を聞きながら、練習を行う。練習Ｉ-Bと練習Ⅱも音声
があるので、授業でそれを聞かせることもできる。

5．練習Ⅲではカタカナで自分の名前を書かせるが、学生の母語での発音と
カタカナの音は必ずしも対応しておらず、どの文字を使うか学生自身に判断
させるのは難しい。教師は事前に学生のカタカナ名を用意しておき、それを
学生に渡して、書かせることもできる。また、「Japanese name converter」
などのサイトを教えて学生自身に調べさせてもいい。

その他の活動 　1．ひらがなの練習と同様、ビンゴやかるた取り、単語のディクテーションなどをする。

　2．「カタカナ・ペアディクテーション」🖥 **げんきオンライン**「**追加アクティビティ**」
ペアでワークシートの単語を読み合い、相手が読んだ単語を書き取る。「(2)ディクテーションを使った活動例」（本書 p. 154）参照。

　3．カタカナの単語をプロジェクターに表示したり紙に書いて見せ（例：コーヒー）、学生はチーム（グループまたはペア）でそれが何なのかを考える。一番早く答えられたチームに点を与える。別の単語を提示し、同様に学生に考えさせる。一番点が多いチームを勝ちとする。

　4．広告やちらし、メニューなどを渡して、ペアでその中から読めるカタカナを探させる。

第3課　まいにちのせいかつ

留意点 　1．この課から漢字の学習が始まるが、漢字を導入する前に、『げんき I』p. 20 の初めの部分や p. 26 ～ 27（III. Kanji）などを参考にしながら、漢字について説明をしたほうがいい。

　2．一度にすべての漢字を覚えるのは大変なので、毎日少しずつ練習するように言う。また、漢字を書いたフラッシュカード（例：五百円）を使い、授業の初めに毎回練習するといい。げんきオンライン「補助教材ダウンロード」の「漢字フラッシュカード」を使うことができる。

　3．この課からまとまった文章を読む練習が入るが、授業で読ませる時は、クラスの学生一人に当てて読ませる以外に、ペアを組ませ、一人が読み、相手が確認し、終わったら交代させるという方法もある。

　4．助詞「は」「へ」「を」の発音と表記に注意する。

その他の活動 　1．かなの練習と同様、漢字のビンゴゲーム、かるた取り、新出漢字を含む単語のディクテーションなどをする。

　2．そば屋のメニューなど、値段が漢字で書いてあるものを用意し、たぬきそばの値段はいくらかなどと聞く。

　3．「一日の予定」🖥 **げんきオンライン**「**追加アクティビティ**」
ワークシートに書かれたことを毎日何時にやるか考え、「～時に～をします」のように文を書く。

第4課　メアリーさんのしゅうまつ

留意点　　　　　練習Ⅲの本文の最後「レポートもかきました」の「も」は、意味的には名詞についているのではなく、「レポートを書くこともした」という状況を示している。

その他の活動　　1．「漢字の復習」🖥 げんきオンライン「追加アクティビティ」

与えられた言葉に助詞を足しながら、ペアで文を完成させる。

2．「漢字ペアディクテーション」🖥 げんきオンライン「追加アクティビティ」

ペアで交互にワークシートの文を読み合い、相手が読んだ文を書き取る。「(2) ディクテーションを使った活動例」（本書 p. 154）参照。

3．練習Ⅲの本文を読んだ後、ペアを組ませる。お互いに本文に関する内容質問を考え、相手に聞く。（例：メアリーさんは、金曜日にどこに行きましたか。）

4．練習Ⅳ-Bの週末についての作文は、書いたものを学生同士ペアで交換して読み、コメントをする。または、時間的余裕があればパソコンでの日本語入力の仕方を指導し、クラスのサイトにアップしてお互いの作文を読ませ、コメントをさせてもいい。

第5課　りょこう

留意点　　　　　1．動詞の漢字が導入されると「テレビを見ま下」「レストランに行木ます」のような間違いが見られるので、再度、漢字は意味と音の両方を表すことを注意する。

2．練習Ⅰ-Cの日にちの言い方は定着しにくいので、毎回授業の初めにその日の日付を漢字で見せ、「今日は何日ですか」などと質問して、定着を図ることもできる。

3．練習Ⅱ-Bはゴシック体で書かれている。教科書体や手書きとは「き」「さ」「ふ」などの字体が異なるので、学生が混乱しないように注意する。

4．練習Ⅱ-Cは、初めて縦書きを読むことになる。日本語は縦書きと横書きがあること、縦書きの場合は、上から下、右から左に読むことなどを指導する。

5．練習Ⅲで宛名を書く時には、相手の住所や名前の位置に気をつけさせる。また、「さま」を相手の名前につけることも教える。この課では縦書きにしているが、横書きでもいいことを伝える。

6．練習Ⅲで縦書きではがきを書かせる場合は、句読点やかぎ括弧の位置などを指導する。また、実際の絵はがきを使うか、絵はがきを両面コピーして学生に渡し、そこに書かせるようにすると、より現実味が出る。また本当に自分のしたことではなく、架空のことについて書かせてもおもしろい。

7．〈会話・文法編〉では、「ある／いる」は主に「place に thing/people がある／いる」の文型で練習しているが、この課の本文では、「私は place にいる」のように「私は place です」と同じ意味の文型として提示されている。

その他の活動　　新出漢字を使ったディクテーション：教師が新しい漢字を使った文を読み上げ、学生に書き取らせる。（例：私は朝ごはんを食べません。）「(2) ディクテーションを使った活動例」（本書 p. 154）参照。

第6課　私のすきなレストラン

留意点　　　　　1．練習Ⅲ「私のすきなレストラン」の「の」は、連体修飾節の「が」格が交替したものであると考えられるが、ここでは "my favorite" のように、単純な所有格として説明してよい。

2．練習Ⅳ-Aでパーティーの案内を書かせる時は、いろいろな色のサインペンなどを準備するといい。

3．練習Ⅳ-Bでレストランガイドを書かせる場合は、「レストランガイド」□ げんきオンライン「追加アクティビティ」のワークシートを用いることもできる。

その他の活動　　1．練習Ⅳ-Aは、パーティーについての案内だけでなく、売りたいものやほしいもの、日本語を教えてくれる人の募集などを書かせてもいい。

2．練習Ⅳ-Bで各学生が自分の好きなレストランについて書いたものを教師がまとめ、レストランガイドとしてクラスで配り、それを読ませる。どこのレストランが一番よさそうか学生に投票させてもいい。

第7課　メアリーさんのてがみ

留意点　　　　１．手紙は、一般的に次のような形式をとることを説明する。(1)初めに季節や天気について述べる、(2)最後には「体に気をつけてください」などの言葉がきて、日付、名前を書く。

２．練習Ⅲ-Bで手紙を書かせる時は、便せんを用意しそれに書かせると、より現実味が出る。

３．第５課のはがき同様、練習Ⅲ-Bで縦書きで手紙を書かせる場合は、句読点やかぎ括弧の位置などを指導する。

第8課　日本の会社員

留意点　　　　１．練習Ⅱ-Cの５行目「会社員十人に」というパターンは未習であるが、アンケートではよく使われる表現である。

２．練習Ⅲはアンケートの作成とその結果報告を書くものである。結果報告は、次のようなフォーマットを与え、下線部を入れ替えるように指示することもできる。アンケートとその結果報告をグループによるプロジェクトワークにしてもいい。グループでテーマを決めてアンケートを作り、その結果を書く。クラスでそれをプロジェクターなどで映しながら発表する。

> 私はスポーツについて日本人の学生十人に聞きました。
> まず、「どんなスポーツをしますか」と聞きました。三人は「サッカーをする」と言っていました。二人は「ジョギングをする」と言っていました。
> 次に……
> 最後に……

第9課　ソラさんの日記

留意点　　　　１．この課では日記という形で普通体で書く練習を行う。一つの作文の中で丁寧体と普通体の両方を使ってしまう学生がいるので、練習Ⅲ-Aでは普通体のみで書くように指示する。

２．練習Ⅲ-Bをする際、学生が全員日本語入力ができるか確認し、できない学生がいたら、まず日本語入力の仕方を指導する。

その他の活動　　　　1．練習Ⅲ-Aでは、楽しかった日や大変なことがあった日について日記を書かせてもおもしろい。

　　　　　　　　　　2．練習Ⅲ-A・Bは、クラスのサイトにアップしてお互いに読み合ったり、コメントを書いたりさせてもよい。

　　　　　　　　　　3．練習Ⅲ-Bは、お礼のメールの代わりに、誕生日のお祝いのメールを書かせてもよい。その際、Useful Expressions を参考にさせる。

第10課　かさじぞう

留意点　　　　　　　練習Ⅱ「かさじぞう」の本文は、今までの読み物と違い、物語で長いので、あまり細かいことにこだわらず、大意が取れればよしとしてもよい。

その他の活動　　　　1．練習Ⅱ-Cの絵をもとに「かさじぞう」の物語を再構築する。個人でやってもいいし、グループで絵の担当を決めて分担してもよい。

　　　　　　　　　　2．練習Ⅱ-Cの絵をスライドなどで見せながら、教師が昔話を話す口調で、紙芝居のように読んで聞かせる。学生が本文を読む前、または読んだ後に行うことができる。読んだ後、練習Ⅱ-Dでどのぐらい内容が理解できたか確認してもいい。

　　　　　　　　　　3．日本でのお正月に何をするか、「おもちを食べる」「神社、お寺にお参りに行く」などについて紹介してもいい。

　　　　　　　　　　4．インターネット上にある子供向けの昔話のアニメ動画で「かさじぞう」の話を見せることができる。

第11課　友だち・メンバー募集

留意点　　　　　　　1．練習Ⅱ-Bの本文では「～たいです」の代わりに「～たいと思っています」が多用されている。

　　　　　　　　　　2．練習Ⅲ-Aをする際、読む人の目に留まる目立つタイトルを入れるように指示する。

その他の活動　　　　1．インターネット上にある「友だち募集」の掲示板などをいくつか選んで読ませる。

　　　　　　　　　　2．練習Ⅲ-Aで書いた友だちやメンバー募集をクラスのサイトに載せ、お互いに読み合う。その中で興味を持った募集に返事を書かせてもいい。

第12課 七夕

留意点　　　　　本文に学生にあまりなじみがない「はたを織る」「たんざく」という単語が含まれるので、写真や動画を見せて紹介してもいい。

その他の活動　　１．練習Ⅲをする際、短冊を用意し、学生に願いごとと名前を書かせる。クラスで掲示したり、実際の笹や笹に似た枝があればそれに短冊をつけさせると楽しい。

２．段落ごとにバラバラに切り分けられた本文を、ペアまたはグループで、順番に並べ替える。準備として、ペア／グループの数だけコピーして、それぞれ切り分けたものを封筒などに入れておく。

３．インターネット上には「七夕」の物語のアニメ動画がいくつかあるので、それを見せる。

４．日本で有名な「七夕祭り」について、どこでいつやるのかなどを調べさせる。

５．グループで知っている伝説や神話の紙芝居を作らせる。

第13課 日本のおもしろい経験

留意点　　　　　練習Ⅱ-Bの本文４行目「見たことも聞いたこともありませんでした」は「～ことがあります」という文型を(1)「～も～も」という並列にし、(2)さらに全体を過去時制（大過去・過去完了）にしたものである。

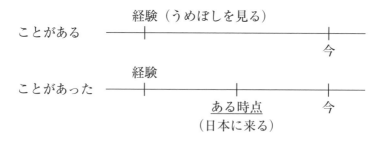

その他の活動　　１．練習Ⅲの本文を読んだ後、日本にある代表的なコンビニのサイトを見させて、自分の国のコンビニにない商品やサービスや買いたいものを探したりさせる。

２．練習Ⅳ-A・Bは、教師が添削した後クラスのサイトに載せて、お互いに読み合ったり、コメントを書いたりしてもいい。

第14課 悩みの相談

留意点

1．『げんき』では、「三か月」（練習Ⅱ-Bの38行目）のように、「か」をひらがなで表記した。

2．練習Ⅱ-C①の質問2「どうしてこの人はすぐ彼と結婚しないのですか」で「のです」が初めて出るが、「のです」は「んです」と同機能の、よりフォーマルな文体であることを説明する。

3．練習Ⅲ-Bは事実にはこだわらず、想像力を働かせて作文するように指示する。

その他の活動

1．練習Ⅱ-Bの1「結婚と仕事」を読み終えたら、この人たちが結婚すべきかどうかペアで話し合わせ、その理由も考えさせる。その後、クラスでディスカッションしてもいい。

2．「漢字ペアディクテーション」 🖥 げんきオンライン「追加アクティビティ」
ペアで交互にワークシートの文を読み合い、相手が読んだ文を書き取る。
「(2) ディクテーションを使った活動例」（本書 p. 154）参照。

3．練習Ⅲ-Bで悩みを書いた後、その悩みをペアで交換して、アドバイスを書いてもよい。

第15課 私が好きな所

留意点

1．練習Ⅱ-Aの2をする際、テキスト巻末の地図（p. 384 ～ 385）を大きくしたものを使うと、その場所の正確な位置や他の場所の情報がわかる。

2．練習Ⅱの本文には写真が載せてあるが、それぞれの場所のカラーの写真や動画を見せると、その場所のイメージがつかみやすい。

その他の活動

1．新出漢字を使ったディクテーション：教師が新しい漢字を含んだ文を読み上げ、学生に書き取らせる。「(2) ディクテーションを使った活動例」（本書 p. 154）参照。

例）友だちに自転車を借りました。
あの建物はお寺です。
走りすぎて、足が痛いです。

2．練習Ⅲは、時間があれば好きな所について発表させる。その際、スライドなどの視覚的なものを使わせる。全員の発表が終わった後、クラスでどこに一番行きたいか選ばせてもいい。

第16課 まんが「ドラえもん」

留意点　　　　１.「ひみつ道具」という言葉は、ドラえもんが使う未来の道具を表し、一語として扱われる。

２.「のです」は「んです」と同機能の、よりフォーマルな文体であることを説明する。

３.「ドラえもん」を知らない学生のために、『ドラえもん』のアニメやキャラクターのイラストなどを見せて、どんなまんがなのか紹介するといい。

その他の活動　　１.「漢字ペアディクテーション」🖥️ げんきオンライン「追加アクティビティ」
ペアで交互にワークシートの文を読み合い、相手が読んだ文を書き取る。
「(2) ディクテーションを使った活動例」（本書 p. 154）参照。

２.　漢字のマッチング：漢字を一つずつカードに書き、熟語を作らせる。
「(1) 漢字やかなの定着を図る活動例」（本書 p. 153）参照。

例）

　　　　　→「全部」「運動」「自転車」「部屋」「本屋」などの熟語ができる。

３.　実際に『ドラえもん』のまんがを読ませてみるといい。未習の表現や文法が多く含まれているが、以下のような工夫をすれば使用することも可能になる。

・難しい語に注を与える。

・ページをバラバラにしたものを与え、正しい順番に並べ替えさせる。
　細かい内容にこだわらず、話の展開がわかればよしとする。

・吹き出しの中の文字を消しておき、どんな日本語が入るか考えさせる。そのあと実際に書かれている文と比較する（比較的推測しやすいページを選ぶことが必要）。

４.　練習Ⅲでは、ほしい道具のイラストを提示させてクラスで発表させてもいい。

第17課 オノ・ヨーコ

留意点　　　　1．小野洋子の詳しい伝記としては、『ヨーコ・オノ 人と作品』（飯村隆彦
著／水声社）を参照。

2．『グレープフルーツ』は、『グレープフルーツ・ジュース』として、講談
社文庫で入手することができる。原著『Grapefruit』は、Simon & Schuster
社より発行されている。

3．練習Ⅱ-Aの2をする際に、「イマジン」を聴かせるのもいい。歌の題名
やビートルズを知らない学生も、歌は聞いたことがあるかもしれない。

4．練習Ⅲ-Bの「64歳」という設定は、ビートルズの曲 "When I'm Sixty-
Four" を念頭に置いたものである。

その他の活動　　1．自分の伝記を書かせる。その時、下のようなシートを与えておくと書き
やすい。自伝だが「私」を使わずに三人称で客観的に書いてもおもしろいだ
ろう。

Add comments or details to the chronology below and write your
autobiography.

＿＿＿＿年　＿＿＿＿＿＿で生まれる。
＿＿＿＿年　＿＿＿＿＿＿＿＿＿＿＿＿＿＿＿＿＿＿＿＿＿＿＿＿＿
＿＿＿＿年　＿＿＿＿＿＿＿＿＿＿＿＿＿＿＿＿＿＿＿＿＿＿＿＿＿
＿＿＿＿年　＿＿＿＿＿＿＿＿＿＿＿＿＿＿＿＿＿＿＿＿＿＿＿＿＿
＿＿＿＿年　＿＿＿＿＿＿＿＿＿＿＿＿＿＿＿＿＿＿＿＿＿＿＿＿＿

2．「漢字ペアディクテーション」 🖥 げんきオンライン「追加アクティビティ」
ペアで交互にワークシートの文を読み合い、相手が読んだ文を書き取る。
「(2) ディクテーションを使った活動例」（本書 p. 154）参照。

第18課 大学生活

留意点　　1．練習Ⅱ-Aの2のアルバイトの目的が日本語で説明しにくい場合は、右下のようなリストを与えて、その中から選ばせてもよい。

```
□ 旅行がしたい
□ 生活のゆとりがほしい
□ 生活費
□ サークルで使う
□ 洋服が買いたい
□ 貯金したい
```

2．練習Ⅳ-Aをする際は、「大学生活」 🖥 げんきオンライン「追加アクティビティ」のシートを使ってもいい。

その他の活動　1．部首（漢字の一部）を使った復習ゲーム：学生はペアで相談しながら、ある部首や漢字の一部を含む漢字を書き出す。書き出した数をクラスで競う。

　　　例）「しんにょう」 → 　近、連、達、運、週、など。
　　　　　「にんべん」 　→ 　使、夜、働、代、借、など。
その他、「口」「目」「日」などでもできる。

2．日本人の友だちに大学生活（勉強、サークル活動、友だち、寮や家での生活など）についてインタビューをして、それをまとめさせてもいい。あらかじめインタビューする質問を考えさせておく。

　　　例）サークルに入っていますか。／大学で何を勉強していますか。／など

第19課 手紙とメール

留意点　　1．手紙やメールで使われる慣用的な表現「〜によろしくお伝えください」「お体を大切になさってください」などを指導しておく。

2．練習Ⅱ-Bの本文5行目「留学中」の「〜中」は、〈会話・文法編〉第16課で「授業中に」が導入されている。その他、「午前中」「電話中」「勉強中」などにも使われることを紹介してもいい。

3．練習Ⅳ-Aをする際は、「手紙」 🖥 げんきオンライン「追加アクティビティ」のシートを使ってもいい。

その他の活動　　　１．知らない人に問い合わせるメールを書かせる。下のようなシートを配
り、内容や使える表現などを示すといい。

> You are interested in studying at a Japanese language school/graduate
> school or teaching in Japan. You are writing an e-mail to someone whom
> you don't know to ask several questions.
> ・Explain why you are writing this e-mail.
> ・Say who you are.
> ・Ask for information.
> ・Closing greetings.

　　　２．p. 320 の「カード／はがきの表現」を使って簡単なカードを書かせる。
学習の時期に合ったカード（例えば、卒業式の前なら、卒業祝いのカード）
を指定してもいいし、学生に自由に好きなカードを書かせてもいい。

第20課　猫の皿

留意点　　　　　１．練習Ⅱ-Aをした後、落語について少し説明したほうがいい。落語の動
画を見せると、どんなものかわかりやすい。
　　　２．本文中、骨董商の男は文を「～だ」「～か」で終えているが、これは現
代語では横柄な感じがするので注意する。
　　　３．練習Ⅲ-Aは、個人で行ってもいいし、グループで相談しながらしても
よい。起こったことを物語のように書いたり、吹き出しをつけて会話を考え
させることもできる。

その他の活動　　　１．「猫の皿」本文のせりふの部分のみをバラバラのカードにして、ペアや
グループで教科書を見ないで正しい順番に並べ替える。最初に茶店の主人の
せりふと男のせりふを分けてから、並べる作業に移ったほうが簡単である。
　　　２．練習Ⅲ-Aは、クラスを四つのグループに分け、それぞれ一コマずつ担
当させて詳しく書かせ、クラスでそれを発表させて全体で一つの話にさせ
る、といった使い方もできる。「(3) 作文のための活動例」(本書 p. 155) 参照。
　　　３．インターネット上にある「猫の皿」の落語の動画を見せることもでき
る。日本語は難しいが寄席の様子などがわかる。

第21課 厄年

留意点   1．練習Ⅱ-Aで日本の迷信について聞かれることがあるかもしれないので、いくつか紹介できる迷信を調べておくといい。地域により様々な迷信があるが、「耳たぶが大きい人は金持ちになる」「食べてすぐ横になると牛になる」などは比較的説明しやすいだろう。

2．練習Ⅱ-B本文に受身文がいくつか含まれているので、本文を読む際に下線を引かせるなどして確認させてもいい。

その他の活動   単語作文：以下の単語や表現を使って作文を書かせる。文章には、下の単語の中から少なくとも四つを使うように指導する。

「去年、私は大変な経験をしました。……」

多くの	信じる	長い間	一生懸命（けんめい）	楽しみ
ところが	心配な	起こる	めったに～ない	

第22課 桜さんの日記

留意点   1．練習Ⅱ-Bの本文は、登場人物の関係について板書し、整理しながら読んでいくといい。その際、それらしい男女の三人の写真（イラスト）を探して提示するとよりわかりやすくなる。

2．練習Ⅲでは、short form を用いて書くように指導する。

その他の活動   1．練習Ⅱ・内容確認の並べ替え問題：本文を読んだ後、下のようなワークシートを配り、順番を考え（　　）に番号を入れさせる。

Put the following sentences in the right order.

a. （　　）涼（りょう）から桜（さくら）に手紙が来た。

b. （　　）桜と涼は夏菜（かな）に同僚（どうりょう）を紹介（しょうかい）しようと思った。

c. （　　）夏菜は彼がいる桜がうらやましいと思っていた。

d. （　　）桜は東京の話を聞きたかったが、夏菜はあまり話したがらなかった。

e. （　　）夏菜は黒木に会いに東京に行った。

f. （　　）桜は駅で夏菜が男の人と楽しそうに話しているのを見た。

２．穴埋め問題（単語の復習と内容確認のための練習）：
練習Ⅱの本文から以下のようなワークシートを作って配り、空白部分にどんな言葉が入るか考えさせる。「(3) 作文のための活動例」（本書 p. 155）参照。

例）
> 桜に手紙を書くのは本当に（　　　　　）だね。ぼくは桜に
> （　　　　）をついていた。ずっと言わなきゃいけないと思って
> いたんだけど、（　　　　）がなくて今まで逃げていた。うまく
> （　　　　）できるといいんだけど……。
>
> | うそ　　説明　　ひさしぶり　　勇気（ゆうき） |

３．涼、夏菜、黒木になって、それぞれの立場から日記を書かせてもいい。

第23課　これはどんな顔?

留意点　　１．練習Ⅱ-Aをする時に、感情を表す言葉について復習しておく。例えば、悲しい、うれしい、さびしい、残念、好き、きらい、びっくりする、怒る、泣く、笑う、などが挙げられる。未習の言葉をいくつか紹介しておいてもいい。

２．本文に「言われている」「作られている」「使われている」のような被害受け身ではない受け身が多く使われているので、意味を確認する。「～ている」との組み合わせであることも説明するといい。

３．表情と文化間の差に関しては以下を参照した。

Yuki, M., Maddux, W. & Masuda, T. (2007). Are the windows to the soul the same in the East and West? Cultural differences in using the eyes and mouth as cues to recognize emotions in Japan and the United States. *Journal of Experimental Social Psychology*, 43 (2), 303-311.

GENKI

AN INTEGRATED COURSE IN ELEMENTARY JAPANESE
THIRD EDITION

初級日本語〔げんき〕

げんき

〔第3版〕

解答
Answer Key

坂野永理・池田庸子・大野裕・品川恭子・渡嘉敷恭子
Eri Banno / Yoko Ikeda / Yutaka Ohno / Chikako Shinagawa / Kyoko Tokashiki

the japan times PUBLISHING

初級日本語 [げんき]

解答
かい　とう
ANSWER KEY

the japan times PUBLISHING

げんき I テキスト 解答
かい とう

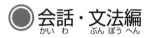

● 会話・文法編
かい わ　ぶんぽうへん

あいさつ

A. (p. 34)

1. こんにちは。　2. (to the teacher) おはようござい
ます。／ (to the friend) おはよう。　3. すみません。
4. ありがとうございます。　5. こんばんは。　6.
おやすみ（なさい）。　7. いってきます。　8. ただ
いま。　9. いただきます。　10. ごちそうさま（で
した）。

すうじ

A. (p. 35)

(a) ご　(b) きゅう／く　(c) なな／しち　(d) いち
(e) じゅう　(f) はち　(g) に　(h) ろく　(i) よん／
し　(j) さん

B. (p. 35)

(a) よんじゅうご　(b) はちじゅうさん　(c) じゅ
うきゅう／じゅうく　(d) ななじゅうろく　(e) ご
じゅうに　(f) ひゃく　(g) さんじゅうはち　(h)
ろくじゅういち　(i) にじゅうよん／にじゅうし
(j) きゅうじゅうなな／きゅうじゅうしち

C. (p. 35)

(a) はち　(b) じゅう　(c) なな／しち　(d) ゼロ／
れい　(e) じゅうきゅう／じゅうく　(f) いち　(g)
じゅうご

会話・文法編 第1課
かい わ　ぶんぽうへん　だい か

I-A. (p. 46)

1. たけしさんは にほんじんです。　2. ソラさんは
かんこくじんです。　3. ロバートさんは イギリス
ろ ば あ と　　　　　　い ぎ り す
じんです。　4. やましたせんせいは にほんじんで
す。

I-B. (p. 46)

1. たけしさんは よねんせいです。　2. ソラさんは
そ ら
さんねんせいです。　3. ロバートさんは よねんせ
ろ ば あ と
いです。

I-C. (p. 47)

1. たけしさんは にじゅうにさいです。　2. ソラさ
そ ら
んは はたちです。　3. ロバートさんは にじゅうに
ろ ば あ と
さいです。　4. やましたせんせいは よんじゅうな
なさいです。

II-A. (p. 47)

1. Q：メアリーさんは いちねんせいですか。A：
め あ り い
いいえ、にねんせいです。　2. Q：たけしさんは
にほんじんですか。A：はい、そうです。　3. Q：
たけしさんは じゅうきゅうさいですか。A：い
いえ、にじゅうにさいです。　4. Q：ソラさんは
そ ら
アメリカじんですか。A：いいえ、かんこくじん
あ め り か
です。　5. Q：ロバートさんは よねんせいですか。
ろ ば あ と
A：はい、そうです。　6. Q：ロバートさんは に
ろ ば あ と
じゅういっさいですか。A：いいえ、にじゅうに
さいです。　7. Q：やましたせんせいは にほんじ
んですか。A：はい、そうです。

II-B. (p. 48)

(a) 1. Q：たけしさんは なんさいですか。A：に
じゅうにさいです。　2. Q：ソラさんは なんさい
そ ら
ですか。A：はたちです。にじゅっさいです。
3. Q：ロバートさんは なんさいですか。A：に
ろ ば あ と
じゅうにさいです。　4. Q：やましたせんせいは
なんさいですか。A：よんじゅうななさいです。
(b) 1. Q：たけしさんは なんねんせいですか。A：
よねんせいです。　2. Q：ソラさんは なんねんせ
そ ら
いですか。A：さんねんせいです。　3. Q：ロバ
ろ
ートさんは なんねんせいですか。A：よねんせ
ば あ と
いです。

II-C. (p. 49)

1. はい、そうです。 2. よんじゅうはっさいです。
3. いいえ、かんごしです。 4. よんじゅうごさいです。 5. いいえ、だいがくいんせいです。 6. にじゅうさんさいです。 7. いいえ、こうこうせいです。 8. じゅうろくさいです。

III-A. (p. 50)

1. わたしの せんせい 2. わたしの でんわばんごう 3. わたしの なまえ 4. たけしさんの せんこう 5. メアリーさんの ともだち 6. ロンドンだ
いがくの がくせい 7. にほんごの せんせい 8. こうこうの せんせい

III-B. (p. 50)

(a) 1. たけしさんは さくらだいがくの がくせいです。 2. ソラさんは ソウルだいがくの がくせいです。 3. ロバートさんは ロンドンだいがくの がくせいです。 4. やましたせんせいは さくらだいがくの せんせいです。

(b) 1. たけしさんの せんこうは れきしです。 2. ソラさんの せんこうは コンピューターです。 3. ロバートさんの せんこうは ビジネスです。

III-C. (p. 51)

1. いいえ、にほんごです。 2. いいえ、さくらだいがくの がくせいです。 3. れきしです。 4. はい、そうです。 5. ビジネスです。 6. いいえ、コンピューターです。 7. いいえ、さくらだいがくの せんせいです。

V-A. (p. 52)

(1) さんじです。 (2) くじです。 (3) じゅういちじです。 (4) しちじです。 (5) にじはんです。
(6) よじはんです。 (7) じゅうにじです。 (8) ろくじです。

V-C. (p. 53)

1. ごごろくじです。 2. ごごしちじです。 3. ごごくじです。 4. ごご じゅういちじはんです。 5. ごぜん いちじです。 6. ごぜん よじです。 7. ごご いちじです。 8. ごご さんじです。

I-A. (p. 67)

(a) さんじゅうよん／さんじゅうし (b) ろくじゅうなな／ろくじゅうしち (c) はちじゅうさん
(d) きゅうじゅうきゅう／きゅうじゅうく (e) ひゃくにじゅうご (f) ごひゃくじゅうご (g) ろっぴゃくさん (h) はっぴゃくごじゅう (i) せんさんびゃく (j) さんぜんよんひゃく (k) はっせんきゅうひゃく (l) さんまんごせん (m) ろくまんよんせんごひゃく (n) きゅうまんにせんさんびゃくよんじゅう

I-B. (p. 67)

(1) よんひゃくごじゅうえんです。 (2) せんえんです。 (3) ひゃくろくじゅうえんです。 (4) せんごひゃくえんです。 (5) さんぜんごひゃくえんです。 (6) いちまんえんです。 (7) にまんえんです。 (8) はっせんえんです。 (9) きゅうせんえんです。 (10) にまんごせんえんです。 (11) さんまんよんせんえんです。 (12) にせんはっぴゃくえんです。

II-A. (p. 69)

(1) これは じてんしゃです。 (2) これは ぼうしです。 (3) これは ジーンズです。 (4) これは かさです。 (5) これは スマホです。 (6) これは かばんです。 (7) それは さいふです。 (8) それは にほんごの ほんです。 (9) それは ノートです。
(10) それは くつです。 (11) それは とけいです。
(12) それは しんぶんです。

II-B. (p. 70)

(1) あれは だいがくです。 (2) あれは ぎんこうです。 (3) あれは ゆうびんきょくです。 (4) あれは コンビニです。

III-A. (p. 70)

(1) そのペンは にひゃくきゅうじゅうえんです。
(2) あのコンピューターは ろくまんはっせんえんです。 (3) そのさいふは よんせんさんびゃくえ

んです。 (4) このじしょは さんぜんごひゃくえんです。 (5) あのじてんしゃは いちまんななせんえんです。

Ⅳ. (p. 72)

(1) B：すみません。トイレは どこですか。A：ここです。 (2) B：すみません。としょかんは どこですか。A：あそこです。 (3) B：すみません。くつは どこですか。A：そこです。 (4) B：すみません。やさいは どこですか。A：あそこです。 (5) B：すみません。メニューは どこですか。A：そこです。 (6) B：すみません。えいごの ほんは どこですか。A：ここです。

Ⅵ. (p. 73)

(1) メアリーさんは にねんせいです。まさとさんも にねんせいです。 (2) このかばんは ごせんはっぴゃくえんです。あのかばんも ごせんはっぴゃくえんです。 (3) たけしさんは にじゅうにさいです。ロバートさんも にじゅうにさいです。 (4) ソウルは しちじです。とうきょうも しちじです。 (5) これは やさいです。あれも やさいです。 (6) ロバートさんは ロンドンだいがくの がくせいです。ナオミさんも ロンドンだいがくの がくせいです。

Ⅶ-A. (p. 74)

1. いいえ、ちゅうごくじんじゃないです。にほんじんです。 2. いいえ、アメリカじんじゃないです。イギリスじんです。 3. いいえ、かんこくじんじゃないです。にほんじんです。 4. いいえ、にほんごじゃないです。れきしです。 5. いいえ、けいざいじゃないです。コンピューターです。 6. はい、そうです。 7. いいえ、ロンドンだいがくの がくせいじゃないです。アリゾナだいがくの がくせいです。 8. いいえ、にねんせいじゃないです。よねんせいです。 9. いいえ、いちねんせいじゃないです。さんねんせいです。 10. はい、そうです。

Ⅰ. (p. 94)

(1) ききます／ききません (2) のみます／のみません (3) はなします／はなしません (4) よみます／よみません (5) みます／みません (6) します／しません (7) べんきょうします／べんきょうしません (8) いきます／いきません (9) かえります／かえりません (10) きます／きません (11) おきます／おきません (12) ねます／ねません

Ⅱ-A. (p. 95)

(a) (1) 音楽を聞きます。 (2) コーヒーを飲みます。 (3) 日本語を話します。 (4) 本を読みます。 (5) テレビを見ます。 (6) テニスをします。 (7) 日本語を勉強します。

(b) (1) うちで音楽を聞きます。 (2) カフェでコーヒーを飲みます。 (3) 大学で日本語を話します。 (4) 図書館で本を読みます。 (5) うちでテレビを見ます。 (6) 学校でテニスをします。 (7) 図書館で日本語を勉強します。

Ⅱ-B. (p. 95)

1. はい、読みます。 2. いいえ、うちで飲みません。カフェで飲みます。 3. 学校でします。 4. コーヒーを飲みます。

Ⅲ-A. (p. 96)

(1) 山下先生は図書館に行きます。 (2) メアリーさんは私の家に来ます。 (3) ロバートさんは学校に来ます。 (4) たけしさんはうちに帰ります。 (5) メアリーさんはアメリカに帰ります。

Ⅳ-A. (p. 97)

(1) 山下先生は八時に朝ご飯を食べます。 (2) 山下先生は八時半に学校に行きます。 (3) 山下先生は十二時に昼ご飯を食べます。 (4) 山下先生は四時にコーヒーを飲みます。 (5) 山下先生は六時にうちに帰ります。 (6) 山下先生は七時半に晩ご飯を食べます。 (7) 山下先生は十一時半に寝ます。

IV-D. (p. 98)

（I）(1) 四時半にうちで音楽を聞きます。 (2) 三時にカフェでコーヒーを飲みます。 (3) 毎日大学で日本語を話します。 (4) 二時に図書館で雑誌を読みます。 (5) 今晩うちでテレビを見ます。 (6) 土曜日に学校でテニスをします。 (7) 週末に図書館で勉強します。

(III-A) (1) 山下先生は三時に図書館に行きます。 (2) メアリーさんは日曜日に私の家に来ます。 (3) ロバートさんは八時半に学校に来ます。 (4) たけしさんは五時半にうちに帰ります。 (5) メアリーさんはあしたアメリカに帰ります。

V-A. (p. 98)

1. 映画を見ませんか。 2. 私の家に来ませんか。 3. 京都に行きませんか。 4. 晩ご飯を食べませんか。 5. 図書館で勉強しませんか。 6. カフェで話しませんか。 7. うちでお茶を飲みませんか。 8. 音楽を聞きませんか。

会話・文法編 第4課

I-C. (p. 116)

1. はい、あります。 2. いいえ、ありません。 3. いいえ、ありません。 4. いいえ、ありません。 5. 中国語のクラスと英語のクラスとコンピューターのクラスがあります。 6. 英語のテストとパーティーがあります。 7. アルバイトがあります。

II-A. (p. 117)

1. 郵便局は病院の前です。 2. カフェはホテルの中です。 3. バス停は大学の前です。 4. 公園はホテルの後ろです。 5. スーパーは図書館のとなりです。 6. 病院は大学とホテルの間です。

II-B. (p. 117)

1. ジーンズはテレビの上です。 2. 猫はテレビの後ろです。 3. 帽子はかばんの中です。 4. 時計はテレビの前です。 5. 靴はつくえの下です。 6. 花はいすの上です。 7. 犬はつくえの下です。 8.

傘はつくえの上です。

III-A. (p. 118)

1. いいえ、子供じゃなかったです。 2. いいえ、一年生じゃなかったです。 3. はい、いい学生でした。 4. いいえ、英語じゃなかったです。 5. はい、歴史でした。

IV-A. (p. 120)

1. はなしました／はなしませんでした 2. かいました／かいませんでした 3. よみました／よみませんでした 4. かきました／かきませんでした 5. きました／きませんでした 6. まちました／まちませんでした 7. おきました／おきませんでした 8. わかりました／わかりませんでした 9. しました／しませんでした 10. とりました／とりませんでした 11. ありました／ありませんでした 12. ねました／ねませんでした 13. ききました／ききませんでした 14. かえりました／かえりませんでした 15. のみました／のみませんでした

IV-B. (p. 120)

(1) メアリーさんは火曜日に図書館で勉強しました。 (2) メアリーさんは水曜日に学校でテニスをしました。 (3) メアリーさんは木曜日にカフェでたけしさんに会いました。 (4) メアリーさんは金曜日に友だちのうちで晩ご飯を食べました。 (5) メアリーさんは土曜日に京都で映画を見ました。 (6) メアリーさんは日曜日にスーパーで買い物をしました。

IV-C. (p. 121)

1. いいえ、聞きませんでした。 2. はい、しました。 3. はい、会いました。 4. いいえ、行きませんでした。 5. いいえ、書きませんでした。 6. はい、しました。

IV-D. (p. 121)

1. 学校でテニスをしました。 2. 図書館で勉強しました。 3. 土曜日に映画を見ました。 4. 日曜

日に買い物をしました。 5. 友だちのうちで晩ご飯を食べました。 6. カフェでたけしさんに会いました。

V-A. (p. 122)

1. たけしさんはかばんも買いました。 2. メアリーさんも日本語を勉強します。 3. たけしさんは日曜日にもアルバイトをします。 4. メアリーさんは学校でも日本語を話します。 5. あした、メアリーさんはソラさんにも会います。 6. きのうも本屋に行きました。

V-B. (p. 122)

(1) きむらさんは病院に行きます。やまぐちさんも病院に行きます。 (2) たけしさんはご飯を食べます。パンも食べます。 (3) ロバートさんはコーヒーを飲みます。お茶も飲みます。 (4) メアリーさんは英語を話します。スペイン語も話します。 (5) 公園で写真を撮ります。お寺でも写真を撮ります。 (6) うちで勉強します。図書館でも勉強します。 (7) 土曜日にデートをします。日曜日にもデートをします。 (8) 火曜日にテストがあります。木曜日にもテストがあります。 (9) 東京に行きます。広島にも行きます。

VI-A. (p. 123)

(1) メアリーさんは二時間テニスをしました。 (2) メアリーさんは三時間勉強しました。 (3) メアリーさんは一時間半音楽を聞きました。 (4) メアリーさんは一時間たけしさんを待ちました。 (5) メアリーさんは二時間半テレビを見ました。

会話・文法編 第5課

I-A. (p. 138)

(1) やすいです (2) あたらしいです (3) ふるいです (4) あついです (5) さむいです (6) おおきいです (7) ちいさいです (8) たのしいです (9) おもしろいです (10) つまらないです (11) むずかしいです (12) やさしいです (13) こわいです (14) いいです (15) かっこいいです

(16) いそがしいです (17) ひまです (18) きれいです (19) しずかです (20) にぎやかです

I-B. (p. 139)

(1) やすくないです (2) あたらしくないです (3) ふるくないです (4) あつくないです (5) さむくないです (6) おおきくないです (7) ちいさくないです (8) たのしくないです (9) おもしろくないです (10) つまらなくないです (11) むずかしくないです (12) やさしくないです (13) こわくないです (14) よくないです (15) かっこよくないです (16) いそがしくないです (17) ひまじゃないです (18) きれいじゃないです (19) しずかじゃないです (20) にぎやかじゃないです

II-A. (p. 140)

1. やすかったです 2. あつかったです 3. さむかったです 4. おもしろかったです 5. つまらなかったです 6. いそがしかったです 7. たのしかったです 8. よかったです 9. しずかでした 10. にぎやかでした 11. きれいでした 12. ひまでした

II-B. (p. 140)

1. たかくなかったです 2. たのしくなかったです 3. やさしくなかったです 4. つまらなくなかったです 5. おおきくなかったです 6. よくなかったです 7. いそがしくなかったです 8. かっこよくなかったです 9. にぎやかじゃなかったです 10. しずかじゃなかったです 11. きれいじゃなかったです 12. げんきじゃなかったです

II-C. (p. 140)

1. 食べ物は高くなかったです。 2. 食べ物はおいしかったです。 3. ホテルは大きくなかったです。 4. ホテルは新しかったです。 5. レストランは静かじゃなかったです。 6. 海はきれいでした。 7. サーフィンはおもしろかったです。

II-D. (p. 141)

1. 映画を見ました。・こわかったです。 2. うちにいました。・とてもつまらなかったです。 3. パーティーに行きました。・楽しくなかったです。 4. レストランに行きました。・おいしくなかったです。

III-A. (p. 141)

(1) 古いホテルですね。 (2) つまらないテレビですね。 (3) 難しい宿題ですね。 (4) 忙しい人ですね。 (5) ひまな人ですね。 (6) にぎやかな町ですね。 (7) きれいな部屋ですね。

III-B. (p. 142)

(1) きれいな人です。 (2) おもしろい人です。 (3) 元気な人です。

V-A. (p. 143)

1. 一緒に帰りましょう。 2. 先生に聞きましょう。 3. 映画を見ましょう。 4. おみやげを買いましょう。 5. 出かけましょう。 6. 待ちましょう。 7. 泳ぎましょう。 8. 写真を撮りましょう。 9. バスに乗りましょう。 10. 六時に会いましょう。

会話・文法編 第6課

I-A. (p. 156)

1. たべて 2. かって 3. よんで 4. かいて 5. きて 6. まって 7. あそんで 8. とって 9. して 10. いそいで 11. いって 12. ねて 13. しんで 14. はなして 15. かえって

II-A. (p. 156)

1. 立ってください。 2. 聞いてください。 3. 本を読んでください。 4. 35ページを見てください。 5. 教科書を持ってきてください。 6. 漢字を教えてください。 7. 本を返してください。 8. ゆっくり話してください。 9. 私と来てください。 10. あした電話してください。 11. 友だちを連れてきてください。

II-B. (p. 157)

(1) 電気を消してください。 (2) 入ってください。 (3) 座ってください。 (4) 急いでください。／待ってください。 (5) 窓を閉めてください。 (6) 病院に行ってください。 (7) ここに名前を書いてください。

III-A. (p. 158)

(1) テレビを消して、出かけます。 (2) 朝ご飯を食べて、トイレに行きます。 (3) シャワーを浴びて、デートをします。 (4) 宿題をして、寝ます。 (5) 図書館に行って、本を借ります。

IV-A. (p. 159)

(1) たばこを吸ってもいいですか。 (2) 部屋に入ってもいいですか。 (3) いすに座ってもいいですか。 (4) アルバムを見てもいいですか。 (5) シャワーを浴びてもいいですか。 (6) 窓を閉めてもいいですか。 (7) エアコンを消してもいいですか。

IV-C. (p. 160)

1. トイレに行ってもいいですか。 2. 家に帰ってもいいですか。 3. あした宿題を持ってきてもいいですか。 4. 英語を話してもいいですか。 5. ノートを借りてもいいですか。 6. 電気をつけてもいいですか。 7. 友だちを連れてきてもいいですか。

V-A. (p. 160)

(1) スマホを使ってはいけません。 (2) となりの人と話してはいけません。 (3) 犬を連れてきてはいけません。 (4) 音楽を聞いてはいけません。 (5) 寝てはいけません。

V-B. (p. 161)

1. A：図書館で話してもいいですか。B：いいえ、話してはいけません。 2. A：図書館で昼ご飯を食べてもいいですか。B：いいえ、食べてはいけません。 3. A：図書館でコーヒーを飲んでもいいですか。B：はい、飲んでもいいです。／いいえ、飲んではいけません。 4. A：図書館でパソ

コンを使ってもいいですか。B：いいえ、使って
はいけません。 5. A：〜さんの国で十八歳の人
はたばこを吸ってもいいですか。B：はい、吸っ
てもいいです。／いいえ、吸ってはいけません。
6. A：〜さんの国で十八歳の人はお酒を飲んで
もいいですか。B：はい、飲んでもいいです。／
いいえ、飲んではいけません。

Ⅶ-A. (p. 162)

(1) 窓を開けましょうか。 (2) 手伝いましょうか。
(3) 電話しましょうか。 (4) 荷物を持ちましょう
か。 (5) 飲み物を持ってきましょうか。 (6) 電気
をつけましょうか。 (7) 写真を撮りましょうか。
(8) 窓を閉めましょうか。

Ⅶ-B. (p. 163)

1. 窓を閉めましょうか。 2. 手伝いましょうか。
3. 日本語を話しましょうか。 4. 電気をつけまし
ょうか。 5. メニューを読みましょうか。

会話・文法編 第7課

Ⅰ-A. (p. 176)

(1) 本を読んでいます。 (2) 泳いでいます。 (3)
写真を撮っています。 (4) 音楽を聞いています。
(5) 歌を歌っています。 (6) 日本語を話していま
す。 (7) たけしさんを待っています。 (8) ゲーム
をしています。 (9) テニスをしています。 (10)
コーヒーを飲んでいます。 (11) レポートを書い
ています。

Ⅱ-A. (p. 177)

1. ソウルに住んでいます。 2. いいえ、ロンドン
に住んでいます。 3. 高校の先生です。 4. 病院
で働いています。 5. はい、結婚しています。 6.
いいえ、結婚していません。 7. 四十八歳です。
8. 十八歳です。 9. いいえ、ニューヨークで働い
ています。

Ⅲ-A. (p. 178)

(1) この人は目が小さいです。 (2) この人は口が

大きいです。 (3) この人は口が小さいです。 (4)
この人は背が高いです。 (5) この人は背が低いで
す。 (6) この人は髪が長いです。 (7) この人は髪
が短いです。

Ⅲ-B. (p. 178)

1. いいえ、太っていません。 2. いいえ、セータ
ーを着ています。 3. Tシャツを着ています。
4. はい、ジーンズをはいています。 5. いいえ、
めがねをかけていません。 6. いいえ、傘を持っ
ていません。 7. はい、背が高いです。 8. はい、
背が低いです。 9. はい、髪が長いです。 10. い
いえ、目が大きいです。

Ⅳ-A. (p. 179)

(1) ロバートさんは背が高くて、かっこいいです。
(2) ナオミさんは目が大きくて、きれいです。
(3) ソラさんは頭がよくて、親切です。 (4) 山下
先生は元気で、おもしろいです。 (5) 日本語のク
ラスはにぎやかで、楽しいです。 (6) 宿題は難
しくて、大変です。 (7) 食堂は安くて、おいし
いです。

Ⅳ-C. (p. 180)

1. 新幹線は速くて、便利でした。 2. ホテルは古
くて、きれいじゃなかったです。 3. ホテルの人
は親切で、よかったです。 4. レストランは高く
て、おいしくなかったです。 5. 神社は静かで、
きれいでした。 6. 東京スカイツリーは高くて、
こわかったです。

Ⅴ-A. (p. 181)

1. ソラさんは図書館に本を返しに行きます。 2.
ソラさんは食堂に昼ご飯を食べに行きます。 3.
ソラさんは大阪に友だちに会いに行きます。 4.
ソラさんは友だちのうちに勉強しに行きます。
5. ソラさんは町に遊びに行きます。 6. ソラさん
はデパートに靴を買いに行きます。 7. ソラさん
は高校に英語を教えに行きます。 8. ソラさんは
カフェにコーヒーを飲みに行きます。

V-C. (p. 182)

(1) Ａ：ウデイさんは図書館に何をしに行きます
か。Ｂ：本を借りに行きます。 (2) Ａ：カルロス
さんはカフェに何をしに行きますか。Ｂ：コーヒ
ーを飲みに行きます。 (3) Ａ：ヤスミンさんはデ
パートに何をしに行きますか。Ｂ：おみやげを買
いに行きます。 (4) Ａ：メアリーさんは家に何を
しに帰りますか。 Ｂ：晩ご飯を食べに帰ります。
(5) Ａ：ようこさんはお寺に何をしに行きますか。
Ｂ：写真を撮りに行きます。

VI-A. (p. 182)

1. 四人います。 2. 二人います。 3. 一人います。
4. 三人います。

会話・文法編 第8課

I-A. (p. 198)

1. みない 2. あけない 3. すまない 4. かけな
い 5. はかない 6. はじめない 7. つくらない
8. せんたくしない 9. あらわない 10. こない
11. わすれない 12. ない 13. おもわない 14.
もっていかない 15. はいらない 16. かえらな
い

I-B. (p. 198)

1. ゆうめいじゃない 2. あめじゃない 3. いそ
がしくない 4. かわいくない 5. みじかくない
6. しんせつじゃない 7. やすくない 8. きれい
じゃない 9. たいへんじゃない 10. よくない
11. かっこよくない 12. すきじゃない

II-A. (p. 198)

1. うん、勉強する。／ううん、勉強しない。 2.
うん、会う。／ううん、会わない。 3. うん、飲む。
／ううん、飲まない。 4. うん、乗る。／ううん、
乗らない。 5. うん、話す。／ううん、話さない。
6. うん、入る。／ううん、入らない。 7. うん、来
る。／ううん、来ない。 8. うん、ある。／ううん、
ない。 9. うん、持っている。／ううん、持ってい
ない。 10. うん、行く。／ううん、行かない。

11. うん、掃除する。／ううん、掃除しない。 12.
うん、洗濯する。／ううん、洗濯しない。

II-B. (p. 199)

1. うん、ひま。／ううん、ひまじゃない。 2. うん、
忙しい。／ううん、忙しくない。 3. うん、いい。
／ううん、よくない。 4. うん、こわい。／ううん、
こわくない。 5. うん、上手。／ううん、上手じゃ
ない。 6. うん、好き。／ううん、好きじゃない。
7. うん、きらい。／ううん、きらいじゃない。 8.
うん、休み。／ううん、休みじゃない。 9. うん、
おもしろい。／ううん、おもしろくない。 10. う
ん、難しい。／ううん、難しくない。

III-A. (p. 199)

1. メアリーさんはたけしさんが好きだと思いま
す。 2. メアリーさんは忙しいと思います。
3. メアリーさんはいい学生だと思います。
4. メアリーさんは背が高くないと思います。
5. メアリーさんは静かじゃないと思います。
6. メアリーさんは一年生じゃないと思います。
7. メアリーさんはよく料理をすると思います。
8. メアリーさんは車を運転すると思います。
9. メアリーさんはたばこを吸わないと思います。
10. メアリーさんは結婚していないと思います。
11. メアリーさんは毎日日本語を話すと思いま
す。 12. メアリーさんは夜遅く家に帰らないと
思います。 13. メアリーさんはあまりコーヒー
を飲まないと思います。 14. メアリーさんはよ
く映画を見に行くと思います。

III-B. (p. 200)

(Picture A)

1. はい、ひまだと思います。／いいえ、ひまじゃ
ないと思います。 2. はい、頭がいいと思います。
／いいえ、頭がよくないと思います。 3. はい、
背が高いと思います。／いいえ、背が高くないと
思います。 4. はい、こわいと思います。／いい
え、こわくないと思います。 5. はい、仕事が好
きだと思います。／いいえ、仕事が好きじゃない

と思います。 6. はい、結婚していると思います。／いいえ、結婚していないと思います。 7. はい、お金をたくさん持っていると思います。／いいえ、お金をたくさん持っていないと思います。 8. はい、よくスポーツをすると思います。／いいえ、あまりスポーツをしないと思います。 9. はい、スペイン語を話すと思います。／いいえ、スペイン語を話さないと思います。

(Picture B)

1. はい、ここは日本だと思います。／いいえ、ここは日本じゃないと思います。 2. はい、有名な所だと思います。／いいえ、有名な所じゃないと思います。 3. はい、暑いと思います。／いいえ、暑くないと思います。 4. はい、冬は寒いと思います。／いいえ、冬は寒くないと思います。 5. はい、人がたくさん住んでいると思います。／いいえ、人がたくさん住んでいないと思います。 6. はい、夏によく雨が降ると思います。／いいえ、夏にあまり雨が降らないと思います。

IV-A. (p. 201)

1. 来月もひまじゃないと言っていました。
2. あしたは買い物をすると言っていました。
3. 毎日漢字を勉強していると言っていました。
4. ホームステイをしていると言っていました。
5. お父さんは親切だと言っていました。
6. お母さんは料理が上手だと言っていました。
7. お兄さんは会社員だと言っていました。
8. 家族は英語を話さないと言っていました。
9. あしたは晴れだと言っていました。
10. あしたは寒くないと言っていました。
11. あしたの気温は八度だと言っていました。
12. あさっては曇りだと言っていました。
13. ときどき雪が降ると言っていました。

V-A. (p. 202)

1. 電話しないでください。 2. 私のうちに来ないでください。 3. 行かないでください。 4. たばこを吸わないでください。 5. 雑誌を捨てないでください。 6. 英語を話さないでください。 7.

クラスで寝ないでください。 8. 宿題を忘れないでください。 9. 遅くならないでください。 10. まだテストを始めないでください。 11. スマホを使わないでください。

VI-A. (p. 203)

1. メアリーさんはスペイン語が上手です。 2. メアリーさんは料理が下手です。 3. メアリーさんはすしを作るのが下手です。 4. メアリーさんははしで食べるのが上手です。 5. メアリーさんは写真を撮るのが上手です。 6. メアリーさんは車を運転するのが下手です。 7. メアリーさんは日本語を話すのが上手です。 8. メアリーさんはラブレターを書くのが上手です。

VII-A. (p. 204)

1. ソラさんが韓国人です。 2. ロバートさんが料理をするのが上手です。 3. たけしさんがいつも食堂で食べます。 4. メアリーさんとたけしさんがデートをしました。 5. メアリーさんが犬が好きです。

VIII-A. (p. 204)

1. パーティーに行きましたが、何も飲みませんでした。 2. カラオケがありましたが、何も歌いませんでした。 3. テレビがありましたが、何も見ませんでした。 4. カメラを持っていましたが、何も撮りませんでした。 5. ゆみさんに会いましたが、何も話しませんでした。 6. パーティーに行きましたが、何もしませんでした。

会話・文法編 第9課

I-A. (p. 219)

(a) 1. はなした 2. しんだ 3. のんだ 4. かけた 5. いった 6. あそんだ 7. つくった 8. でた 9. あらった 10. きた 11. ひいた 12. まった 13. いそいだ 14. もらった 15. おどった 16. せんたくした

(b) 1. みなかった 2. すてなかった 3. しらなかった 4. かけなかった 5. はかなかった 6. は

じまらなかった　7. つくらなかった　8. かえらなかった　9. あらわなかった　10. こなかった　11. いわなかった　12. やすまなかった　13. おぼえなかった　14. うたわなかった　15. せんたくしなかった　16. うんどうしなかった

I-B. (p. 219)

(a) 1. ゆうめいだった　2. あめだった　3. あかかった　4. かわいかった　5. みじかかった　6. しんせつだった　7. やすかった　8. きれいだった　9. いいてんきだった　10. かっこよかった　11. さびしかった　12. びょうきだった

(b) 1. いじわるじゃなかった　2. びょうきじゃなかった　3. わかくなかった　4. かわいくなかった　5. ながくなかった　6. べんりじゃなかった　7. あおくなかった　8. しずかじゃなかった　9. いいてんきじゃなかった　10. かっこよくなかった　11. おもしろくなかった　12. さびしくなかった

II-A. (p. 220)

1. Q：きのうピザを食べた？　A：うん、食べた。／ううん、食べなかった。　2. Q：きのう散歩した？　A：うん、散歩した。／ううん、散歩しなかった。　3. Q：きのう図書館で本を借りた？　A：うん、借りた。／ううん、借りなかった。　4. Q：きのううちを掃除した？　A：うん、掃除した。／ううん、掃除しなかった。　5. Q：きのううちで料理した？　A：うん、料理した。／ううん、料理しなかった。　6. Q：きのう友だちに会った？　A：うん、会った。／ううん、会わなかった。　7. Q：きのう単語を覚えた？　A：うん、覚えた。／ううん、覚えなかった。　8. Q：きのう学校に来た？　A：うん、来た。／ううん、来なかった。　9. Q：きのう家族に電話した？　A：うん、電話した。／ううん、電話しなかった。　10. Q：きのうパソコンを使った？　A：うん、使った。／ううん、使わなかった。　11. Q：きのう手紙をもらった？　A：うん、もらった。／ううん、もらわなかった。　12. Q：きのう遊びに行った？　A：うん、

行った。／ううん、行かなかった。　13. Q：きのう運動した？　A：うん、運動した。／ううん、運動しなかった。　14. Q：きのうメールを書いた？　A：うん、書いた。／ううん、書かなかった。

II-B. (p. 220)

1. Q：子供の時、かわいかった？　A：うん、かわいかった。／ううん、かわいくなかった。　2. Q：子供の時、髪が長かった？　A：うん、長かった。／ううん、長くなかった。　3. Q：子供の時、背が高かった？　A：うん、高かった。／ううん、高くなかった。　4. Q：子供の時、勉強が好きだった？　A：うん、好きだった。／ううん、好きじゃなかった。　5. Q：子供の時、スキーが上手だった？　A：うん、上手だった。／ううん、上手じゃなかった。　6. Q：子供の時、さびしかった？　A：うん、さびしかった。／ううん、さびしくなかった。　7. Q：子供の時、楽しかった？　A：うん、楽しかった。／ううん、楽しくなかった。　8. Q：子供の時、スポーツが好きだった？　A：うん、好きだった。／ううん、好きじゃなかった。　9. Q：子供の時、宿題がきらいだった？　A：うん、きらいだった。／ううん、きらいじゃなかった。　10. Q：子供の時、頭がよかった？　A：うん、よかった。／ううん、よくなかった。　11. Q：子供の時、先生はやさしかった？　A：うん、やさしかった。／ううん、やさしくなかった。　12. Q：子供の時、いじわるだった？　A：うん、いじわるだった。／ううん、いじわるじゃなかった。

III-A. (p. 221)

(a) 1. はい、かわいかったと思います。／いいえ、かわいくなかったと思います。　2. はい、日本語が上手だったと思います。／いいえ、日本語が上手じゃなかったと思います。　3. はい、人気があったと思います。／いいえ、人気がなかったと思います。　4. はい、よく勉強したと思います。／いいえ、あまり勉強しなかったと思います。　5. はい、日本に住んでいたと思います。／いいえ、

日本に住んでいなかったと思います。
(b) 1. はい、背が高かったと思います。／いいえ、背が高くなかったと思います。 2. はい、よくデートをしたと思います。／いいえ、あまりデートをしなかったと思います。 3. はい、よくギターを弾いたと思います。／いいえ、あまりギターを弾かなかったと思います。 4. はい、踊るのが上手だったと思います。／いいえ、踊るのが上手じゃなかったと思います。 5. はい、かっこよかったと思います。／いいえ、かっこよくなかったと思います。

Ⅳ-A. (p. 222)

1. お父さんは、友だちとよく踊りに行ったと言っていました。 2. お父さんは、踊るのがあまり上手じゃなかったと言っていました。 3. お父さんは、マイケルの歌をたくさん覚えたと言っていました。 4. たけしさんは、先月、かぶきを見に行ったと言っていました。 5. たけしさんは、かぶきは十二時に始まって、四時に終わったと言っていました。 6. たけしさんは、かぶきは長かったと言っていました。 7. たけしさんは、かぶきはおもしろかったと言っていました。 8. ヤスミンさんは、先週大学に行かなかったと言っていました。 9. ヤスミンさんは、病気だったと言っていました。 10. ヤスミンさんは、薬を飲んで寝ていたと言っていました。

Ⅴ-A. (p. 223)

1. めがねをかけている人です。／話している人です。 2. ビールを飲んでいる人です。 3. 寝ている人です。／着物を着ている人です。 4. 歌っている人です。 5. 踊っている人です。 6. ギターを弾いている人です。

Ⅵ-A. (p. 224)

1. はい、もうしました。 2. いいえ、まだ覚えていません。 3. いいえ、まだ書いていません。 4. いいえ、まだしていません。 5. いいえ、まだ掃除していません。 6. いいえ、まだ買っていませ

ん。 7. いいえ、まだ作っていません。 8. はい、もう借りました。

Ⅶ-A. (p. 225)

1. 料理するのがきらいだから → お弁当を買います。 2. 試験が終わったから → 今はひまです。 3. 旅行に行ったから → お金がありません。 4. コンサートのチケットを二枚もらったから → 行きませんか。 5. 天気がよくなかったから → 遊びに行きませんでした。 6. クラスが始まるから → 急ぎましょう。

会話・文法編 第10課

Ⅰ-A. (p. 239)

(a) 1. 新幹線のほうがバスより速いです。 2. 電車のほうが新幹線より遅いです。 3. バスのほうが新幹線より安いです。 4. 電車のほうがバスより高いです。
(b) 5. 田中さんのほうが山田さんより背が高いです。 6. 山田さんのほうが鈴木さんより背が低いです。 7. 田中さんのほうが鈴木さんより若いです。 8. 田中さんのほうが山田さんより年上です。 9. 山田さんのほうが鈴木さんより髪が短いです。
(c) 10. 北海道のほうが九州より大きいです。 11. 四国のほうが九州より小さいです。

Ⅱ-A. (p. 240)

(a) 1. 電車がいちばん遅いです。 2. バスがいちばん安いです。 3. 新幹線がいちばん高いです。
(b) 4. 鈴木さんがいちばん背が高いです。 5. 山田さんがいちばん若いです。 6. 鈴木さんがいちばん年上です。 7. 鈴木さんがいちばん髪が長いです。
(c) 8. 本州がいちばん大きいです。 9. 四国がいちばん小さいです。

Ⅲ-A. (p. 242)

(1) このアイスクリームはソラさんのです。 (2) このピザはトムさんのです。 (3) このパンはみさ

きさんのです。 (4) このトマトはゆみさんのです。 (5) このケーキはりんさんのです。 (6) このコーヒーはクリスさんのです。 (7) この水はけんさんのです。 (8) この牛乳はかいさんのです。

Ⅲ-B. (p. 242)

1. ゆいさんは遅いのに乗りました。 2. ゆいさんは冷たいのを飲みました。 3. ゆいさんはきれいなのを買いました。 4. ゆいさんは黒いのを買いました。

Ⅳ-A. (p. 243)

1. 月曜日にピアノを練習するつもりです。 2. 火曜日に運動するつもりです。 3. 水曜日に洗濯するつもりです。 4. 木曜日にレポートを書くつもりです。 5. 木曜日に出かけないつもりです。 6. 金曜日に友だちと晩ご飯を食べるつもりです。 7. 金曜日に日本語を勉強しないつもりです。 8. 土曜日に友だちのうちに泊まるつもりです。 9. 土曜日に家に帰らないつもりです。 10. 日曜日に早く起きないつもりです。 11. 日曜日に家でごろごろするつもりです。

Ⅴ-A. (p. 244)

(1) 眠くなりました。 (2) 元気になりました。 (3) 大きくなりました。 (4) 髪が短くなりました。 (5) ひまになりました。 (6) 暑くなりました。 (7) 涼しくなりました。 (8) 医者になりました。 (9) 春になりました。 (10) お金持ちになりました。

Ⅴ-B. (p. 245)

1. 暖かく 2. 短く／きれいに 3. 好きに 4. 赤く 5. 寒く 6. 上手に

Ⅵ-A. (p. 246)

1. はい、お茶とコーヒーを飲みました。 2. いいえ、何も飲みませんでした。 3. はい、大阪に行きました。 4. いいえ、どこにも行きませんでした。 5. はい、ロバートさんに会いました。 6. いいえ、だれにも会いませんでした。 7. はい、

映画を見ました。 8. いいえ、何もしませんでした。

Ⅶ-A. (p. 247)

(1) うちから学校までバスで行きます。 (2) うちからバス停まで歩いて行きます。 (3) うちから会社まで車で行きます。 (4) 横浜から東京まで電車で行きます。 (5) 会社からデパートまで地下鉄で行きます。 (6) 名古屋から東京まで新幹線で行きます。 (7) 日本からハワイまで飛行機で行きます。 (8) 日本からインドネシアまで船で行きます。

Ⅶ-B. (p. 247)

(1) うちから学校まで四十分かかります。 (2) うちからバス停まで二十分かかります。 (3) うちから会社まで一時間かかります。 (4) 横浜から東京まで三十分かかります。 (5) 会社からデパートまで十五分かかります。 (6) 名古屋から東京まで二時間かかります。 (7) 日本からハワイまで八時間かかります。 (8) 日本からインドネシアまで一週間かかります。

会話・文法編 第11課

Ⅰ-A. (p. 264)

1. 湖に行きたいです。 2. 日本語を練習したいです。 3. 温泉に行きたいです。 4. ゆっくり休みたくないです。 5. 会社の社長になりたくないです。 6. 日本で働きたいです。 7. 車を買いたいです。 8. 日本に住みたくないです。 9. 留学したいです。 10. 山に登りたくないです。

Ⅰ-C. (p. 264)

1. 子供の時、テレビを見たかったです。 2. 子供の時、飛行機に乗りたかったです。 3. 子供の時、ゲームをしたくなかったです。 4. 子供の時、犬を飼いたかったです。 5. 子供の時、学校をやめたくなかったです。 6. 子供の時、お祭りに行きたかったです。 7. 子供の時、ピアノを習いたくなかったです。 8. 子供の時、車を運転したかっ

たです。　9. 子供の時、有名になりたかったです。
10. 子供の時、ミッキー・マウスに会いたかった
です。

II-A. (p. 266)

1. たけしさんはキャンプに行ったり、ドライブに
行ったりしました。　2. ウデイさんはお菓子を作
ったり、家でゲームをしたりしました。　3. ソラ
さんは大阪に遊びに行ったり、食べに行ったりし
ました。　4. けんさんは部屋を掃除したり、洗濯
したりしました。　5. ロバートさんは友だちに会
ったり、映画を見たりしました。　6. 山下先生は
温泉に行ったり、休んだりしました。

III-A. (p. 267)

1. すしを食べたことがあります。　2. 韓国語を勉
強したことがあります。　3. レストランで働いた
ことがあります。　4. 広島に行ったことがありま
せん。　5. ラブレターを書いたことがありませ
ん。　6. 授業で寝たことがあります。　7. 富士山
に登ったことがあります。　8. 日本で車を運転し
たことがありません。　9. 日本の映画を見たこと
がありません。　10. 神社に行ったことがありま
せん。

会話・文法編 第12課

I-A. (p. 282)

(1) 彼から電話があったんです。　(2) プレゼント
をもらったんです。　(3) あしたは休みなんです。
(4) きのうは誕生日だったんです。　(5) 試験が難
しくなかったんです。　(6) のどが痛いんです。
(7) かぜをひいたんです。　(8) 切符をなくしたん
です。　(9) あした試験があるんです。　(10) せき
が出るんです。　(11) 彼女と別れたんです。　(12)
お手洗いに行きたいんです。

I-B. (p. 283)

(1) 友だちにもらったんです。　(2) イタリアのな
んです。　(3) 作ったんです。　(4) 安かったんで
す。　(5) やさしいんです。

II-A. (p. 284)

(1) 食べすぎました。　(2) お酒を飲みすぎました。
(3) テレビを見すぎました。　(4) 買いすぎました。
(5) この服は大きすぎます。　(6) この試験は難し
すぎます。　(7) この試験は簡単すぎます。　(8) こ
のセーターは高すぎます。　(9) このお風呂は熱す
ぎます。　(10) この宿題は多すぎます。

III-A. (p. 285)

1. 早く寝たほうがいいですよ。　2. 遊びに行かな
いほうがいいですよ。　3. 病院に行ったほうがい
いですよ。　4. 仕事を休んだほうがいいですよ。
5. うちに帰ったほうがいいですよ。　6. 運動しな
いほうがいいですよ。

IV-A. (p. 287)

1. 安いので、買います。　2. あの授業はおもしろ
くないので、サボりたいです。　3. 今週は忙しか
ったので、疲れています。　4. かぜだったので、
バイトを休みました。　5. 彼女はいつも親切なの
で、人気があります。　6. 政治に興味がないので、
新聞を読みません。　7. 友だちと同じ授業を取っ
ているので、一緒に勉強します。　8. のどがかわ
いたので、ジュースが飲みたいです。　9. 歩きす
ぎたので、足が痛いです。　10. ホテルの部屋は
広かったので、よかったです。

V-A. (p. 288)

1. 八時にうちを出なければいけません。　2. 九時
に授業に出なければいけません。　3. 一時に先生
に会わなければいけません。　4. 二時から英語を
教えなければいけません。　5. 午後、図書館に行
って、本を借りなければいけません。　6. 電気代
を払いに行かなければいけません。　7. 夜、宿題
をしなければいけません。　8. 晩ご飯の後、薬を
飲まなければいけません。

V-C. (p. 288)

1. 八時にうちを出なきゃいけない。　2. 九時に授
業に出なきゃいけない。　3. 一時に先生に会わな
きゃいけない。　4. 二時から英語を教えなきゃい

けない。 5. 午後、図書館に行って、本を借りな
きゃいけない。 6. 電気代を払いに行かなきゃい
けない。 7. 夜、宿題をしなきゃいけない。 8.
晩ご飯の後、薬を飲まなきゃいけない。

VI-A. (p. 289)

1. 冬は雪が降るでしょうか。 2. 授業はいつ始ま
るでしょうか。 3. 先生は厳しいでしょうか。 4.
日本語のクラスは大変でしょうか。 5. アニメの
サークルがあるでしょうか。 6. 部屋代はいくら
でしょうか。 7. ホストファミリーは英語を話す
でしょうか。 8. アルバイトをしてもいいでしょ
うか。 9. 薬を持っていったほうがいいでしょう
か。

● 読み書き編

読み書き編 第1課

I. (p. 297)

A. 1. よ 2. ほ 3. め 4. す 5. き 6. ち 7. た
8. ろ 9. え

B. 1. Tanaka 2. Yamamoto 3. Sakuma
4. Takahashi 5. Morikawa 6. Kumamoto
7. Okayama 8. Morioka 9. Yokohama 10. Mito

C. 1. いちご 2. だんご 3. ざぶとん 4. がいこ
くじん 5. たんぽぽ 6. がんぺき

D. 1. しゃしん 2. どくしょ 3. きょり 4. ひや
す 5. ちゃいろ 6. おんなのひと 7. きって 8.
もっと

F. 1. でんわ 2. わたし 3. にほん 4. なまえ
5. せんせい 6. だいがく

II. (p. 299)

1. たなか まい 2. やまだ まこと 3. きたの ひろ
み 4. れきし

読み書き編 第2課

I. (p. 301)

A. 1. オ 2. ヌ 3. サ 4. シ 5. ク 6. マ 7. ル
8. ホ 9. ユ

B. 1. (c) 2. (d) 3. (i) 4. (f) 5. (h) 6. (a) 7.
(k) 8. (j) 9. (g) 10. (l) 11. (e) 12. (b)

C. 1. クアラルンプール 2. アムステルダム 3.
ワシントンDC 4. カイロ 5. キャンベラ 6. ス
トックホルム 7. ニューデリー 8. ブエノスア
イレス 9. オタワ

D. 1. ノート 2. ペン 3. メニュー 4. ジーンズ

II. (p. 302)

1. (c) 2. (e) 3. (a) 4. (g)

読み書き編 第3課

I. (p. 306)

A. 1. ¥650 2. ¥1,800 3. ¥714,000
4. ¥123,000 5. ¥39,000,000

B. 1. 三十円 2. 百四十円 3. 二百五十一円 4.
六千七十円 5. 八千百九十円 6. 一万二千五百
円 7. 十六万八千円 8. 三百二十万円 9. 五千
七百万円

II. (p. 307)

7:00	<u>get up</u>
(<u>8:00</u>)	go to the university
9:00	<u>study Japanese</u>
(<u>12:30</u>)	eat lunch
4:00	<u>read books at the library</u>
6:00	<u>get back home</u>
(<u>10:00</u>)	watch TV
(<u>12:00</u>)	go to bed

読み書き編 第4課

I. (p. 310)

A. 1. Wednesday 2. Friday 3. Sunday 4. Monday
5. Saturday 6. Thursday 7. Tuesday

B. 1.中　2.上　3.下

Ⅱ. (p. 310)

1. ともだちとだいがくでべんきょうします。　2.
いいえ、たべません。　3.九時半ごろかえります。

Ⅲ. (p. 311)

(c) → (b) → (d) → (e) → (a)

読み書き編 第5課

Ⅰ. (p. 314)

A. 1.飲　2.飲　3.私　4.元, 今, 行, 三, 土, 時,
金, 半　5.男　6.気　7.金, 今, 食, 飲　8.食
9.気　10.男

B. 1. (f)　2. (e)　3. (b)　4. (d)　5. (c)　6. (a)　7.
(g)

C. 1. (c)　2. (g)　3. (h)　4. (k)　5. (a)　6. (i)　7.
(e)　8. (j)　9. (b)　10. (d)　11. (f)

Ⅱ. (p. 315)

A. 1. coffee　2. concert　3. Vienna　4. cafe　5.
classical music　6. cake

B. 1.○　2.×　3.○　4.×　5.○　6.×

C. 1. おきなわにいます。　2. あついですが、い
い天気です。　3. ともだちといっしょにうみでお
よぎました。　4. 山に行きました。日本人の男の
人とメキシコ人の女の人と行きました。

読み書き編 第6課

Ⅰ. (p. 320)

A. 天気, 先生, 学生, 大学, 今日

B. 1.d　2.f　3.e　4.a　5.b

Ⅱ. (p. 320)

1. Mr./Ms. Yamada　2. At Professor Yamashita's
house. You should bring some drinks.　3. Go out the
No. 3 exit of West Station and walk to the left for three
minutes.　4. You can stay with a Japanese family in
Tohoku.

Ⅲ. (p. 322)

A. c

B. ピザ, アイスクリーム, ワイン

C. 1. ちいさい　2. やすい　3. おもしろい　4. き
ます。

読み書き編 第7課

Ⅰ. (p. 326)

A. 1.文, 校, 父　2.毎, 母　3.人, 入　4.京,
高

B. 1.帰　2.社　3.会　4.京, 高, 語

C. (Kanji words of this lesson) 東京　高校　学校
毎日　日本語　会社　文学　(Review words) 先生
外国人　元気　天気　出口　中国

帰	父	文	学	山	西
行	食	高	校	女	田
東	会	出	口	毎	日
京	社	母	天	時	本
右	中	元	気	先	語
外	国	人	左	生	男

Ⅱ. (p. 327)

1. すこしさむいです。　2. 小さくて、しずかです。
3. コンピューターの会社ではたらいています。い
そがしくて、毎日おそく帰ります。　4. とてもお
もしろい人です。　5. 高校生です。よくべんきょ
うします。　6. 東京の大学に行っています。　7.
とてもおもしろいです。

読み書き編 第8課

Ⅰ. (p. 331)

A. 1.語, 読　2.私, 校, 新, 休　3.時, 曜　4.男,
思　5.行, 作, 仕, 休, 何　6.右, 京, 高, 語, 員,
言, 何

B. 1. 読む　2. 聞く　3. する　4. 思う　5. 作る
6. のる　7. 休む

Ⅱ. (p. 331)
C. 1.「日本の会社員とストレス」の話を読みま
した。　2. 会社員にアンケートをしました。
3. (a) 7人　(b) 3人　(c) 4人　(d) 2人　(e) 6人
4. 日本の会社員はとてもたいへんだと思いまし
た。

読み書き編 第9課

Ⅰ. (p. 336)
A. 1. 白, 百　2. 小, 少　3. 間, 聞　4. 語, 話
B. 1. 名前　2. 午前　3. 新しい　4. 天気, 雨　5.
知って

Ⅱ. (p. 336)
A. (b) → (e) → (c) → (d) → (a)
B. 1. ×　2. ×　3. ×　4. ○　5. ○　6. ×

読み書き編 第10課

Ⅰ. (p. 342)
A. 1. 正　2. 町　3. 雪　4. 朝　5. 道, 自　6. 持
7. 買　8. 道
B. 1. 売る　2. 立つ　3. 長い　4. 朝
C. 1. 買いもの　2. 持っ　3. 売っ　4. 雪　5. 長か
ったです　6. 住ん　7. 立っていました

Ⅱ. (p. 343)
C. (b) → (d) → (c) → (e) → (a) → (f)
D. 1. ×　2. ○　3. ×　4. ○　5. ×　6. ×　7. ×
8. ○

読み書き編 第11課

Ⅰ. (p. 348)
A. 紙, 好, 明, 旅, 歌, 強, 勉
B. (1) 手　(2) 近　(3) 名　(4) 病

Ⅱ. (p. 348)
C. 1. 貞子　2. ひろクン　3. ゆう　4. カオリン
5. ゆう
D. 1. 子どもに勉強をおしえたり、いっしょに歌
を歌ったりしています。　2. うんてんします。　3.
ホラー映画が好きです。　4. 歌手になりたいと思
っています。
E. 1. 一月に来ました。　2. 山にのぼったり、つ
りをしたりするのが好きです。旅行も好きです。
3. 古いおてらやじんじゃや有名なおまつりを見
に行きたいと思っています。

読み書き編 第12課

Ⅰ. (p. 354)
A. 1. 早 (early)　2. 起 (to get up)　3. 使 (to use)
4. 別 (to separate)　5. 赤 (red)　6. 青 (blue)　7. 色
(color)　8. 牛 (cow)
B. 1. 々　2. 神　3. 働　4. 度
C. 1. 使, 働　2. 連　3. 別

Ⅱ. (p. 354)
C. 1. とてもまじめな人です。毎日、朝早く起き
てはたをおっていました。　2. まじめな人です。
牛を使って、はたけで働いていました。　3. 二人
がぜんぜん働きませんでしたから。　4. 天の川の
むこうに行って、ひこぼしに会います。　5. ねが
いがかないますから。

げんき Ⅱ テキスト 解答

● 会話・文法編

会話・文法編 **第13課**

I-A. (p. 33)

1. 話せる　2. できる　3. 行ける　4. 寝られる　5. 来られる　6. 見られる　7. やめられる　8. 借りられる　9. 飲める　10. 待てる　11. 泳げる　12. 働ける　13. 編める

I-B. (p. 33)

(1) メアリーさんは日本語の歌が歌えます。　(2) メアリーさんはバイオリンが弾けます。　(3) メアリーさんは空手ができます。　(4) メアリーさんはすしが食べられます。　(5) メアリーさんはピザが作れます。　(6) メアリーさんはバイクに乗れます。　(7) メアリーさんは車が運転できます。　(8) メアリーさんはセーターが編めます。　(9) メアリーさんは漢字がたくさん書けます。　(10) メアリーさんは朝早く起きられます。　(11) メアリーさんは熱いお風呂に入れます。

I-F. (p. 35)

1. いいえ、辛すぎて食べられませんでした。　2. いいえ、難しすぎてできませんでした。　3. いいえ、熱すぎて入れませんでした。　4. いいえ、忙しすぎて出かけられませんでした。　5. いいえ、多すぎて覚えられませんでした。　6. いいえ、寒すぎて泳げませんでした。

II-A. (p. 35)

1. 試験があるし、宿題がたくさんあるし、忙しいです。　2. 空港に近いし、便利だし、いいです。　3. 先生は厳しいし、長いレポートを書かなきゃいけないし、取りません。　4. 食べ物がおいしくなかったし、言葉がわからなかったし、楽しくなかったです。　5. ちょっと気分が悪いし、きのうもパーティーに行ったし、行きません。　6. 漢字が読めないし、文法がわからないし、読めません。　7. 日本語が話せるし、もう大人だし、できます。　8. うそをつくし、約束を守らないし、好きじゃないです。

III-A. (p. 37)

(1) このカレーは辛そうです。　(2) このケーキは甘そうです。　(3) この家は古そうです。　(4) このアパートは新しそうです。　(5) このマンションは便利そうです。　(6) この先生は厳しそうです。　(7) この学生は眠そうです。　(8) このおじいさんは元気そうです。　(9) このおばあさんはいじわるそうです。　(10) この子供は悲しそうです。　(11) この男の人はさびしそうです。　(12) この弁護士は頭がよさそうです。　(13) このやくざはこわそうです。

III-B. (p. 37)

(1) 辛そうなカレーです。　(2) 甘そうなケーキです。　(3) 古そうな家です。　(4) 新しそうなアパートです。　(5) 便利そうなマンションです。　(6) 厳しそうな先生です。　(7) 眠そうな学生です。　(8) 元気そうなおじいさんです。　(9) いじわるそうなおばあさんです。　(10) 悲しそうな子供です。　(11) さびしそうな男の人です。　(12) 頭がよさそうな弁護士です。　(13) こわそうなやくざです。

IV-A. (p. 39)

1. じゃあ、取ってみます。　2. じゃあ、見てみます。　3. じゃあ、読んでみます。　4. じゃあ、食べてみます。　5. じゃあ、行ってみます。　6. じゃあ、聞いてみます。　7. じゃあ、使ってみます。

V-A. (p. 40)

1. 自転車なら乗れますが、バイクは乗れません。
2. オーストラリアなら行ったことがありますが、ニュージーランドは行ったことがありません。

3. サッカーならしますが、ゴルフはしません。
4. 歴史なら興味がありますが、経済は興味があ
りません。 5. 友だちならいますが、彼女はいま
せん。 6. 日曜日なら出かけられますが、土曜日
は出かけられません。

Ⅵ-A. (p. 41)

(1) 一日に三回歯を磨きます。 (2) 一日に七時間
寝ます。 (3) 一日に三時間勉強します。 (4) 一
週間に一回部屋を掃除します。 (5) 一週間に二
回洗濯します。 (6) 一週間に三日アルバイトを
します。 (7) 一週間に五日学校に行きます。 (8)
一か月に一回映画を見に行きます。

会話・文法編 第14課

Ⅰ-A. (p. 57)

(1) マフラーがほしいです／ほしくないです。
(2) 化粧品がほしいです／ほしくないです。 (3)
パソコンがほしいです／ほしくないです。 (4) お
皿がほしいです／ほしくないです。 (5) 自転車が
ほしいです／ほしくないです。

Ⅰ-B. (p. 57)

(1) 子供の時、おもちゃがほしかったです／ほし
くなかったです。 (2) 子供の時、指輪がほしかっ
たです／ほしくなかったです。 (3) 子供の時、ぬ
いぐるみがほしかったです／ほしくなかったで
す。 (4) 子供の時、花がほしかったです／ほしく
なかったです。 (5) 子供の時、トレーナーがほし
かったです／ほしくなかったです。

Ⅱ-A. (p. 59)

1. 忙しいかもしれません。でも、忙しくないか
もしれません。 2. 上手かもしれません。でも、
上手じゃないかもしれません。 3. けちかもしれ
ません。でも、けちじゃないかもしれません。
4. 興味があるかもしれません。でも、興味がな
いかもしれません。 5. できるかもしれません。
でも、できないかもしれません。 6. 話せるかも
しれません。でも、話せないかもしれません。

7. あげたかもしれません。でも、あげなかったか
もしれません。

Ⅲ-A. (p. 61)

(1) 母に化粧品をあげます。 (2) 友だちにチョコ
レートをあげます。 (3) ルームメイトにＴシャ
ツをあげます。 (4) 弟に帽子をあげます。 (5)
先生に紅茶をあげます。

Ⅲ-C. (p. 62)

(1) 両親がお金をくれました。／両親にお金をも
らいました。 (2) おじいさんがラジオをくれまし
た。／おじいさんにラジオをもらいました。 (3)
おばあさんが手袋をくれました。／おばあさんに
手袋をもらいました。 (4) 友だちがバイクをく
れました。／友だちにバイクをもらいました。
(5) おじさんが時計をくれました。／おじさんに
時計をもらいました。 (6) 兄がシャツをくれまし
た。／兄にシャツをもらいました。

Ⅲ-D. (p. 62)

(1) 私はカルロスさんにチョコレートをあげまし
た。 (2) ヤスミンさんは私にぬいぐるみをくれ
ました。／私はヤスミンさんにぬいぐるみをもら
いました。 (3) メアリーさんは私に手袋をくれ
ました。／私はメアリーさんに手袋をもらいまし
た。 (4) たけしさんはメアリーさんに花をあげま
した。／メアリーさんはたけしさんに花をもらい
ました。 (5) メアリーさんはたけしさんに靴をあ
げました。／たけしさんはメアリーさんに靴をも
らいました。 (6) 私はたけしさんにまんがをあ
げました。 (7) ロバートさんはソラさんに本をあ
げました。／ソラさんはロバートさんに本をもら
いました。 (8) ロバートさんは私にセーターを
くれました。／私はロバートさんにセーターをも
らいました。 (9) ナオミさんはけんさんにネクタ
イをあげました。／けんさんはナオミさんにネク
タイをもらいました。 (10) けんさんは私にみか
んをくれました。／私はけんさんにみかんをもら
いました。

Ⅳ-A. (p. 64)

1. 先生に相談したらどうですか。 2. 会社に履歴書を送ったらどうですか。 3. パーティーに行ったらどうですか。 4. サークルに入ったらどうですか。 5. あきらめたらどうですか。 6. プロポーズしたらどうですか。 7. 彼女に指輪をあげたらどうですか。 8. 彼女の両親に会ったらどうですか。

Ⅴ-A. (p. 65)

1. 猫が二匹います。 2. 花が七本あります。 3. ネクタイが二本あります。 4. 本が六冊あります。 5. ラジオが一台あります。 6. シャツが一枚あります。 7. 雑誌が三冊あります。 8. えんぴつが三本あります。 9. みかんが二個あります。 10. お皿が三枚あります。

Ⅴ-B. (p. 65)

(1) メアリーさんはハンバーガーを一個しか食べませんでした。／ジョンさんはハンバーガーを四個も食べました。 (2) メアリーさんは本を一冊しか読みませんでした。／ジョンさんは本を六冊読みました。 (3) メアリーさんはＴシャツを三十枚も持っています。／ジョンさんはＴシャツを二枚しか持っていません。 (4) メアリーさんはジュースを三本も飲みました。／ジョンさんはジュースを一本しか飲みませんでした。 (5) メアリーさんは十一時間も寝ます。／ジョンさんは五時間しか寝ません。

会話・文法編 第15課

Ⅰ-A. (p. 80)

1. 食べよう 2. 誘おう 3. 借りよう 4. 読もう 5. 来よう 6. 待とう 7. 入ろう 8. 急ごう 9. 話そう 10. 見よう 11. 書こう 12. 予約しよう

Ⅰ-B. (p. 80)

(1) サッカーをしよう（か）。 (2) 町で映画を見よう（か）。 (3) 学校で写真を撮ろう（か）。 (4) プールで泳ごう（か）。 (5) マクドナルドでハンバーガーを買おう（か）。 (6) 教室でお弁当を食べよう（か）。 (7) 山に登ろう（か）。 (8) 公園でバーベキューをしよう（か）。

Ⅱ-A. (p. 82)

1. ナオミさんは運動しようと思っています。 2. 山下先生はダイエットをしようと思っています。 3. カルロスさんはたばこをやめようと思っています。 4. ヤスミンさんは日本人の友だちをたくさん作ろうと思っています。 5. ロバートさんは一日中日本語を練習しようと思っています。 6. ソラさんは日本の習慣を調べようと思っています。 7. ウデイさんは日本で仕事を探そうと思っています。 8. ジョンさんはボランティア活動に参加しようと思っています。

Ⅲ-A. (p. 83)

1. メアリーさんは水と食べ物を買っておきます。 2. ヤスミンさんはお金をおろしておきます。 3. ロバートさんはお金を借りておきます。 4. 山下先生はうちを売っておきます。 5. ソラさんは保険に入っておきます。 6. けんさんは大きい家具を捨てておきます。 7. たけしさんはたくさん食べておきます。 8.〔解答例〕私は飛行機のチケットを買っておきます。

Ⅳ-A. (p. 85)

(1) スペイン語が話せる友だち (2) 彼女にもらった時計 (3) 去年中国に行った友だち (4) 毎日使うかばん (5) 時々行くカフェ (6) 先週見たお寺 (7) ハワイで買ったＴシャツ (8) 今住んでいる家

Ⅳ-B. (p. 85)

(1) これはピカソが描いた絵です。 (2) これはベートーベンが弾いたピアノです。 (3) これはエルビス・プレスリーが着ていたジャケットです。 (4) これはバットマンが乗った車です。 (5) これはガンジーが書いた手紙です。 (6) これはクロサワが作った映画です。 (7) これはナポレオンが使った辞書です。 (8) これはチャップリンがかぶっ

ていた帽子です。

Ⅳ-D. (p. 86)

1. 妹が作った料理はおいしくないです。 2. 料理ができない人と結婚したくないです。 3. 日本の習慣についてよく知っている外国人を探しています。 4. 去年の夏に会った人にもう一度会いたいです。 5. よくしゃべる人とルームメイトになりたくないです。 6. おじさんが働いている会社はこの建物の中にあります。 7. 冬休みに温泉がある旅館に泊まろうと思っています。 8. 留学に興味があるんですが、アメリカに留学したことがある学生を知っていますか。

会話・文法編 第16課

Ⅰ-A. (p. 104)

1. 一緒にいてあげました。 2. 宿題を手伝ってあげました。 3. レポートを直してあげました。 4. 花を買ってあげました。 5. 病院に連れていってあげました。 6. 洗濯してあげました。 7. 部屋を掃除してあげました。 8. ノートを貸してあげました。 9. 先生にメールを送ってあげました。 10. お皿を洗ってあげました。

Ⅰ-C. (p. 105)

1. ホストファミリーが部屋を掃除してくれました。／ホストファミリーに部屋を掃除してもらいました。 2. ホストファミリーが洗濯してくれました。／ホストファミリーに洗濯してもらいました。 3. ホストファミリーがアイロンをかけてくれました。／ホストファミリーにアイロンをかけてもらいました。 4. ホストファミリーが迎えに来てくれました。／ホストファミリーに迎えに来てもらいました。 5. 友だちがコーヒーをおごってくれました。／友だちにコーヒーをおごってもらいました。 6. 友だちが京都に連れていってくれました。／友だちに京都に連れていってもらいました。 7. 友だちがセーターを編んでくれました。／友だちにセーターを編んでもらいました。

8. 友だちが家族の写真を見せてくれました。／友だちに家族の写真を見せてもらいました。 9. 知らない人が案内してくれました。／知らない人に案内してもらいました。 10. 知らない人が道を教えてくれました。／知らない人に道を教えてもらいました。 11. 知らない人が荷物を持ってくれました。／知らない人に荷物を持ってもらいました。 12. 知らない人が千円貸してくれました。／知らない人に千円貸してもらいました。

Ⅰ-E. (p. 105)

(1) お父さんが美術館に連れていってくれました。／お父さんに美術館に連れていってもらいました。 (2) お父さんがアイスクリームを買ってくれました。／お父さんにアイスクリームを買ってもらいました。 (3) ホストファミリーに家族の写真を見せてあげました。 (4) お母さんが傘を貸してくれました。／お母さんに傘を貸してもらいました。 (5) ひなさんに英語を教えてあげました。

Ⅱ-A. (p. 107)

1. 自転車を貸してくれない？ 2. 本を返してくれない？ 3. 友だちを紹介してくれない？ 4. ノートを見せてくれない？ 5. 六時に起こしてくれませんか。 6. 駅に迎えに来てくれませんか。 7. お弁当を作ってくれませんか。 8. 宿題を手伝ってくれませんか。 9. 文法を説明していただけませんか。 10. 推薦状を書いていただけませんか。 11. 英語に訳していただけませんか。 12. 作文を直していただけませんか。

Ⅲ-A. (p. 108)

1. いい天気だといいですね。 2. 寒くないといいですね。 3. 楽しいといいですね。 4. 大学院に入れるといいですね。 5. 奨学金がもらえるといいですね。 6. いい研究ができるといいですね。 7. 先生が宿題を集めないといいですね。 8. 先生が授業に来ないといいですね。 9. 台風が来て、今日授業がないといいですね。

Ⅳ-A. (p. 110)

(1) 眠い時、コーヒーを飲みます。 (2) わからない時、人に聞きます。 (3) 日本語で手紙を書いた時、先生に見てもらいます。 (4) ホームシックの時、両親に電話します。 (5) 友だちの家に行く時、ケーキを買います。 (6) ひまな時、ゲームをします。 (7) おいしいピザが食べたい時、レストランに行きます。 (8) 朝寝坊した時、タクシーに乗ります。

Ⅳ-B. (p. 111)

1. 友だちが来た時、私の町を案内します。 2. さびしい時、友だちに電話します。 3. 電車に乗る時、切符を買います。 4. 写真を撮る時、「チーズ」と言います。 5. ひまな時、料理をします。 6. ディズニーランドに行った時、ミッキーのぬいぐるみを買いました。 7. 友だちが病気の時、一緒にいてあげます。 8. かぜをひいた時、病院に行きます。

Ⅴ-A. (p. 112)

1. 授業中に話してすみませんでした。 2. 授業中に寝てすみませんでした。 3. 遅刻してすみませんでした。 4. 教科書を持ってこなくてすみませんでした。 5. 返事が遅くなってごめん。 6. 約束を守らなくてごめん。 7. パーティーに行かなくてごめん。 8. 迎えに行けなくてごめん。

会話・文法編 第17課

Ⅰ-A. (p. 125)

1. 今、サラリーマンだそうです。 2. 仕事はすごく大変だそうです。 3. 寝る時間がないそうです。 4. 彼女に会えないそうです。 5. (ナオミさんは)横浜に行ったそうです。 6. 中華街は混んでいたそうです。 7. ラーメンを食べたそうです。 8. ラーメンはおいしかったそうです。 9. おみやげは買わなかったそうです。

Ⅱ-A. (p. 126)

1. 発表しなきゃいけないって。 2. トムさんとまいさんは付き合っているって。 3. きのうの夜、三時間しか寝なかったって。 4. 田中さんは離婚したって。 5. アルバイトをやめたって。 6. 六月にイギリスに帰らなきゃいけないって。 7. 日本は危なくないって。

Ⅲ-A. (p. 127)

1. 友だちがたくさんできたら、うれしいです。 2. 成績がよかったら、うれしいです。 3. 日本に行けたら、うれしいです。 4. 学校が休みだったら、うれしいです。 5. 宿題がなかったら、うれしいです。 6. プレゼントをもらったら、うれしいです。 7. 物価が安かったら、うれしいです。 8. 雨が降らなかったら、うれしいです。 9. 弁護士になれたら、うれしいです。 10. 先生がやさしかったら、うれしいです。

Ⅲ-B. (p. 127)

1. e (太ったら、ダイエットをしなきゃいけません。) 2. g (動物園に行ったら、パンダが見られます。) 3. b (宿題が終わらなかったら、どこにも行けません。) 4. i (寒かったら、ヒーターをつけたほうがいいですよ。) 5. c (安い電子レンジがあったら、買おうと思っています。) 6. f (友だちが病気だったら、薬を買いに行ってあげます。) 7. a (部屋がきれいじゃなかったら、掃除します。) 8. h (お客さんが来たら、お茶をいれてください。)

Ⅳ-A. (p. 128)

1. カルロスさんは単語を覚えなくてもいいです。 2. カルロスさんは漢字を練習しなくてもいいです。 3. カルロスさんは日本語を話さなくてもいいです。 4. カルロスさんは朝早く起きなくてもいいです。 5. カルロスさんは学校に行かなくてもいいです。 6. カルロスさんはお皿を洗わなくてもいいです。 7. カルロスさんは洗濯しなくてもいいです。 8. カルロスさんは料理しなくてもいいです。 9. カルロスさんは自分の部屋を掃除しなくてもいいです。 10. カルロスさんは早く帰らなくてもいいです。

V-A. (p. 130)

(1) 紙みたいですね。 (2) スプーンみたいですね。
(3) ブーツみたいですね。 (4) ぬいぐるみみたい
ですね。 (5) 猫みたいですね。 (6) バットマンみ
たいですね。 (7) マリオみたいですね。

Ⅵ-A. (p. 132)

(1) 靴を脱いでから、部屋に入ります。 (2) 歯を
磨いてから、髪をとかします。 (3) ひげをそって
から、顔を洗います。 (4) コンタクトを入れてか
ら、化粧します。 (5) かぎをかけてから、出か
けます。 (6) お湯を沸かしてから、お茶をいれま
す。 (7) お祈りしてから、寝ます。

Ⅵ-B. (p. 133)

(1) 部屋に入る前に、靴を脱ぎます。 (2) 髪をと
かす前に、歯を磨きます。 (3) 顔を洗う前に、ひ
げをそります。 (4) 化粧する前に、コンタクト
を入れます。 (5) 出かける前に、かぎをかけます。
(6) お茶をいれる前に、お湯を沸かします。 (7)
寝る前に、お祈りします。

会話・文法編 第18課

I-A. (p. 146)

1. (a) ドアを閉めます。 (b) ドアが閉まります。
2. (a) 電気をつけます。 (b) 電気がつきます。 3.
(a) ろうそくを消します。 (b) ろうそくが消えま
す。 4. (a) 服を汚します。 (b) 服が汚れます。
5. (a) おもちゃを壊します。 (b) おもちゃが壊れ
ます。 6. (a) 犬を入れます。 (b) 犬が入ります。
7. (a) 猫を出します。 (b) 猫が出ます。 8. (a) ペ
ンを落とします。 (b) ペンが落ちます。 9. (a) お
湯を沸かします。 (b) お湯が沸きます。

Ⅱ-A. (p. 147)

(1) 銀行が開いています。 (2) カフェが閉まって
います。 (3) エアコンがついています。 (4) テレ
ビが消えています。 (5) 虫が入っています。 (6)
冷蔵庫が壊れています。 (7) シャツが汚れていま
す。 (8) お金が落ちています。 (9) お湯が沸いて

います。 (10) 犬が出ています。

Ⅲ-A. (p. 149)

1. もう宿題をしてしまいました。 2. もうレポー
トを書いてしまいました。 3. もう本を読んでし
まいました。 4. もう発表の準備をしてしまいま
した。 5. もう部屋を片付けてしまいました。 6.
もう洗濯してしまいました。

Ⅲ-B. (p. 150)

1. 友だちにパソコンを借りたんですが、壊してし
まいました。 2. 給料をもらったんですが、全部
使ってしまいました。 3. 急いでいたので、ころ
んでしまいました。 4. きのう寒かったので、か
ぜをひいてしまいました。 5. きのうあまり寝な
かったので、授業中に寝てしまいました。 6. ゆ
みさんが好きだったんですが、ゆみさんは結婚し
てしまいました。 7. 今日までに家賃を払わなき
ゃいけなかったんですが、忘れてしまいました。
8. 朝寝坊したので、電車に乗り遅れてしまいまし
た。

Ⅲ-C. (p.150)

(1) 実はシャンプーを使っちゃった。 (2) 実は日
記を読んじゃった。 (3) 実は雑誌を捨てちゃっ
た。 (4) 実はカメラを壊しちゃった。 (5) 実はか
ぎをなくしちゃった。 (6) 実はセーターを汚しち
ゃった。

Ⅳ-A. (p. 151)

1. c（電気をつけると明るくなります。） 2. g（窓
を開けると虫が入ります。） 3. a（日本語を話さ
ないと日本語が上手になりません。） 4. f（友だ
ちから返事が来ないと不安になります。） 5. b
（暗い所で本を読むと目が疲れます。） 6. d（春に
なると桜が咲きます。）

Ⅴ-A. (p. 153)

(1) 音楽を聞きながら歯を磨きます。／歯を磨きな
がら音楽を聞きます。 (2) テレビを見ながら勉
強します。／勉強しながらテレビを見ます。 (3)

歌を歌いながらお皿を洗います。／お皿を洗いながら歌を歌います。 (4) お風呂に入りながら考えます。／考えながらお風呂に入ります。 (5) 友だちと話しながらご飯を食べます。／ご飯を食べながら友だちと話します。 (6) 歩きながら電話します。／電話しながら歩きます。 (7) ポップコーンを食べながら映画を見ます。／映画を見ながらポップコーンを食べます。

Ⅵ-A. (p. 154)

1. 読めば　2. 来れば　3. 見れば　4. 話せば　5. すれば　6. 使えば　7. 遊べば　8. 起きれば　9. 来なければ　10. 食べなければ　11. 聞かなければ　12. 使わなければ　13. しなければ

Ⅵ-B. (p. 154)

(1) 勉強すればよかったです。 (2) 歯を磨けばよかったです。 (3) ホテルを予約すればよかったです。 (4) シャワーを浴びればよかったです。 (5) 友だちを作ればよかったです。 (6) 食べすぎなければよかったです。 (7) 買いすぎなければよかったです。 (8) 夜遅くテレビを見なければよかったです。 (9) 友だちとけんかしなければよかったです。

会話・文法編 第19課

Ⅰ-A. (p. 170)

(a) 1. 召し上がる　2. おっしゃる　3. いらっしゃる　4. なさる　5. お休みになる　6. いらっしゃる　7. ご覧になる　8. 召し上がる　9. 住んでいらっしゃる　10. 結婚していらっしゃる　11. くださる

(b) 1. おわかりになる　2. お調べになる　3. お読みになる　4. お聞きになる　5. お座りになる　6. お立ちになる　7. お乗りになる　8. お入りになる　9. お待ちになる　10. お似合いになる

Ⅰ-B. (p. 170)

(1) 山下先生はバスにお乗りになります。 (2) 山下先生は大学にいらっしゃいます。 (3) 山下先生は電話なさいます。 (4) 山下先生は昼ご飯を召し上がります。 (5) 山下先生はパソコンをお使いになります。 (6) 山下先生は家にお帰りになります。 (7) 山下先生は料理をなさいます。 (8) 山下先生はテレビをご覧になります。 (9) 山下先生は本をお読みになります。 (10) 山下先生はお休みになります。

Ⅰ-C. (p. 171)

1. お名前は何とおっしゃいますか。 2. どちらに住んでいらっしゃいますか。 3. どんな音楽をよくお聞きになりますか。 4. 車を持っていらっしゃいますか。 5. ご兄弟／お子さんがいらっしゃいますか。 6. 週末、よく何をなさいますか。 7. 週末、どちらへよくいらっしゃいますか。 8. 今朝、何を召し上がりましたか。 9. 外国にいらっしゃったことがありますか。 10. どんな外国語をお話しになりますか。 11. 最近、映画をご覧になりましたか。 12. 毎日、何時ごろお休みになりますか。 13. 日本の歌を知っていらっしゃいますか。 14. ペットを飼っていらっしゃいますか。 15. どんなスポーツをなさいますか。 16. お酒を召し上がりますか。 17. 結婚していらっしゃいますか。 18. 有名人にお会いになったことがありますか。 19. なぜ日本語を勉強していらっしゃるんですか。

Ⅱ. (p. 172)

(1) f　(2) h　(3) c　(4) g　(5) a　(6) i　(7) b　(8) e　(9) d

Ⅲ-A. (p. 173)

1. ノートを見せてくれてありがとう。 2. うちまで送ってくれてありがとう。 3. 宿題を手伝ってくれてありがとう。 4. 部屋を片付けてくれてありがとう。 5. 昼ご飯をおごってくれてありがとう。 6. 推薦状を書いてくださってありがとうございました。 7. 宿題の間違いを直してくださってありがとうございました。 8. パーティーに招待してくださってありがとうございました。 9.

日本の文化を教えてくださってありがとうございました。 10. 辞書を貸してくださってありがとうございました。

Ⅳ-A. (p. 174)

1. この大学を選んでよかったです。 2. 日本語の勉強をやめなくてよかったです。 3. いろいろな人と知り合えてよかったです。 4. 敬語を習ってよかったです。 5. サークルに入ってよかったです。 6. ボランティア活動に参加してよかったです。 7. 寮に引っ越してよかったです。 8. 授業をサボらなくてよかったです。

Ⅴ-A. (p. 175)

1. ええ。大きい家に住んでいるから、お金持ちのはずです。 2. いいえ。ベジタリアンだから、肉を食べないはずです。 3. ええ。性格がいいから、女の人にもてるはずです。 4. ええ。テレビ局で働いているから、有名人に会ったことがあるはずです。 5. いいえ。まじめな学生だから、授業をサボらないはずです。 6. ええ。中国に一年留学していたから、中国語が話せるはずです。 7. ええ。テニスのサークルに入っているから、テニスが上手なはずです。 8. ええ。一人で住んでいるから、自分で洗濯や掃除をするはずです。

Ⅴ-C. (p. 176)

1. 十時のバスに乗るはずでしたが、乗り遅れてしまいました。 2. 天気予報によると晴れるはずでしたが、雨が降ってしまいました。 3. おしゃれなレストランに行くはずでしたが、道に迷ってしまいました。 4. コンサートに行くはずでしたが、チケットを忘れてしまいました。 5. デートは楽しいはずでしたが、メアリーさんは怒ってしまいました。

会話・文法編 第20課

Ⅰ-A. (p. 191)

1. いただきます 2. 申します 3. 参ります 4. いたします 5. おります 6. ございます 7. い

ただきます 8. あちらでございます

Ⅰ-B. (p. 191)

(1) c (2) b (3) e (4) a (5) f (6) d

Ⅰ-C. (p. 192)

1. A：いつ日本にいらっしゃいましたか。B：先月参りました。 2. A：どちらに住んでいらっしゃいますか。B：名古屋に住んでおります。 3. A：お酒をよく召し上がりますか。B：少しいただきます。 4. A：ご兄弟がいらっしゃいますか。B：兄が一人おります。 5. A：何かスポーツをなさいますか。B：はい、サッカーをいたします。 6. A：毎日何時間日本語を勉強なさいますか。B：二時間ぐらい勉強いたします。 7. A：毎日何時ごろ晩ご飯を召し上がりますか。B：七時ごろいただきます。 8. A：週末はどこかへいらっしゃいましたか。B：はい、美術館へ参りました。 9. A：日本文学に興味がおありになりますか。B：はい、ございます。

Ⅰ-D. (p. 192)

ビル・テイラーと申します。トマス銀行から参りました。横浜支店で働いております。どうぞよろしくお願いいたします。

Ⅱ-A. (p. 193)

1. お借りする 2. お返しする 3. お送りする 4. お持ちする 5. お取りする 6. お話しする 7. お読みする 8. お貸しする 9. いただく 10. さしあげる 11. ご紹介する 12. ご案内する

Ⅱ-B. (p. 193)

(1) お取りしましょうか。 (2) お手伝いしましょうか。 (3) お送りしましょうか。 (4) お書きしましょうか。 (5) お撮りしましょうか。 (6) お貸ししましょうか。 (7) お調べしましょうか。

Ⅱ-D. (p. 195)

1. (a) 召し上がります (b) おいれします 2. (a) お読みになりました (b) お借りして (c) お返しします 3. (a) お持ちします (b) いらっしゃる

(c) お送りします 4. (a) 申します (b) お会いし
たい (c) ございません (d) おります (e) お戻
りになります

Ⅲ-A. (p. 196)

1. (a) たけしさんは朝ご飯を食べないで、会社に
行きました。 (b) たけしさんは顔を洗わないで、
会社に行きました。 (c) たけしさんは歯を磨かな
いで、会社に行きました。 2. (a) メアリーさんは
晩ご飯を食べないで、寝ました。 (b) メアリーさ
んは宿題をしないで、寝ました。 (c) メアリーさ
んはお風呂に入らないで、寝ました。 3. (a) ジョ
ンさんは天気予報を見ないで、出かけました。
(b) ジョンさんは財布を持たないで、出かけまし
た。 (c) ジョンさんはかぎをかけないで、出かけ
ました。

Ⅳ-A. (p. 197)

1. さあ、日本人かどうかわかりません。 2. さあ、
学生かどうかわかりません。 3. さあ、結婚して
いるかどうかわかりません。 4. さあ、子供がい
るかどうかわかりません。 5. さあ、字が書ける
かどうかわかりません。 6. さあ、何歳かわかり
ません。 7. さあ、仕事は何をしているかわかり
ません。 8. さあ、どこに住んでいるかわかりま
せん。 9. さあ、今日何を食べたかわかりません。
10. さあ、きのう何をしたかわかりません。 11.
さあ、どうやってここに来たかわかりません。

Ⅴ-A. (p. 198)

(1) まるいという会社 (2) カーサというレストラ
ン (3) あかしという町 (4) ポチという犬 (5)
「キッチン」という小説 (6) ラムネという飲み
物 (7) ポッキーというお菓子 (8) ナマケモノと
いう動物

Ⅵ-A. (p. 199)

(1) ハンバーガーは食べやすいですが、魚は食べ
にくいです。 (2) げたは歩きにくいですが、スニ
ーカーは歩きやすいです。 (3) メアリーさんのか
ばんは持ちやすいですが、たけしさんのかばんは

持ちにくいです。 (4) ソラさんの話はわかりや
すいですが、けんさんの話はわかりにくいです。
(5) 紙の辞書は使いにくいですが、スマホの辞書
は使いやすいです。 (6) せまい道は運転しにくい
ですが、広い道は運転しやすいです。 (7) ソラさ
んの字は読みやすいですが、ロバートさんの字は
読みにくいです。

会話・文法編 第21課

Ⅰ-A. (p. 217)

1. 食べられる 2. やめられる 3. なくされる 4.
される 5. 捨てられる 6. 壊される 7. 見られ
る 8. 笑われる 9. うそをつかれる 10. 連れて
いかれる 11. ばかにされる 12. たばこを吸わ
れる 13. 立たれる 14. 来られる 15. 怒られる
16. 盗まれる

Ⅰ-B. (p. 217)

(1) たけしさんはメアリーさんに笑われました。
(2) たけしさんは友だちに足を踏まれました。
(3) たけしさんはどろぼうに財布を盗まれました。
(4) たけしさんは友だちになぐられました。 (5)
たけしさんは赤ちゃんに泣かれました。 (6) たけ
しさんは雨に降られました。 (7) たけしさんは蚊
に刺されました。 (8) たけしさんはあやかさんに
ふられました。 (9) たけしさんはちかんにさわら
れました。 (10) たけしさんは子供の時、友だち
にいじめられました。 (11) たけしさんは子供の
時、おじさんに怒られました。

Ⅱ-A. (p. 219)

(1) 電気が消してあります。 (2) エアコンがつけ
てあります。 (3) カーテンが開けてあります。
(4) 名前が書いてあります。 (5) 窓が閉めてあり
ます。 (6) プレゼントが包んであります。 (7) ポ
スターがはってあります。

Ⅲ-A. (p. 221)

1. 社長が着替えている間に、車にガソリンを入
れます。 2. 社長がカフェで朝ご飯を食べている

間に、コンビニでお弁当を買います。 3. 社長が
新聞を読んでいる間に、お弁当を食べます。 4.
社長が会議に出ている間に、昼寝をします。 5.
社長が工場を見に行っている間に、電話で友だ
ちと話します。 6. 社長がパーティーで飲んでい
る間に、車の中でコーヒーを飲みます。

Ⅳ-A. (p. 222)

1. 町をきれいにします。 2. 病院を新しくしま
す。 3. 町を安全にします。 4. 環境をよくしま
す。 5. 税金を安くします。 6. 学校の休みを長
くします。 7. 道を広くします。 8. 町を有名に
します。

Ⅴ-A. (p. 223)

1. 両親に私と兄を比べないでほしいです。 2. 友
だちに日本語の勉強を続けてほしいです。 3. 友
だちに遠い所に行かないでほしいです。 4. 同僚
に夢をあきらめないでほしいです。 5. 先生にも
っと学生をほめてほしいです。 6. 昔の彼氏に私
を忘れてほしいです。 7. 昔の彼女に幸せになっ
てほしいです。 8. 親に私を信じてほしいです。

会話・文法編 第22課

Ⅰ-A. (p. 238)

1. やめさせる 2. 働かせる 3. 飲ませる 4. 持
たせる 5. あきらめさせる 6. 来させる 7. 考
えさせる 8. 習わせる 9. 取らせる 10. 拾わせ
る 11. 帰らせる 12. 運ばせる 13. 持っていか
せる 14. 練習させる

Ⅰ-B. (p. 238)

(a) (1) 後輩にお弁当を買いに行かせます。 (2) 後
輩に荷物を運ばせます。 (3) 後輩に部屋を片付け
させます。 (4) 後輩に車を運転させます。 (5)
後輩にボールを拾わせます。 (6) 後輩に宿題を
させます。

(b) (1) 部下にコピーを取らせます。 (2) 部下にお
茶をいれさせます。 (3) 部下に残業させます。
(4) 部下に空港に迎えに来させます。 (5) 部下に

お客さんを案内させます。 (6) 部下に安いホテ
ルを探させます。

Ⅱ-A. (p. 241)

1. 子供の時、両親は夜遅くテレビを見させてく
れませんでした。 2. 子供の時、両親は友だちの
家に泊まらせてくれました。 3. 子供の時、両親
はゲームをさせてくれました。 4. 子供の時、両
親はお菓子をたくさん食べさせてくれませんでし
た。 5. 子供の時、両親は学校を休ませてくれま
せんでした。 6. 高校の時、両親は車の免許を取
らせてくれました。 7. 高校の時、両親は友だち
と旅行させてくれませんでした。 8. 高校の時、
両親はアルバイトをさせてくれました。

Ⅱ-D. (p. 242)

1. 私に出張に行かせてください。 2. 私にお客
さんを案内させてください。 3. 私に書類を翻訳
させてください。 4. 私にその仕事をやらせてく
ださい。 5. 私に次のプロジェクトの計画を立て
させてください。 6. 私にお嬢さんと結婚させて
ください。

Ⅲ-A. (p. 243)

1. 野菜を食べなさい。 2. 勉強しなさい。 3. 早
く寝なさい。 4. ピアノを練習しなさい。 5. お
風呂に入りなさい。 6. 外で遊びなさい。 7. 早
くうちに帰りなさい。

Ⅳ-A. (p. 243)

1. a（風が吹けば、涼しくなります。） 2. g（試験
がなければ、遊びに行けます。） 3. e（走れば、
授業に間に合います。） 4. f（予習をすれば、授
業がよくわかります。） 5. c（友だちに電話すれ
ば、迎えに来てくれます。） 6. b（無駄遣いしな
ければ、ほしいものが買えます。）

Ⅳ-B. (p. 244)

(1) ジェスチャーを使えば大丈夫ですよ。 (2) 先
生に頼めば大丈夫ですよ。 (3) 早く洗えば大丈
夫ですよ。 (4) 夢をあきらめなければ大丈夫で

すよ。 (5) 今度がんばれば大丈夫ですよ。 (6) 朝ご飯を食べなければ大丈夫ですよ。 (7) 神様にお願いすれば大丈夫ですよ。

Ⅴ-A. (p. 245)

1. f (かぎがかけてあったのに、どろぼうに入られました。) 2. h (いい天気なのに、家でごろごろしています。) 3. g (きのうの夜早く寝たのに、朝寝坊してしまいました。) 4. b (この会社の仕事は楽なのに、やめる人が多いです。) 5. e (ぜんぜん練習しなかったのに、試合に勝ちました。) 6. c (あの二人は仲がよかったのに、別れたそうです。) 7. a (徹夜したのに、眠くないです。)

Ⅵ-A. (p. 246)

(1) 私は新幹線のように速く走れます。 (2) 私はオペラ歌手のように歌が上手です。 (3) 私はぬいぐるみのようにかわいいです。 (4) 私は鳥のように飛べます。 (5) 私は猿のように木に登れます。 (6) 私は山下先生のようにまじめです。

会話・文法編 第23課

Ⅰ-A. (p. 260)

1. 食べさせられる 2. やめさせられる 3. 受けさせられる 4. 取らされる 5. 作らされる 6. 待たされる 7. 習わされる 8. 歌わされる 9. 話させられる 10. 迎えに行かされる 11. 世話をさせられる 12. 戻ってこさせられる

Ⅰ-B. (p. 260)

(1) けんたさんはゆいさんに買い物に付き合わされます。 (2) けんたさんはゆいさんに駅に迎えに行かされます。 (3) けんたさんはゆいさんに高い服を買わされます。 (4) けんたさんはゆいさんに犬の世話をさせられます。 (5) けんたさんはゆいさんにお弁当を作らされます。 (6) ゆいさんはけんたさんに夕食をおごらされます。 (7) ゆいさんはけんたさんにアイロンをかけさせられます。 (8) ゆいさんはけんたさんに部屋を掃除させられます。 (9) ゆいさんはけんたさんに毎晩会社の文句を聞かされます。 (10) ゆいさんはけんたさんに靴を磨かされます。

Ⅰ-C. (p. 261)

1. A：子供の時、お皿を洗わされましたか。 B：はい、洗わされました／いいえ、洗わされませんでした。 2. A：子供の時、自分の部屋を掃除させられましたか。 B：はい、掃除させられました／いいえ、掃除させられませんでした。 3. A：子供の時、ピアノを習わされましたか。 B：はい、習わされました／いいえ、習わされませんでした。 4. A：子供の時、毎日勉強させられましたか。 B：はい、勉強させられました／いいえ、勉強させられませんでした。 5. A：子供の時、妹／弟の世話をさせられましたか。 B：はい、させられました／いいえ、させられませんでした。 6. A：子供の時、きらいな物を食べさせられましたか。 B：はい、食べさせられました／いいえ、食べさせられませんでした。 7. A：子供の時、料理を手伝わされましたか。 B：はい、手伝わされました／いいえ、手伝わされませんでした。 8. A：子供の時、塾に行かされましたか。 B：はい、行かされました／いいえ、行かされませんでした。

Ⅱ-A. (p. 262)

1. 学生が授業中に寝ていても、絶対に怒りません。 2. 学生が質問に答えられなくても、絶対に怒りません。 3. 学生に文句を言われても、絶対に怒りません。 4. 学生がカンニングしても、絶対に怒りません。 5. サークルの練習が厳しくても、絶対に我慢します。 6. 先輩がいじわるでも、絶対に我慢します。 7. 先輩に荷物を持たされても、絶対に我慢します。 8. 友だちと遊ぶ時間がなくても、絶対に我慢します。 9. 十年待っても、絶対にメアリーと結婚します。 10. 親に反対されても、絶対にメアリーと結婚します。 11. 今は離れていても、絶対にメアリーと結婚します。 12. 言葉や文化が違っても、絶対にメアリーと結婚します。

Ⅱ-B. (p. 263)

1. いいえ。授業がつまらなくても、先生に文句を言いません。 2. いいえ。先生に怒られても、泣きません。 3. いいえ。試験の結果が悪くても、落ち込みません。 4. いいえ。友だちとけんかしても、自分から謝りません。 5. いいえ。宝くじに当たっても、みんなにおごってあげません。 6. いいえ。スーパーで袋がただでも、もらいません。 7. いいえ。道に迷っても、だれにも聞きません。 8. いいえ。レストランで子供がうるさくても、注意しません。 9. いいえ。自分が作った料理がまずくても、捨てません。 10. いいえ。誕生日のプレゼントが靴下でも、がっかりしません。

Ⅲ-A. (p. 264)

1. ヤスミンさんは日本の社会について研究することにしました。 2. カルロスさんは日本の会社で面接を受けることにしました。 3. たけしさんは会社をやめて、新しい仕事を探すことにしました。 4. ゆいさんは留学することにしました。 5. 山下先生は中国で日本語を教えることにしました。 6. メアリーさんのホストファミリーはアメリカにメアリーさんに会いに行くことにしました。 7. けんさんは小学校の先生になることにしました。 8. ジョンさんは日本で空手を習うから、オーストラリアに帰らないことにしました。

Ⅳ-A. (p. 265)

(1) たけしさんは悪口を言わないことにしています。 (2) メアリーさんは週末に図書館で勉強することにしています。 (3) メアリーさんは一日に二回、犬と散歩することにしています。 (4) メアリーさんはテレビを見ながら勉強しないことにしています。 (5) メアリーさんはわからない時、人に聞くことにしています。 (6) たけしさんは悲しくても泣かないことにしています。 (7) メアリーさんは母の日に、花を買ったり、料理をしたりすることにしています。 (8) たけしさんは寝る前にコーヒーを飲まないことにしています。

Ⅴ-A. (p. 266)

1. メアリーさんは今学期が終わるまで、日本にいるつもりです。 2. ソラさんは日本語がぺらぺらになるまで、日本にいるつもりです。 3. ロバートさんはお金がなくなるまで、日本にいるつもりです。 4. カルロスさんは死ぬまで、日本にいるつもりです。 5. ジョンさんは理想の相手を見つけるまで、結婚しません。 6. けんさんは好きなチームが優勝するまで、結婚しません。 7. ナオミさんは百万円ためるまで、結婚しません。 8. ウデイさんは三十歳になるまで、結婚しません。

Ⅵ-A. (p. 268)

1. すみませんが、おいしいコーヒーのいれ方を教えてくれませんか。 2. すみませんが、アイロンのかけ方を教えてくれませんか。 3. すみませんが、自転車の乗り方を教えてくれませんか。 4. すみませんが、運転のし方を教えてくれませんか。 5. すみませんが、ギターの弾き方を教えてくれませんか。 6. すみませんが、調査のし方を教えてくれませんか。 7. すみませんが、すしの作り方を教えてくれませんか。 8. すみませんが、新幹線の予約のし方を教えてくれませんか。 9. すみませんが、ケーキの焼き方を教えてくれませんか。 10. すみませんが、着物の着方を教えてくれませんか。

📖 読み書き編

読み書き編 第13課

Ⅱ. (p. 276)

A. 1. (1) c (2) a (3) d (4) b
C. 1. ○ 2. × 3. × 4. ○ 5. × 6. ○ 7. ×
8. ×

Ⅲ. (p. 279)

C. 1. 電車が三分遅く着きましたから。 2. ドアが自動だし、チップもいりませんから。 3. お弁

当とデザートを買います。 4.コンビニで水着が買えますから。

読み書き編 **第14課**

Ⅱ. (p. 283)

C. ① 1.大学時代の先輩です。やさしくて、仕事もできる人です。 2.仕事をやめたくないからです。 ② 1.英語で話します。ホストファミリーは英語を話したがっているからです。 2.英語で話します。みんなの英語はこの人の日本語より上手だからです。 3.この人は日本語で話しますが、お店の人は英語を話します。 ③ 1.去年乗りました。気分が悪くて大変でした。 2.27時間ぐらい飛行機に乗っていなければいけないからです。

読み書き編 **第15課**

Ⅱ. (p. 288)

A. 3. a — (4)　b — (3)　c — (1)　d — (2)

C. 1. a.広島です。1945年8月6日です。二十万人の人が死にました。 b.原爆について読んだり、写真を見たりできます。 c.小さい島で、有名な神社があります。 d.島にいる鹿はたいていおなかがすいているからです。

D. ジョンさん—広島・宮島(海や山がきれいで、鹿もいるからです。) ケリーさん—沖縄(ビーチがきれいだし、一年中スポーツが楽しめるからです。) ナオミさん—東京(渋谷が若者のファッションで有名な場所だからです。) ウデイさん—京都(嵐山で紅葉が見られるからです。)

読み書き編 **第16課**

Ⅱ. (p. 295)

C. 1.未来から来ました。 2.未来のいろいろな便利な「ひみつ道具」を持っています。 3.覚えたいことをそのパンに写して食べます。すると、覚えられます。 4.行きたい所を考えて、ドアを開けます。すると、ドアの向こうにはその場所が

あります。 5.テストの前にトイレに行ったので、何も覚えていませんでした。 6.夢をたくさんくれます。弱い子供の味方です。いろいろなことを教えてくれます。 7.シンガポール、ベトナムなどで見られます。

D. d → f → e → c → a → b

読み書き編 **第17課**

Ⅱ. (p. 301)

A. 1. b — (1)　c — (6)　d — (7)　e — (3)　f — (5)　g — (2)

C.

1933年	オノ・ヨーコ(小野洋子)<u>東京で生まれる</u>
<u>1953</u>年	アメリカに行く
1964年	『グレープフルーツ』を発表する
<u>1966</u>年	イギリスで展覧会をする
<u>1969</u>年	ジョン・レノンと結婚する
1971年	<u>ジョンが「イマジン」を発表する</u>
1975年	<u>男の子ショーンが生まれる</u>
<u>1980</u>年	ジョンとアルバムを発表する
	<u>ジョンが銃で撃たれる</u>

読み書き編 **第18課**

Ⅱ. (p. 308)

B. 1.アルバイトをしている人のほうが多いです。 2.48パーセントです。 3.「旅行したい」です。 4.「洋服が買いたい」です。

Ⅲ. (p. 310)

B. 1.大学の近くのワンルームマンションに住んでいます。家賃は一か月五万円です。 2.家庭教師をしたり、大学の食堂で働いたりしています。時々、引っ越しなどの力仕事もします。 3.いい学生じゃないと思います。よく遅刻したり、授業をサボったりするからです。 4.先輩たちと親し

くなれたし、今の彼女にも会えました。　5. 勉強しなければいけません。　6. サークルのみんなと旅行に行くのを楽しみにしています。

読み書き編 第19課

Ⅱ. (p. 316)

A. 2. a. 夏　b. 春　c. 冬　d. 秋

C. 1. 大学の授業でいそがしかったからです。　2. お父さんが作ってくれたカレーがなつかしいです。　3. 自分で漢字を勉強しようと思っています。　4. 来年大学を卒業したら、日本にもどるつもりです。

Ⅲ. (p. 318)

B.

マリアさんは今カリフォルニア大学で政治を勉強しています。

卒業したら、日本の大学院で国際政治を勉強したいと思っています。

パクさんは日本の大学院で電気工学を研究しています。……

1) パクさんは日本語の試験のためにどんな勉強をしましたか。

2) 奨学金の申し込みをしたいのですが、どうしたらいいですか。

3) 留学生がアルバイトを見つけるのはむずかしいですか。

読み書き編 第20課

Ⅱ. (p. 323)

C. 1. いなかに行って古い物を買い、江戸でそれを高い値段で売っていました。　2. 三百両です。　3. 猫といっしょに皿も持っていこうと思ったからです。　4. 三両で買いました。　5. いいえ、持って帰りませんでした。　6. 家に置くとあぶないし、猫が三両で売れるからです。　7. 茶店の主人のほうがかしこいです。

読み書き編 第21課

Ⅱ. (p. 330)

C. 1. (1) 台風で家が壊れてしまいました。　(2) 飼っていた犬に死なれました。　(3) 急に重い病気になって入院しなければいけませんでした。　2. いいえ、信じていませんでした。　3. 外国で勉強することでした。　4. 若い日本人の留学生は、親にお金を送ってもらって、ぜいたくをしていますが、この人はぜいたくができません。　5. どろぼうにアパートに入られました。　6. パソコンとカメラと時計と自転車を取られました。　7. バスで通います。　8. 厄年だから、悪いことが起こったと思っています。　9. 少し信じています。

読み書き編 第22課

Ⅱ. (p. 336)

C. 1, 3

D. 1. 涼と会っていたからです。　2. 「出張で大阪に行けない」と言いましたが、本当は大阪で夏菜と会っていました。本当のことが言えなかったからです。

読み書き編 第23課

Ⅱ. (p. 342)

A. 1. 〔解答例〕SNSやメールやメッセージで見ました。(1) うれしい　(2) 病気　(3) 困った、悲しい、はずかしい　(4) わからない

C. 1. 自分の気持ちを簡単に伝えられるからです。　2. 絵文字のほうがよく使われます。　3. 日本で生まれました。　4. 日本語の顔文字は顔が縦になっていますが、英語の顔文字は横になっています。また、日本語の顔文字は目で表情を表すものが多いですが、英語の顔文字は口で表情を表すものが多いです。　5. 「お願いします」「ごめんなさい」という意味です。

げんき I ワークブック 解答
（かいとう）

◉ 会話・文法編
（かいわ ぶんぽうへん）

あいさつ　p. 13

1. おはよう。　2. ありがとう。　3. こんばんは。
4. すみません。　5. いただきます。　6. ごちそう
さま（でした）。　7. いってきます。　8. いってら
っしゃい。　9. ただいま。　10. おかえり（なさ
い）。　11. はじめまして。よろしくおねがいしま
す。　12. さようなら。　13. おやすみ（なさい）。
14. こんにちは。

すうじ　p. 15

(a) 5　(b) 0　(c) 9　(d) 3　(e) 7　(f) 2　(g) 6　(h)
1　(i) 8　(j) 4　(k) 16　(l) 40　(m) 21　(n) 164
(o) 92　(p) 35　(q) 76　(r) 18　(s) 157　(t) 101

第1課　1　p. 16

I.　にじゅうにさいです／にほんじんです／よね
んせいです

II.　1. おがわさん・にほんじん　2. たけださんは
せんせいです。　3. わたしは りゅうがくせいで
す。　4. はるなさんは いちねんせいです。　5. や
まもとさんは にじゅうごさいです。

第1課　2　p. 17

I.　1. いちねんせいですか。　2. なんさいですか。
3. にほんじんですか。／はい、にほんじんです。
4. なんねんせいですか。／よねんせいです。

II.　1. なんねんせいですか。　2. なんさいですか。

第1課　3　p. 18

I.　1. たけしさんの でんわばんごう　2. わたしの
ともだち　3. にほんごの せんせい　4. ゆいさん
の せんこう　5. こうこうの せんせい

II.　1. わたしの せんこうは にほんごです。　2. わ

たしは にほんだいがくの がくせいです。　3. やま
したせんせいは にほんごの せんせいです。　4. た
けしさんは さくらだいがくの がくせいですか。
はい、そうです。

第1課　4　p. 19

I.　1. ごごごじです。　2. ごぜん くじです。　3. ご
ごじゅうにじはんです。　4. ごぜん よじはんで
す。

II.〔解答例〕ぜろさんぜろ（の）さんごろくよん
（の）いちななはちに（030-3564-1782）／によん
よん（の）いちぜろきゅうご（244-1095）／さんろ
くはち（の）なないちにぜろ（368-7120）
（かいとうれい）

第1課　5　p. 20

〔解答例〕1. メアリー・ハートです。　2. がくせ
（かいとうれい）　　　　めありいはあと
いです。　3. にねんせいです。　4. じゅうきゅう
さいです。　5.（せんこうは）にほんごです。　6.
（でんわばんごうは）ぜろにぜろ（の）ろくきゅう
にいちの よんにさんろくです。

第1課　6　p. 21

A.　1. (h)　2. (k)　3. (g)　4. (a)　5. (e)　6. (j)　7.
(f)　8. (c)　9. (b)　10. (i)　11. (d)
B.　1. 4:00 A.M.　2. 9:00 P.M.　3. 1:00 P.M.　4. 7:30
A.M.　5. 11:00 A.M.　6. 3:30 P.M.
C.　1. 905-0877　2. 5934-1026　3. 49-1509　4.
6782-3333
D.　1. ○　2. ×　3. ×　4. ×　5. ○

第2課　1　p. 25

I.　(a) 470　(b) 853　(c) 1,300　(d) 17,000　(e)
3,612　(f) 5,198　(g) 46,900　(h) 90,210
II.　1. ごひゃくよんじゅういち　2. にせんななひ
ゃくさんじゅうろく　3. はっせんきゅうひゃく
4. いちまんにせんさんびゃくよんじゅうご

Ⅲ．1.じてんしゃは いくらですか。 2.さんぜん
ろっぴゃくえんです。 3.ひゃくろくじゅうえん
です。

第2課 2 p. 26

Ⅰ．1.これは わたしの ペンです。 2.それは けん
さんの ほんです。 3.あれは なんですか。 4.こ
れは にくですか。

Ⅱ．1.これ 2.それ 3.これ 4.あれ 5.あれ

第2課 3 p. 27

1.このとけいは いくらですか 2.そのとけいは
いくらですか 3.（このとけいは／これは）にせ
んはっぴゃくえんです 4.あのとけいは いくら
ですか 5.（あのとけいは／あれは）せんごひゃ
くえんです 6.じゃあ、あのとけいを ください

第2課 4 p. 28

Ⅰ．1.（たけしさんは）あそこです。 2.（ソラさ
んは）そこです。 3.（ロバートさんは）ここです。
4.（トイレは）あそこです。

Ⅱ．1.これは だれの ぼうしですか。 2.これは
だれの さいふですか。 3.あれは だれの かさで
すか。

第2課 5 p. 29

Ⅰ．1.たなかさんは にほんじんです。よしださん
も にほんじんです。 2.たなかさんは はたちで
す。よしださんも はたちです。 3.このかさは に
せんえんです。その／あのかさも にせんえんで
す。 4.これは わたしの じてんしゃです。それ／
あれも わたしの じてんしゃです。 5.たけしさん
の せんこうは れきしです。わたしの せんこうも
れきしです。

Ⅱ．1.いいえ、（たけしさんは）かいしゃいんじ
ゃないです。 2.いいえ、（たけしさんは）アメリ
カじんじゃないです。 3.いいえ、（たけしさんの
せんこうは）けいざいじゃないです。 4.いいえ、
たけしさんの かさじゃないです。 5.いいえ、た

けしさんの ほんじゃないです。

第2課 6 p. 30

〔解答例〕1.いいえ、にほんじんじゃないです。
ちゅうごくじんです。 2.はい、にねんせいです。
3.いいえ、じゅうきゅうさいじゃないです。はた
ちです。 4.いいえ、（せんこうは）けいざいじゃ
ないです。れきしです。 5.いいえ、（おかあさん
は）にほんじんじゃないです。アメリカじんです。
6.（にほんごの ほんは）さんぜんえんです。

第2課 7 p. 31

A. 1.150 2.1,000 3.? 4.120 5.100

B. 1.いいえ、（クリスティさんは）アメリカじ
んじゃないです。フランスじんです。 2.（クリス
ティさんの せんこうは）えいごです。 3.はい、
（クリスティさんの おとうさんは）にほんじんで
す。 4.いいえ、（クリスティさんの おかあさん
は）にほんじんじゃないです。フランスじんです。

C. 1. a. ¥3,000 b. ¥600 c. ¥1,200 2. a. × b.
○ c. ○

第3課 1 p. 32

1.おきる・おきます・おきません 2.みる・み
ます・みません 3.たべる・たべます・たべませ
ん 4.ねる・ねます・ねません 5.はなす・は
なします・はなしません 6.きく・ききます・き
きません 7.いく・いきます・いきません 8.
よむ・よみます・よみません 9.のむ・のみます・
のみません 10.かえる・かえります・かえりま
せん 11.くる・きます・きません 12.する・
します・しません 13.べんきょうする・べんき
ょうします・べんきょうしません

第3課 2 p. 33

〔解答例〕1.わたしは コーヒーを のみます。／わ
たしは おちゃを のみません。 2.わたしは にほ
んの えいがを みます。／わたしは インドの えい
がを みません。 3.わたしは サッカーを します。

／わたしは バスケットボールを しません。 4. わたしは スポーツの ざっしを よみます。／わたしは ほんを よみません。 5. わたしは ロックを ききます。／わたしは にほんの おんがくを ききません。

第3課 3 p. 34

I.〔解答例〕1. がっこうで 2. いえで 3. カフェで 4. がっこうに 5. いえに

II. 1. たなかさんは としょかんに いきます。 2. わたしの ともだちは にほんに きます。 3. すずきさんは うち／いえで おんがくを ききます。 4. わたしは うち／いえで にほんごを はなします。 5. わたしは がっこうで ひるごはんを たべません。

第3課 4 p. 35

I. Used with に : 7, 9

II.〔解答例〕1. ろく・おき 2. わたしは まいにち はちじはんに だいがくに いきます。 3. わたしは まいにち じゅうにじに がっこうで ひるごはんを たべます。 4. わたしは たいてい ろくじごろ うち／いえに かえります。 5. わたしは たいてい じゅういちじごろ ねます。

III. 1. わたしは まいにち にほんごを はなします。 2. わたしは こんばん テレビを みません。 3. たけしさんは どようびに がっこうに きません。

第3課 5 p. 36

I. 1. こんばん えいがを みませんか。 2. こんばんは ちょっと……。 3. あしたは どうですか。 4. いいですね。

II.〔解答例〕1. アブドゥルさん、こんばん ばんごはんを たべませんか。 2. いいですね。 3. じゃあ、マクドナルドに いきませんか。 4. マクドナルドは ちょっと……。

第3課 6 p. 37

1. よく・に・いきます 2. ゆみさんは よく わたしの うち／いえに きます。 3. わたしは たいてい ろくじに おきます。 4. やましたせんせいは たいてい じゅういちじに ねます。 5. わたしは ときどき にほんの しんぶんを よみます。 6. たけしさんは ときどき あのカフェで コーヒーを のみます。 7. ゆいさんは あまり たべません。

第3課 7 p. 38

〔解答例〕1. いいえ、あまり スポーツを しません。 2. はい、よく えいがを みます。 3. よく みずを のみます。 4. よく ロックを ききます。 5. としょかんで べんきょうします。 6. よく ともだちの うちに いきます。 7. よく ともだちの うちで ばんごはんを たべます。 8. しちじごろ おきます。 9. じゅうにじごろ ねます。

第3課 8 p. 39

A.

	Saturday		Sunday	
	Where	What	Where	What
Mary	f	j	b	i
Sora	c	g	d	k

B. 1. c 2. a 3. g 4. e 5. h 6. f 7. b 8. i 9. d

C. 1. A 2. B 3. B 4. D 5. C 6. C

D. 1. a 2. a 3. a, c 4. b, c

第4課 1 p. 41

I. 1. あそこに バス停が あります。 2. 木曜日に クラスが ありません。 3. (私は)自転車が ありません。 4. あそこに 山下先生が います。 5. (私は)子供が います。

II.〔解答例〕1. いいえ、(あした、アルバイトが)ありません。 2. 月曜日と水曜日と金曜日に(日本語のクラスが)あります。 3. はい、(日本に友だちが)たくさんいます。 4. はい、お姉さんと弟がいます。

第4課 2 p.42

I.

II. 1.（雑誌は）新聞の下です。 2.（メアリーさんの傘は）つくえの上です。 3.（日本語の本は）かばんの中です。 4.（図書館は）郵便局の後ろです。 5.（銀行は）郵便局の左／となりです。

第4課 3 p.43

I.〔解答例〕1. はい、（きのうは）月曜日でした。 2. いいえ、（きのうは）十五日じゃなかったです。二十二日でした。 3. いいえ、（今日の朝ご飯は）ハンバーガーじゃなかったです。パンでした。 4. いいえ、（子供の時、）あまりいい子供じゃなかったです。

II. 1. 私の自転車は三万円でした。 2. きのうは日曜日でした。 3. 先生の専攻は英語じゃなかったです。 4. 山下先生は日本大学の学生じゃなかったです。

第4課 4 p.44

1. のむ・のみました・のみませんでした 2. はなす・はなしました・はなしませんでした 3. きく・ききました・ききませんでした 4. かう・かいました・かいませんでした 5. とる・とりました・とりませんでした 6. かく・かきました・かきませんでした 7. まつ・まちました・まちませんでした 8. ある・ありました・ありませんでした 9. たべる・たべました・たべませんでした 10. おきる・おきました・おきませんでした 11. する・しました・しませんでした 12. くる・きました・きませんでした

第4課 5 p.45

I. 1. いいえ、（たけしさんは金曜日に音楽を）聞きませんでした。 2.（たけしさんは土曜日に）スーパーでアルバイトをしました。 3.（たけしさんは）金曜日にレポートを書きました。 4. 町・メアリーさん・映画・見ました 5.〔解答例〕私は土曜日に横浜で友だちに会いました。日曜日にスーパーで買い物をしました。

II. 1. ゆみさんはぜんぜん写真を撮りませんでした。 2. 私は子供の時、よくハンバーガーを食べました。 3. たけしさんは高校の時、あまり勉強しませんでした。

第4課 6 p.46

1. メアリーさんは公園に行きました。たけしさんも公園に行きました。 2. あそこに本屋があります。レストランもあります。 3. 私はお茶を飲みます。私はコーヒーも飲みます。 4. けんさんは韓国に行きます。けんさんは中国にも行きます。 5. ゆいさんは金曜日にアイスクリームを食べました。ゆいさんは土曜日にもアイスクリームを食べました。 6. ゆみさんはきのう図書館で勉強しました。ゆみさんは家でも勉強しました。 7. 私はきのう学校で写真を撮りました。私は家でも写真を撮りました。

第4課 7 p.47

I. 1.(1) きのう (2) 二時間 (3) テレビを見ました 2.(1) コンビニの前 (2) 一時間 (3) メアリーさんを待ちました 3.(1) 毎日 (2) 一時間ぐらい (3) 図書館で (4) 日本語を勉強します。

II. 1. に 2. を 3. を 4. を 5. が 6. に・が

第4課 8 p.48

〔解答例〕1.（私の家は）大阪です。 2. いいえ、（私の町に本屋が）ありません。 3. はい、犬がいます。名前はポチです。 4.（今日は）木曜日です。 5. 友だちと晩ご飯を食べました。 6. 二時間ぐら

い勉強しました。　7. 月曜日と水曜日と金曜日に
日本語のクラスがあります。　8. 友だちとレスト
ランに行きました。

第4課　9　p. 49

A.　1. a　2. d　3. e　4. b　5. f　6. c

B.　1.（お父さんは）うちで一人でテレビを見まし
た。　2.（お母さんは）友だちと買い物に行きまし
た。　3.（メアリーさんとお父さんはあした）テニ
スをします。

C.　1. c　2. b

3.

	studied	took photos	went to Tokyo	read a book	went to karaoke	did shopping
Sora	○				○	
Mary	○			○		
Robert		○	○			○

第5課　1　p. 50

1. おおきい・おおきいです・おおきくないです
2. たかい・たかいです・たかくないです　3. こ
わい・こわいです・こわくないです　4. おもしろ
い・おもしろいです・おもしろくないです　5. ふ
るい・ふるいです・ふるくないです　6. いい・い
いです・よくないです　7. しずか（な）・しずかで
す・しずかじゃないです　8. きれい（な）・きれい
です・きれいじゃないです　9. げんき（な）・げん
きです・げんきじゃないです　10. すき（な）・す
きです・すきじゃないです　11. きらい（な）・き
らいです・きらいじゃないです　12. にぎやか
（な）・にぎやかです・にぎやかじゃないです

第5課　2　p. 51

I. 〔解答例〕1. いいえ、（日本語の宿題は）やさし
くないです。　2. はい、（今日は）忙しいです。　3.
いいえ、（私の部屋は）きれいじゃないです。　4.
はい、（日本語のクラスは）おもしろいです。　5.
いいえ、（私の町は）あまり静かじゃないです。

II.　1. この時計は高いです。　2. このコーヒーは
おいしくないです。　3. 山下先生は元気です。　4.
天気はよくないです。　5.（私は）あしたひまじゃ
ないです。

第5課　3　p. 52

1. あたらしいです・あたらしくないです・あたら
しかったです・あたらしくなかったです　2. いそ
がしいです・いそがしくないです・いそがしかっ
たです・いそがしくなかったです　3. さむいで
す・さむくないです・さむかったです・さむくな
かったです　4. むずかしいです・むずかしくない
です・むずかしかったです・むずかしくなかった
です　5. ちいさいです・ちいさくないです・ちい
さかったです・ちいさくなかったです　6. いいで
す・よくないです・よかったです・よくなかった
です　7. ひまです・ひまじゃないです・ひまでし
た・ひまじゃなかったです　8. にぎやかです・に
ぎやかじゃないです・にぎやかでした・にぎやか
じゃなかったです　9. すきです・すきじゃないで
す・すきでした・すきじゃなかったです　10. き
れいです・きれいじゃないです・きれいでした・
きれいじゃなかったです

第5課　4　p. 53

I. 〔解答例〕1. いいえ、（先週は）ひまじゃなかっ
たです。忙しかったです。　2. いいえ、（テストは）
難しくなかったです。やさしかったです。　3. は
い、（きのうは）とても／すごく 暑かったです。
4. はい、（週末は）楽しかったです。　5. いいえ、
（きのうの晩ご飯は）あまりおいしくなかったで
す。

II.　1.（私は）きのう忙しかったです。　2. 宿題は
難しかったです。　3. たけしさんの部屋はきれい
じゃなかったです。　4. 天気はよかったです。　5.
旅行は楽しくなかったです。　6. ホテルは高くな
かったです。

第5課 5 p.54

I. 1. 古い自転車です。 2. 静かな町です。 3. こわい人です。 4. きれいな家です。

II. 1.（私は）やさしい人に会いました。 2.（私は）おいしい果物を買いました。 3.（私は）先週おもしろい本を読みました。

第5課 6 p.55

〔解答例〕1. 私は日本語のクラスが大好きです。 2. 私はこの町があまり好きじゃないです。 3. 私は月曜日が大きらいです。 4. 私は海が好きです。 5. 私は猫が大好きです。 6. 私は寒い朝がきらいです。 7. 私は魚がきらいです。 8. 私はこわい映画が好きでもきらいでもないです。 9. 私は『げんき』が大好きです。

第5課 7 p.56

I.〔解答例〕1. 浅草に行きましょう。 2. お寺を見ましょう。 3. おみやげを買いましょう。 4. 十時に会いましょう。

II. 1. バスを待ちましょう。 2. 一緒に出かけましょう。 3. ここで写真を撮りましょう。 4. 今晩この映画を見ましょうか。 5. この宿題は難しいです。先生に聞きましょうか。

第5課 8 p.57

I.〔解答例〕1. 京都に行きました。 2. 友だちと行きました。 3.（天気は）よかったです。 4.（食べ物は）とても／すごく おいしかったです。 5. お寺に行きました。それから、買い物をしました。 6. はい、（おみやげを）買いました。

II.〔解答例〕1. アイスクリームが好きです。 2. コーヒーが好きです。 3. 日本の音楽が好きです。

第5課 9 p.58

A. 1. b 2. a 3. a 4. b 5. a 6. b

B.

1.

	Favorite type	What he does on holidays
吉田	やさしい人	テニスをします。
川口	おもしろい人	友だちと一緒にご飯を食べます。
中山	静かな人	家でテレビを見ます。

2. a.（吉田）

C.

	J-pop	Rock	Classical music	Anima-tion	Horror movies
Mary	A	B	C	A	
Takeshi	B	A	A	A	A

第6課 1 p.59

1. あける・あけて・あけます 2. しめる・しめて・しめます 3. おしえる・おしえて・おしえます 4. わすれる・わすれて・わすれます 5. おりる・おりて・おります 6. かりる・かりて・かります 7. シャワーをあびる・シャワーをあびて・シャワーをあびます 8. つける・つけて・つけます 9. たばこをすう・たばこをすって・たばこをすいます 10. つかう・つかって・つかいます 11. てつだう・てつだって・てつだいます 12. いそぐ・いそいで・いそぎます 13. かえす・かえして・かえします 14. けす・けして・けします 15. たつ・たって・たちます 16. もつ・もって・もちます 17. しぬ・しんで・しにます 18. あそぶ・あそんで・あそびます 19. やすむ・やすんで・やすみます 20. すわる・すわって・すわります 21. はいる・はいって・はいります 22. つれてくる・つれてきて・つれてきます 23. もってくる・もってきて・もってきます 24. でんわする・でんわして・でんわします

第6課 2 p.61

1. おきて 2. たべて 3. ねて 4. みて 5. いて 6. でかけて 7. あって 8. かって 9. きいて

10. かいて　11. いって　12. およいで　13. はなして　14. まって　15. のんで　16. よんで　17. かえって　18. あって　19. とって　20. わかって　21. のって　22. やって　23. きて　24. して　25. べんきょうして

第6課 3 p. 62

I. 1. 写真を撮ってください。　2. この漢字を教えてください。　3. このかばんを持ってください。　4. このタオルを使ってください。　5. 座ってください。　6. 本を持ってきてください。

II.〔解答例〕（友だち）宿題を手伝ってください。／（友だち）本を返してください。／（先生）漢字を教えてください。

第6課 4 p. 63

I. 1. （たけしさんは）朝起きて、朝ご飯を食べました。　2. （たけしさんは）窓を閉めて、出かけました。　3. （たけしさんは）図書館に行って、本を返しました。　4. （たけしさんは）電気を消して、寝ました。

II. 1. うちに帰って、休みます。　2. メアリーさんとたけしさんは会って、一時間ぐらい話しました。　3. 海に行って、泳ぎましょう。

第6課 5 p. 64

1. 部屋に入ってもいいですか。　2. 写真を見てもいいですか。　3. テレビをつけてもいいですか。　4.〔解答例〕窓を開けてもいいですか。　5. トイレに行ってもいいですか。　6. 英語を話してもいいですか。　7. 教科書を借りてもいいですか。　8.〔解答例〕あしたクラスを休んでもいいですか。

第6課 6 p. 65

I. 1. たばこを吸ってはいけません。　2. 入ってはいけません。　3. 写真を撮ってはいけません。　4. 食べ物を食べてはいけません。

II.〔解答例〕部屋でたばこを吸ってはいけません。／図書館で友だちと話してはいけません。／クラ

スで電話してはいけません。

第6課 7 p. 66

I. 1. 今日はひまじゃないです。あしたテストがありますから。　2. テストは難しくなかったです。たくさん勉強しましたから。　3. 今晩出かけましょう。あしたは休みですから。　4. お母さんを手伝いました。お母さんは忙しかったですから。　5. コーヒーを飲みません。朝コーヒーを飲みましたから。

II. 1. 荷物を持ちましょうか。　2. 写真を撮りましょうか。　3. テレビを消しましょうか。

第6課 8 p. 67

〔解答例〕1. （朝起きて）水を飲みます。　2. （家に帰って）メールを書きました。　3. いいえ、（教科書を）見てはいけません。　4. （電車の中で）たばこを吸ってはいけません。　5. いいえ、あまり勉強しませんでした。　6. はい、よくゲームをします。　7. よくスポーツをしました。

第6課 9 p. 68

A. 1. ×　2. ○　3. ○　4. ×

B. 3, 4, 6

C.

1.

	a. Inconvenient day	b. Reasons
ゆい	土曜日	アルバイトがあります。
ソラ	土曜日	友だちが来ます。
ロバート	日曜日	うちで勉強します。（月曜日にテストがありますから。）

2. 来週行きます。

第7課 1 p. 69

1. u・わかります・わかって　2. u・やります・やって　3. u・けします・けして　4. u・たちます・たって　5. ru・おきます・おきて　6. u・かえり

ます・かえって　7. irregular・きます・きて　8.
irregular・します・して　9. u・あそびます・あ
そんで　10. ru・きます・きて　11. u・かぶります・
かぶって　12. ru・わすれます・わすれて　13. u・
はきます・はいて　14. u・うたいます・うたっ
て　15. u・すみます・すんで　16. irregular・け
っこんします・けっこんして

第7課　2　p. 70

I.　1. 歌を歌っています。　2. コーヒーを飲んで
います。　3. ご飯を食べています。　4. 写真を撮
っています。　5. 友だちと話しています。
II.〔解答例〕1. 今、日本語を勉強しています。
2. テレビを見ていました。
III.　1. メアリーさんはバス停でバスを待っていま
す。　2. きのう二時にたけしさんは友だちとテニ
スをしていました。　3. 家に電話しました。姉は
寝ていました。

第7課　3　p. 71

I.　1.（お父さんは）銀行で働いています。　2.（お
母さんは）病院で働いています。　3. いいえ、（お
姉さんは）働いていません。　4. はい、（お姉さん
は）結婚しています。　5. いいえ、（お姉さんは）東
京に住んでいます。　6.（弟さんは）長野に住ん
でいます。　7.（お父さんは）五十一歳です。
II.〔解答例〕父はソニーで働いています。五十
三歳です。母は先生です。四十八歳です。父と
母は沖縄に住んでいます。兄は東京に住んでい
ます。結婚しています。

第7課　4　p. 72

I.　1. やすおさんは背が高くないです。　2. やす
おさんはとても／すごく頭がいいです。3. のりお
さんは今日新しい T シャツを着ています。　4.
のりおさんはやせていますが、やすおさんは太っ
ています。
II.　1. 帽子をかぶっています。　2. 髪が長いです。
3. めがねをかけています。　4. 目が大きいです。

5. T シャツを着ています。　6. ジーンズをはいて
います。

第7課　5　p. 73

I.　1. 安くておいしいです　2. 静かでつまらない
です　3. とても／すごく小さくてかわいいです
4. とても／すごく きれいで 新しいです　5. 古く
ておもしろいです　6. 髪が長くて目が大きいで
す
II.〔解答例〕1. おもしろくて楽しいです　2. 髪が
短くて背が高いです　3. 小さくてきれいです
4. 親切で頭がいいです

第7課　6　p. 74

I.　1. 大阪に友だちに会いに行きます。　2. 家に
晩ご飯を食べに帰ります。　3. きのう、町に雑誌
を買いに行きました。　4. 私は週末、京都に写
真を撮りに行きました。　5. ロバートさんはよく
私のアパートにパソコンを使いに来ます。
II.〔解答例〕日本に日本語を勉強しに来ました。
／ときどき海に泳ぎに行きます。／図書館に本を
返しに行きます。／食堂に昼ご飯を食べに行きま
す。

第7課　7　p. 75

I.〔解答例〕1. はい、（兄弟が）います。二人いま
す。　2. はい、（ルームメイトが）います。一人い
ます。　3.（日本語のクラスに学生が）六人いま
す。　4.（私の町に人が）八千人ぐらい住んでいま
す。　5.（日本人の友だちが）二人います。
II.　1. Q：あなたの学校に学生が何人いますか。
A：私の学校に学生が一万人ぐらいいます。　2.
姉は子供が二人います。

第7課　8　p. 76

〔解答例〕（friend）1. もりしたまいさんです。　2.
二十二歳です。　3. 名古屋に住んでいます。　4.
大学生です。大学で経済を勉強しています。　5.
いいえ、結婚していません。　6. いいえ、あまり

背が高くないです。 7. はい、髪が長いです。 8. 頭がよくておもしろい人です。

第7課 9 p.77

A. 1. 部屋で宿題をしていました。 2. たけしさんの部屋で音楽を聞いていました。 3. シャワーを浴びていました。

B. 1. a, h 2. d, f 3. c, e 4. b, g

C. 1. c 2. b 3. b

第8課 1 p.78

1. あける・あけない・あけます・あけて 2. かう・かわない・かいます・かって 3. すわる・すわらない・すわります・すわって 4. くる・こない・きます・きて 5. しぬ・しなない・しにます・しんで 6. けす・けさない・けします・けして 7. べんきょうする・べんきょうしない・べんきょうします・べんきょうして 8. かく・かかない・かきます・かいて 9. ある・ない・あります・あって 10. のむ・のまない・のみます・のんで 11. わかる・わからない・わかります・わかって 12. まつ・またない・まちます・まって 13. あそぶ・あそばない・あそびます・あそんで 14. いそぐ・いそがない・いそぎます・いそいで

第8課 2 p.79

I. 1. Q：よくバスに乗る？ A：（ううん、）乗らない。 2. Q：毎日日本語を話す？ A：（ううん、）話さない。 3. Q：今日宿題がある？ A：（ううん、）ない。 4. Q：今週の週末、出かける？ A：（ううん、）出かけない。 5. Q：あしたひま？ A：（ううん、）ひまじゃない。 6. Q：日本人？ A：（ううん、）日本人じゃない。 7. Q：暑い？ A：（ううん、）暑くない。

II.〔解答例〕1.（今日は）火曜日。 2. 魚がきらい。 3.（今週の週末、）買い物をする。

第8課 3 p.80

I. 1. 山下先生はかっこいいと思います。 2. こ

の女の人はメアリーさんの日本語の先生だと思います。 3. 山下先生はたくさん本を読むと思います。 4. この町はおもしろくないと思います。 5. まいさんはまゆみさんが好きじゃないと思います。 6. あしたは雪が降らないと思います。

II.〔解答例〕1.（あしたは）雨が降ると思います。 2.（来週は）忙しくないと思います。 3. はい、（日本語の先生は料理が）上手だと思います。 4.（日本語の先生は、今週の週末、）掃除すると思います。

第8課 4 p.81

〔解答例〕1. 田中さんは毎日楽しいと言っていました。 2. 田中さんはみかんが好きだと言っていました。 3. 田中さんはあまりお酒を飲まないと言っていました。 4. 田中さんはよくテニスをすると言っていました。 5. 田中さんはお兄さんが一人いると言っていました。 6. 田中さんは西町に住んでいると言っていました。 7. 田中さんは結婚していないと言っていました。 8. 田中さんは車を持っていないと言っていました。 9. 田中さんは週末たいてい友だちに会うと言っていました。 10. 今日、何をしますか。→田中さんは今日アルバイトをすると言っていました。

第8課 5 p.82

I. 1. 傘を忘れないでください。今日の午後、雨が降りますから。 2. 窓を開けないでください。寒いですから。 3. テレビを消さないでください。ニュースを見ていますから。 4. 雑誌を捨てないでください。私の雑誌じゃないですから。

II. 1. きる 2. きる 3. くる 4. かく 5. する 6. しぬ 7. かえる 8. かう

第8課 6 p.83

I.〔解答例〕1. 歌うのが 2. 写真を撮るのが 3. 日本語を話すのが 4. 洗濯するのが 5. 車を洗うのが

II. 1. えりかさんは友だちを作るのが とても／

すごく 上手です。　2. けんたさんは本を読むのが
大好きです。　3. はるとさんは部屋を掃除するの
が大きらいです。　4. ゆいさんは車を運転するの
が上手じゃないです。　5. ゆきさんは洗濯するの
があまり好きじゃないです。

第8課 7 p.84

I.　1. 佐藤さんが新聞を読んでいます　2. だれが
写真を撮っていますか　3. 山田さんがめがねを
かけています　4. だれが帽子をかぶっています
か

II.　1. Q：今朝、何か食べましたか。A：いいえ、
今朝何も食べませんでした。　2. Q：週末、何を
しますか。A：何もしません。　3. 何か飲みませ
んか。　4. けんとさんは何か聞きましたが、（私
は）わかりませんでした。

第8課 8 p.85

I.〔解答例〕1.（日本語のクラスは）難しいと思い
ます。　2.（日本語の先生は）車を運転するのが好
きだと思います。　3. いいえ、（あした雨が）降ら
ないと思います。　4. はい、（友だちは料理が）
上手だと思います。

II.〔解答例〕1. お風呂に入るのが好きです。　2.
教えるのが下手です。　3. 料理をするのがきらい
です。　4. いいえ、（掃除するのが）あまり好きじ
ゃないです。

第8課 9 p.86

A.　1. (f)　2. (c)　3. (b)　4. (e)　5. (a)　6. (d)　7.
(g)

B.　1.（ロバートさんとけんさんは）日曜日の四時
半に（ゲームを）します。　2. いいえ、（たけしさん
はゲームをしに）来ません。（たけしさんは）アル
バイトがありますから。　3. はい、（トムさんはゲ
ームをしに）来ると思います。（トムさんは日曜日
は）忙しくないですから。

C.　1. b, c　2. b, d　3. a, e

第9課 1 p.87

1. よんだ・よまなかった・よみます　2. あそんだ・
あそばなかった・あそびます　3. おぼえた・おぼ
えなかった・おぼえます　4. いった・いかなかっ
た・いきます　5. もらった・もらわなかった・も
らいます　6. おどった・おどらなかった・おどり
ます　7. およいだ・およがなかった・およぎます
8. ひいた・ひかなかった・ひきます　9. やすんだ・
やすまなかった・やすみます　10. した・しなか
った・します　11. きた・こなかった・きます
12. わかった・わからなかった　13. かっこよ
かった・かっこよくなかった　14. きれいだった・
きれいじゃなかった　15. にちようびだった・に
ちようびじゃなかった

第9課 2 p.88

I.　1. Q：きのう、友だちに会った？A：（ううん、）
会わなかった。　2. Q：きのう、運動した？A：（う
うん、）運動しなかった。　3. Q：先週、試験があ
った？A：（ううん、）なかった。　4. Q：先週の
週末、大学に来た？A：（ううん、）来なかった。
5. Q：先週の週末、楽しかった？A：（ううん、）
楽しくなかった。　6. Q：子供の時、髪が長かっ
た？A：（ううん、）長くなかった。　7. Q：子供
の時、勉強がきらいだった？A：（ううん、）きら
いじゃなかった。

II.〔解答例〕子供の時、よく公園に行った？／子
供の時、かわいかった？／子供の時、いい子だっ
た？

第9課 3 p.89

I.　1. コンサートは九時に始まったと思います。
2. けんさんは先週の週末、運動したと思います。
3. ただしさんのお父さんは若い時、かっこよかっ
たと思います。　4. 先週の試験は難しくなかった
と思います。　5. みえさんは子供の時、いじわる
じゃなかったと思います。　6. まいさんはまりさ
んから手紙をもらわなかったと思います。

Ⅱ.〔解答例〕先生は子供の時、よく勉強したと思います。／友だちは子供の時、運動が好きだったと思います。／母は子供の時、歌が上手だったと思います。

第9課　4　p. 90

〔解答例〕1. 田中さんは日本の音楽をよく聞くと言っていました。　2. 田中さんは宿題をするのがきらいだと言っていました。　3. 田中さんは(先週の週末、)アルバイトをしたと言っていました。　4. 田中さんは(子供の時、)いい子だったと言っていました。　5. 田中さんは(子供の時、)背が高くなかったと言っていました。　6. 田中さんは(子供の時、)学校が好きだったと言っていました。　7. 田中さんは(子供の時、)京都に住んでいたと言っていました。　8. 田中さんは(子供の時、)よく遊んだと言っていました。　9. 高校の時、勉強しましたか。→田中さんは(高校の時、)あまり勉強しなかったと言っていました。

第9課　5　p. 91

1. (みどりさんは)ハンバーガーを食べている人です。　2. (ともやさんは)コーヒーを飲んでいる人です。　3. (はなさんは)ピザを切っている人です。　4. (しんじさんは)歌を歌っている人です。　5. (えりかさんは)ともやさんと話している人です。

第9課　6　p. 92

1. Q：もう新しい漢字を覚えましたか。A：(はい、)もう覚えました。　2. Q：もう部屋を掃除しましたか。A：(いいえ、)まだ掃除していません。　3. Q：もう新しい先生と話しましたか。A：(いいえ、)まだ話していません。　4. Q：もうレポートを書きましたか。A：(はい、)もう書きました。

第9課　7　p. 93

Ⅰ.　1. 今日は病気だから、運動しません。　2. 雨が降っているから、今日は散歩しません。　3. み

なみさんは踊るのが上手だから、とても／すごく人気があります。　4. 友だちがいなかったから、とても／すごく さびしかったです。

Ⅱ.〔解答例〕1. はい、テストがあったから、(先週は)忙しかったです　2. いいえ、クラスがなかったから、(きのう)学校に来ませんでした　3. いいえ、友だちと家でゲームをするから、(今週の週末)出かけません　4. はい、日本語はおもしろいから、(来年も)日本語を勉強します

第9課　8　p. 94

〔解答例〕1. (きのうの晩ご飯は)カレーを食べた。／うん、おいしかった。　2. 十一時半ごろ寝た。　3. ううん、洗濯しなかった。　4. ううん、まだ(十課の単語を)覚えていない。　5. うん、(映画を)見た。／おもしろくなかった。　6. (子供の時、)サッカーをするのが好きだった。　7. 何もしなかった。

第9課　9　p. 95

A.　1. けんさんが遅くなりました。　2. (ゆいさんは)十分ぐらい待ちました。　3. (けんさんとゆいさんは)晩ご飯を食べます。　4. (レストランは)ホテルの中にあります。

B.　1. f　2. e　3. h　4. c　5. g　6. a　7. b

C.　1. (5) ¥600　2. (3) ¥180　3. (9) ¥1,080
4. (8) ¥960　5. (7) ¥8,400

第10課　1　p. 96

Ⅰ.　1. ロシアのほうがカナダより大きいです。　2. 日曜日のほうが月曜日より楽しいです。　3. たけしさんのほうがメアリーさんより年上です。　4. Q：サッカーと野球と どっち／どちら のほうが好きですか。A：野球のほうが好きです。

Ⅱ.〔解答例〕Q：夏と冬と どっち／どちら のほうが好きですか。A：夏のほうが(冬より)好きです。／Q：日本語と中国語と どっち／どちら のほうが難しいと思いますか。A：日本語のほうが(中国語より)難しいと思います。

第10課 2 p. 97

I.〔解答例〕Q：世界の町の中で、どこがいちばん好きですか。A：京都がいちばん好きです。／Q：野菜の中で、何がいちばんおいしいですか。A：トマトがいちばんおいしいと思います。／Q：外国語の中で、何がいちばん簡単だと思いますか。A：スペイン語がいちばん簡単だと思います。

Ⅱ.〔解答例〕1. たけしさんとロバートさんと山下先生の中で、山下先生がいちばんおもしろいです。2. 肉と魚と野菜の中で、野菜がいちばん安いです。

第10課 3 p. 98

I 1. 熱いの／冷たいの を飲みます。2. きれいなの／安いの がいいです。3. 英語の／日本語の を買います。

Ⅱ. 1. この時計は高いです。安いのをください。
2. 私のパソコンのほうがあなたのより遅いです。
3. どんな映画が好きですか。―こわいのが好きです。4. この車は古いです。新しいのを買います。
5. この赤いTシャツのほうが あの／その 白いの より高いです。

第10課 4 p. 99

I. 1. 日曜日に出かけないつもりです。2. 日本の会社で働くつもりです。3. 結婚しないつもりです。4. ホテルは高いから、友だちのうちに泊まるつもりです。

Ⅱ.〔解答例〕1. (今晩)友だちと晩ご飯を食べるつもりです。2. (この週末)買い物をするつもりです。3. はい、(来年も日本語を)勉強するつもりです。4. (夏休みに)アルバイトをするつもりです。

第10課 5 p. 100

I. 1. 背が高くなりました。2. 髪が短くなりました。3. ひまになりました。

Ⅱ. 1. 今朝掃除したから、私の部屋がきれいになりました。2. きのうの夜あまり寝なかったから、眠くなりました。3. たくさん練習したから、日本語を話すのが とても／すごく 上手になりました。4. 子供が好きだから、先生になります。

第10課 6 p. 101

I. 1. Q：次の休みにどこかに行きますか。A：いいえ、どこにも行きません。2. Q：先週の週末、何かしましたか。A：いいえ、何もしませんでした。3. Q：パーティーでだれかに会いましたか。A：いいえ、だれにも会いませんでした。

Ⅱ. 1. 歩いて行きます 2. どのぐらいかかります 3. どうやって行きます 4. 十五分かかります

第10課 7 p. 102

〔解答例〕1. (食べ物の中で)すしがいちばん好きです。2. (季節の中で)夏がいちばん好きです。海で泳ぐのが好きですから。3. (有名人の中で)○○がいちばん好きです。歌が上手ですから。4. 私のほうが(日本語の先生より)背が高いです。5. (家から学校まで)自転車で行きます。二十分ぐらいかかります。6. はい、(今度の休みに)キャンプに行きます。7. はい、(先週の週末、)運動しました。8. はい、(先週の週末、)友だちに会いました。

第10課 8 p. 103

A.

	どこに行きますか	何をしますか	どのぐらい行きますか
メアリー	北海道	動物園に行きます。すしをたくさん食べます。	一週間ぐらい
ロバート	ロンドン	うちに帰ります。友だちに会います。	一か月ぐらい(12月22日から1月23日まで)
たけし	どこにも行きません。		
ソラ	北海道	メアリーさんと旅行します。家族とスキーをします。	二週間ぐらい

B. 1. はなおか大学がいちばん大きいです。　2.
百五十万円ぐらいです。　3. 二時間ぐらいかかり
ます。電車とバスで行きます。　4. つしま大学の
日本語のクラスがいちばんいいです。

C. 1. はい、東京へ行きました。　2. いいえ、友
だちと行きました。　3. バスで行きました。　4.
12月11日から12月15日まで東京にいました。
5. 買い物をしました。それから東京ディズニー
ランドに行きました。

第11課　1　p. 105

I.〔解答例〕1. (a) ピアノを習いたいです。　(b) 外
国に住みたいです。　2. (a) 学校をやめたくないで
す。　(b) 友だちとけんかしたくないです。

II. 1. 子供の時、犬を飼いたかったです。／子供
の時、犬を飼いたくなかったです。　2. 子供の時、
お菓子を食べたかったです。／子供の時、お菓子
を食べたくなかったです。　3. 子供の時、飛行機
に乗りたかったです。／子供の時、飛行機に乗り
たくなかったです。　4. 子供の時、歌手になりた
かったです。／子供の時、歌手になりたくなかっ
たです。　5. 子供の時、ゲームをしたかったです。
／子供の時、ゲームをしたくなかったです。

第11課　2　p. 106

I. 1. 週末、映画を見たり、買い物をしたりしま
した。　2. あした、洗濯したり、勉強したりしま
す。　3. きのう、友だちに会ったり、本を読んだ
りしました。　4. うちで日本語を練習したり、日
本の映画を見たりします。　5. 今週の週末、山に
登ったり、温泉に行ったりしたいです。　6. 寮で
たばこを吸ったり、ビールを飲んだりしてはいけ
ません。

II.〔解答例〕1. (デートの時、)映画を見たり、ご
飯を食べたりします。　2. (休みに)旅行したり、
アルバイトをしたりしました。　3. (子供の時、)
よく公園に行ったり、ゲームをしたりしました。
4. (今度の週末、)テニスをしたり、友だちの家に
行ったりしたいです。

第11課　3　p. 107

I.〔解答例〕1. (a) 日本料理を作ったことがありま
す。　(b) 猫を飼ったことがあります。(c) ピア
ノを習ったことがあります。　2. (a) 英語を教えた
ことがありません。　(b) 山に登ったことがありま
せん。(c) ダイエットをしたことがありません。

II. 1. Q：授業／クラスをサボったことがあり
ますか。A：はい、あります。／いいえ、ありま
せん。　2. Q：富士山に登ったことがありますか。
A：はい、あります。／いいえ、ありません。

第11課　4　p. 108

〔解答例〕1. (大学の近くに)郵便局やカフェがあ
ります。　2. 時計やカメラが買いたいです。　3.
(誕生日に)ケーキや花をもらいました。　4. (休
みの日に)よくデパートや公園に行きます。　5.
(有名人の中で)○○や××に会いたいです。　6.
すしや天ぷらを食べたことがあります。　7. (カ
ラオケで)「○○」や「××」を歌います。

第11課　5　p. 109

I.〔解答例〕1. 東京に行きました。　2. 美術館に
行ったり、たくさん買い物をしたりしました。
3. おいしかったです。すしや天ぷらを食べまし
た。　4. 人がたくさんいて、にぎやかでした。　5.
はい、また行きたいです。楽しかったですから。

II.〔解答例〕1. (子供の時、)歌手になりたかった
です。　2. (今は)先生になりたいです。教えるの
が好きですから。　3. はい、猫を飼ったことがあ
ります。

第11課　6　p. 110

A. (りょうた) 1. a, j　2. i　(かな) 1. e, f, g　2. h
(けん) 1. d　2. b, c

B. 1. c　2. Today: a, c　Tomorrow: b, d

C. 1. 社長になりたい　2. 歌手になりたかった
3. 先生になりたくなかった／別に何もなりたく
なかった

第12課 1 p.111

I. 1. おなかが痛いんです　2. 彼女と別れたんです　3. かぜをひいたんです　4. 二日酔いなんです　5. 電車の切符をなくしたんです　6. 成績が悪かったんです

II. 〔解答例〕1. お金がないんです　2. 眠かったんです　3. たくさん勉強したんです　4. テストがあるんです

第12課 2 p.112

I. 1. 甘すぎます　2. 難しすぎます　3. 寒すぎる　4. 働きすぎます　5. よくゲームをしすぎます。／よくゲームをやりすぎます。　6. 緊張しすぎた　7. 歌を歌いすぎた　8. 遊びすぎた

II. 〔解答例〕日本語の宿題は多すぎます。／母は話しすぎます。

第12課 3 p.113

I. 1. 病院に行ったほうがいいです（よ）。　2. 漢字を覚えたほうがいいです（よ）。　3. お母さんにもっと電話したほうがいいです（よ）。　4. 心配しないほうがいいです（よ）。　5. 食べすぎないほうがいいです（よ）。

II. 〔解答例〕1. 今日、出かけないほうがいいですよ　2. 何か食べたほうがいいですよ　3. 薬を飲んだほうがいいですよ

第12課 4 p.114

I. 1. 勉強しなかったので、悪い成績を取りました。　2. 電気代を払ったので、お金がありません。　3. 日本語を勉強したかったので、日本に来ました。　4. 二日酔いなので、何もしたくないです。　5. 政治に興味があるので、毎日、新聞を読みます。　6. かぜをひいたので、あしたパーティーに行きません。

II. 〔解答例〕1. かっこいいので、○○が好きです。　2. スキーがしたいので、山に（いちばん）行きたいです。　3. 海が好きなので、海の近くに住みたいです。

第12課 5 p.115

I. 1. 早く起きなければいけません／早く起きなきゃいけません　2. 教科書を買わなければいけません／教科書を買わなきゃいけません　3. 練習しなければいけません／練習しなきゃいけません　4. 洗濯しなければいけません／洗濯しなきゃいけません　5. アルバイトをやめなければいけません／アルバイトをやめなきゃいけません

II. 〔解答例〕1. (a) 牛乳を買いに行かなければいけません。／牛乳を買いに行かなきゃいけません。　(b) 部屋を掃除しなければいけません。／部屋を掃除しなきゃいけません。　2. (a) 日本語の宿題をしなければいけませんでした。／日本語の宿題をしなきゃいけませんでした。　(b) アルバイトをしなければいけませんでした。／アルバイトをしなきゃいけませんでした。

第12課 6 p.116

1. 日本人でしょうか。　2. 専攻は何でしょうか。　3. 静かな人でしょうか。　4. どんな音楽が好きでしょうか。　5. たばこを吸うでしょうか。　6. 友だちがたくさんいるでしょうか。

第12課 7 p.117

〔解答例〕1. はい、あります。猫のアレルギーです。　2. ゲームをしすぎます。　3. (今、)映画に興味があります。　4. はい、(日本語のクラスは宿題が)多いと思います。　5. はい、(悪い成績を)取ったことがあります。　6. (かぜの時、)運動しないほうがいいです。　7. (今週の週末、)掃除しなければいけません。

第12課 8 p. 118

A.

Patient	sore throat	headache	stomachache	cough	fever	doctor's suggestion
1	○			○	○	家でゆっくり休んだほうがいいです
2			○			あまり食べすぎないほうがいいです
3		○	○		○	大きい病院に行ったほうがいいです

B. 1. いいえ、(今晩飲みに)行きません。子供の誕生日なので、早く帰らなければいけません／帰らなきゃいけませんから。 2. いいえ、まだ(プレゼントを)買っていません。

C. 1. ○ 2. × 3. ×

◉読み書き編

第1課 1 p. 121

II. 1. e 2. c 3. f 4. b 5. d 6. a
III. 1. あう 2. いえ 3. あい 4. かお 5. こえ
6. きく

第1課 2 p. 122

II. 1. f 2. d 3. c 4. e 5. a 6. b
III. 1. たすけ 2. ちかてつ 3. せかい 4. かさ
5. とし 6. あそこ

第1課 3 p. 123

II. 1. d 2. c 3. b 4. a 5. f 6. e
III. 1. ふね 2. ほし 3. はな 4. へそ 5. ぬの
6. ひにく

第1課 4 p. 124

II. 1. f 2. b 3. a 4. e 5. c 6. d

III. 1. もち 2. まつ 3. かみ 4. おゆ 5. むすめ
6. よやく

第1課 5 p. 125

II. 1. e 2. a 3. f 4. c 5. d 6. b
III. 1. わかる 2. れきし 3. めをさます 4. りろん 5. らいねん 6. はんえい

第1課 6 p. 126

I. 1. a 2. a 3. b 4. a
II. 1. まど 2. ちず 3. さんぽ 4. もんだい 5. しんぱい 6. がいこくじん
III. 1. b 2. a 3. b 4. a
IV. 1. いしゃ 2. じしょ 3. おちゃ 4. きょねん
5. しゅくだい 6. ひゃくえん

第1課 7 p. 127

I. 1. a 2. a 3. b 4. a
II. 1. いっしょ 2. きっぷ 3. もっと 4. ざんねん 5. はっさい 6. なんじ
III. 1. a 2. b 3. a 4. b
IV. 1. おとうさん 2. がくせい 3. おばあさん
4. おにいさん 5. とうきょう 6. すうじ

第2課 1 p. 128

II. 1. オーケー 2. ケーキ 3. ウエア 4. コーク
5. キウイ 6. ココア

第2課 2 p. 129

II. 1. シーザー 2. スーツ 3. セット 4. ソックス 5. タコス 6. チーズ 7. タイ 8. デッキ

第2課 3 p. 130

II. 1. ボサノバ 2. カヌー 3. ハーブ 4. ビキニ
5. ナッツ 6. ペット 7. コネ 8. ハッピー 9. ネクタイ 10. ノート

第2課 **4** p. 131

Ⅱ. 1. メモ　2. ムード　3. ミニ　4. マヤ　5. ヨット　6. ユーザー　7. キャップ　8. シチュー　9. ショック　10. ハーモニカ

第2課 **5** p. 132

Ⅱ. 1. ヨーロッパ　2. ワックス　3. ルーレット　4. アフリカ　5. ラーメン　6. シェークスピア　7. チェックイン　8. ヨーグルト

第3課 **2** p. 134

Ⅰ. 1. 四十一　2. 三百　3. 千五百　4. 二千八百九十　5. 一万　6. 六万七千　7. 十二万八千　8. 百万

Ⅱ. 1. 六百円　2. 時・四時

Ⅲ. 1. このとけいは四万九千円です。　2. その／あのかばんは五千三百円です。　3. やまなかさんは六時におきます。　4. かわぐちさんは七時にだいがくにいきます。　5. すずきさんはたいてい十二時ごろねます。　6. (わたしは)ときどきカフェでコーヒーをのみます。コーヒーは三百八十円です。

第4課 **2** p. 136

Ⅰ. 1. 月曜日(げつようび)　2. 火曜日(かようび)　3. 水曜日(すいようび)　4. 木曜日(もくようび)　5. 金曜日(きんようび)　6. 土曜日(どようび)

Ⅱ. 1. 日本・本・中　2. 水　3. 六時半　4. 人　5. 上・下　6. 日本人

Ⅲ. 1. (わたしは)金曜日に日本人のともだちとレストランにいきました。　2. (わたしは)土曜日に十時半ごろおきました。　3. (わたしは)一月に一人でおてらにいきました。

第5課 **2** p. 138

Ⅰ. 1. 元気　2. 今日・天気　3. 男・人・山川　4. 女・人・山田　5. 私・川・行きました　6. 食べました・飲みました　7. 見ました

Ⅱ. 1. (私は)今日本にいます。　2. 田中さんは元気です。山川さんは元気じゃないです。　3. (私は)日本人の男の人と女の人と山に行きました。　4. (私は)火曜日にともだちとコーヒーを飲みました。　5. (私は)水曜日にうちでばんごはんを食べました。それから、テレビを見ました。

第6課 **2** p. 140

Ⅰ. 1. 東・西・南・北　2. 出かけました　3. 南口・出て・右・五分　4. 西口・出て・左・十分　5. 大学生・中国　6. 先生・学生・外国

Ⅱ. 1. 私の大学に外国人の先生がたくさんいます。　2. 大学はぎんこうの左です。　3. 東口を出て、右に行ってください。　4. 出口はどこですか。5. (私は)北口で二十分まちました。

第7課 **2** p. 142

Ⅰ. 1. 東京・京子・お父さん・会いました　2. 父・母・毎日・会社　3. 子ども・学校・帰りました　4. 小さくて・高い　5. 入って　6. 高校・日本語・文学

Ⅱ. 1. 京子さんのいもうとさんは高校生です。　2. 京子さんのお母さんは小さい会社ではたらいています。　3. 父は毎日おそくうちに帰ります。4. (私は)日本語と文学をべんきょうしています。5. 南さんはすこしえい語をはなします。

第8課 **2** p. 144

Ⅰ. 1. 会社員・思います　2. 仕事・休む・言って　3. 新聞・読みます　4. 新しい・車　5. 次・電車・何時　6. 休み・作りました

Ⅱ. 1. (私は)電車でおんがくを聞きます。　2. 電気をつけてください。　3. (私は)日本の会社員はいそがしいと思います。　4. 休みに何をしますか。　5. 母はらいしゅう東京に行くと言っていました。　6. 次の電車は十一時にきます。

第9課 **2** p. 146

Ⅰ. 1. 午前中・雨　2. 午後・友だち・家・話しました　3. 白い・少し・古い　4. 名前・知って・

書いて　5. 二時間・来ませんでした　6. 時間・後・話

Ⅱ. 1.（私は）午後友だちにてがみを書きました。2.（私は）家で一時間本を読みました。　3. ゆうびんきょくはぎん行と本やの間です。　4.（私の）友だちは先生の後ろです。　5. バスていは大学の前です。　6. 後で電話します。

第10課 2 p. 148

Ⅰ. 1. 来年・町・住む　2. 今年・お正月・雪　3. 自分・売って・買いました　4. 道・立って　5. 朝・持って　6. 夜・長く

Ⅱ. 1.（私は）今年、三年生になります。　2. 今朝、雪がふりました。　3.（私は）古い車を売って、新しいのを買いました。　4. 山田さんはせが高くて、かみが長いです。　5. かばんを持ちましょうか。　6. あした新しい年がはじまります。

第11課 2 p. 150

Ⅰ. 1. 手紙・明るい　2. 映画・歌ったり・勉強　3. 近く・病院　4. 旅行・好き　5. 市・有名・所　6. 歌・大好き・歌手

Ⅱ. 1.（私は）休みの日に映画を見たり、歌を歌ったりします。　2. 私の友だちは近所に住んでいます。　3. 病気だったから、旅行しませんでした。4.（私に）手紙を（書いて）ください。　5.（私は）外国語を勉強したことがありません。

第12課 2 p. 152

Ⅰ. 1. 昔々・神さま　2. 人々・牛・使って・働いて　3. 勉強・別に　4. 赤い・色・青い・色　5. 今度・連れて・帰ります　6. 神社・別れました

Ⅱ. 1.（私は）赤と青が好きです。　2.（私は）一度東京に行ったことがあります。　3.（私は）朝早く起きるのが好きじゃないです。　4.（私は）あなたと別れたくないです。　5. 電話を使ってもいいですか。　6.（私は）日曜日に働かなければいけません。

げんき Ⅱ ワークブック 解答

● 会話・文法編

第13課 1 p. 11

I. 1. 遊んで・遊べる・遊べない　2. 泳いで・泳げる・泳げない　3. 飲んで・飲める・飲めない　4. やめて・やめられる・やめられない　5. 持ってきて・持ってこられる・持ってこられない　6. 待って・待てる・待てない　7. 歌って・歌える・歌えない　8. 走って・走れる・走れない　9. 聞いて・聞ける・聞けない　10. して・できる・できない　11. きて・こられる・こられない　12. 返して・返せる・返せない　13. 帰って・帰れる・帰れない

II.〔解答例〕1. (a) 日本語が話せます。(b) すしが作れます。2. (a) 泳げません。(b) 上手に歌が歌えません。3. (a) ピアノが弾けました。(b) ゲームができました。4. (a) 肉が食べられませんでした。(b) たくさんの人の前で話せませんでした。

第13課 2 p. 13

I. 1. 話せます　2. 泳げません　3. 決められません　4. 行けません　5. 食べられます　6. 出かけられません

II. 1. どんな歌が歌えますか。2. どこで安い服が買えますか。3. きのうの夜、ぜんぜん寝られませんでした。4. 弁護士になれてうれしいです。5. 子供の時、卵が食べられませんでしたが、今食べられます。

第13課 3 p. 14

I. 1. 寒いし・眠いし　2. 頭がいいし・ギターが弾けるし　3. テストがあるし・先生に会わなきゃ／会わなければいけないし　4. よくうそをつくし・約束を守らないし　5. 大学に入れたし・友だちがたくさんいるし

II.〔解答例〕1. いいえ、働きたくないです。日本語は難しいし、物価は高いし。2. はい、好きです。きれいな公園があるし、家族がいるし。3. 冬のほうが好きです。雪が好きだし、スキーができるし。4. 東京に行きたいです。友だちがいるし、おもしろい所がたくさんあるし。

第13課 4 p. 15

I. 1. この先生はやさしそうです。2. このセーターは暖かそうです。3. この子供は元気そうです。4. このカレーは辛そうです。5. この犬は頭がよさそうです。

II. 1. やさしそうな先生ですね。2. 暖かそうなセーターですね。3. 元気そうな子供ですね。4. 辛そうなカレーですね。5. 頭がよさそうな犬ですね。

第13課 5 p. 16

I.〔解答例〕1. 見てみます　2. 空手のクラスに行ってみます　3. 読んでみます　4. 食べてみます

II.〔解答例〕エジプト (Egypt) に行ってみたいです。そこでピラミッドを見てみたいです。／アフリカ (Africa) に行ってみたいです。そこで動物をたくさん見てみたいです。／中国に行ってみたいです。そこでいろいろな食べ物を食べてみたいです。

第13課 6 p. 17

I. 1. 魚なら食べますが、肉は食べません。2. 車なら買いたいですが、バイクは買いたくないです。3. 犬なら飼ったことがありますが、猫は飼ったことがありません。

II.〔解答例〕1. 中国語なら話せます。2. テニスならできます。3. すき焼きなら作れます。4. 五千円なら貸せます。

第13課 7 p. 18

Ⅰ. 1. メアリーさんは一日に三時間ぐらい日本語を勉強します。 2. ジョンさんは一週間に一回スーパーに行きます。 3. 姉は一か月に二回ゴルフをします。 4. けんさんは一年に一回外国に行きます。

Ⅱ.〔解答例〕1. 一週間に二回ぐらい家族と話します。 2. 一日に二回歯を磨きます。 3. 一日に七時間ぐらい寝ます。 4. 一か月に一回ぐらい髪を切ります。 5. 一週間に二日ぐらい運動します。 6. 一年に一回ぐらいかぜをひきます。

第13課 8 p. 19

Ⅰ.〔解答例〕1. はい、好きです。ピザやハンバーガーが作れます。 2. ほうれんそう (spinach) が食べられませんでした。 3. はい。宿題がたくさんあるし、レポートを書かなきゃいけないし。 4. 車を運転してみたかったです。 5. 秋葉原に行ってみたいです。 6. 一週間に五時間、日本語の授業があります。

Ⅱ.〔解答例〕1. コンビニで働きました。 2. 一時間に千円ぐらいもらいました。 3. 一週間に五日していました。

第13課 9 p.20

A.

	（外国語）	（運転）	（曜日）
中山 なかやま	英語 えいご	いいえ	月・水・土 げつ すい ど
村野 むらの	中国語 ちゅうごくご	はい	土・日 ど にち

B. 1. ○ 2. × 3. × 4. ○ 5. ○ 6. × 7. ○
C. 1. (a) 高 (b) 暖かそうです (c) 便利そうです
2. 買いません。高すぎますから。 3. 買います。もうすぐお父さんの誕生日ですから。 4. 買います。太りましたから。

第14課 1 p. 21

Ⅰ. 1. ぬいぐるみがほしいです／ほしくないです。 2. 休みがほしいです／ほしくないです。 3. お金持ちの友だちがほしいです／ほしくないです。

Ⅱ. 1. 子供の時、大きい犬がほしかったです／ほしくなかったです。 2. 子供の時、楽器がほしかったです／ほしくなかったです。 3. 子供の時、化粧品がほしかったです／ほしくなかったです。

Ⅲ.〔解答例〕1. お金がほしいです。新しいパソコンが買いたいですから。 2. おもちゃがほしかったです。今はほしくないです。 3. 時間のほうがほしいです。毎日忙しすぎますから。

第14課 2 p. 22

Ⅰ. 1. けちかもしれません 2. かぶきに興味がないかもしれません 3. もう帰ったかもしれません 4. 今、図書館にいるかもしれません 5. よくなかったかもしれません

Ⅱ.〔解答例〕1. 友だちがいないかもしれません。 2. 毎日アルバイトをしているかもしれません。 3. 今日はソラさんの誕生日かもしれません。 4. きのうの夜、あまり寝られなかったかもしれません。

第14課 3 p. 23

Ⅰ. 1. (give) けんさんはソラさんに花をあげました。 (receive) ソラさんはけんさんに花をもらいました。 2. 私はソラさんにぬいぐるみをあげました。 3. (give) ソラさんは私にTシャツをくれました。 (receive) 私はソラさんにTシャツをもらいました。 4. 私はけんさんに時計をあげました。 5. (give) けんさんは私に帽子をくれました。 (receive) 私はけんさんに帽子をもらいました。

Ⅱ.〔解答例〕1. 指輪をもらいました。彼にもらいました。 2. ネクタイをあげるつもりです。友だちは、ネクタイを一本しか持っていませんから。

第14課 4 p. 24

Ⅰ. 1. 会社に履歴書を送ったらどうですか 2. おしゃれなレストランに行ったらどうですか 3. うちにいたらどうですか 4. 先生に相談したらど

うですか　5. 警察に行ったらどうですか

II.〔解答例〕1. どうしたんですか　2. 日本語の授業が難しすぎるんです　3. 先生に相談したらどうですか　4. そうします。ありがとうございます

第14課 5 p. 25

I.〔解答例〕1. ナオミさんのお父さんは車を七台も持っています。　2. けんさんは去年本を三冊しか読みませんでした。　3. メアリーさんはアルバイトが三つもあります。　4. ジョンさんはきのう四時間しか寝ませんでした。　5. たけしさんは猫を六匹も飼っています。　6. 山下先生は T シャツを二枚しか持っていません。　7. ひろさんは友だちが一人しかいません。

II.〔解答例〕1. 五時間もしました。　2. 千円しかありません。　3. 三本持っています。

第14課 6 p. 26

I.〔解答例〕1. はい。おじさんにトレーナーをもらいました。　2. パソコンです。父がくれました。　3. 父の誕生日にセーターをあげるつもりです。私は編むのが好きですから。　4. 新しいカメラがほしいです。今のは古くて大きいですから。　5. 五回ぐらい遅刻しました。

II.〔解答例〕私は十年後、日本で働いていると思います。大きい会社に勤めていて、お金持ちかもしれません。今の彼女と結婚しているかもしれません。

第14課 7 p. 27

A. すずき→よしだ→たなか→もり

B. 1. (a) 髪を切りたい　(b) バス停の前の美容院に行ったら　2. (a) 日本語をもっと話したい　(b) 何かサークルに入ったら　3. (a) ホストファミリーの子供たちに何かあげたい　(b) 一緒にケーキを作ったら

C. 1. a. ○　b. ○　c. ×　d. ○　e. ×　2. まんがを一冊あげるつもりです。

第15課 1 p. 28

I. 1. 泳げる・泳ごう　2. 読める・読もう　3. やめられる・やめよう　4. 磨ける・磨こう　5. 売れる・売ろう　6. 捨てられる・捨てよう　7. こられる・こよう　8. 付き合える・付き合おう　9. 卒業できる・卒業しよう

II. 1. 今晩レストランで食べよう　2. 予約しようか　3. ゆいさんも誘おう　4. どうやって行こうか　5. 電車で行こう

第15課 2 p. 29

I. 1. 保険に入ろうと思っています　2. 両親にお金を借りようと思っています　3. お風呂に入って早く寝ようと思っています　4. ボランティア活動に参加しようと思っています　5. 花を送ろうと思っています　6. 練習しようと思っています

II.〔解答例〕1. 今度の休みに何をしようと思っていますか　2. 友だちが来る　3. 友だちといろいろな所に行こうと思っています　4. 試験があるので、勉強しようと思っています

第15課 3 p. 30

I. 1. お金をおろしておきます　2. 旅館を予約しておきます　3. 電車の時間を調べておきます　4. 新しい歌を練習しておきます　5. いいレストランを探しておきます

II.〔解答例〕1. 水と食べ物を買っておきます。　2. たくさん勉強しておきます。　3. 暖かい服を買っておかなければいけません。

第15課 4 p. 31

I. 1. 食堂がある　2. 私が先生に借りた　3. 父が私にくれたジャケット　4. 友だちが住んでいるマンション　5. 最近できたカフェ

II. 1. これは兄が予約した旅館です。　2. これは私が去年登った山です。

第15課 5 p. 32

Ⅰ. 1. 同じ大学を卒業した人に会いました。 2. ロシアに行ったことがある友だちがいます。 3. きのう食べた料理はおいしかったです。 4. 中国語が話せる人を探しています。

Ⅱ.〔解答例〕1. プールがあるアパートがいいです。 2. おしゃれな店がたくさんある町に住みたいです。 3. 料理が上手な人がいいです。

第15課 6 p. 33

Ⅰ.〔解答例〕1. ホテルを予約しておかなければいけません。 2. 観光したい所は、渋谷です。ハチ公と一緒に写真を撮りたいからです。 3. 東京に友だちに会いに行こうと思っています。 4. ハワイに住んでいる友だちがいます。 5. 海が見える家に住みたいです。

第15課 7 p. 34

A. 1. お寺で買った 2. 妹が編んだ 3. おじいさんが若い時、使っていた 4. 彼女と京都で撮った 5. 先生に借りた 6. 両親がくれた

B. 1. 勉強しよう 2. ありません 3. 食べ物がおいしい 4. 本で広島について調べておく 5. 宿題をしておきます

C. 1. × 2. × 3. ○ 4. ○ 5. ×

第16課 1 p. 35

Ⅰ. 1. 母の日に母に花を買ってあげました。 2. おばあさんを駅に連れていってあげました。 3. 先生が推薦状を書いてくれました。

Ⅱ. 1. 友だちに英語に訳してもらいました。 2. ホストファミリーのお母さんに漢字を教えてもらいました。 3. ルームメイトに起こしてもらいました。

第16課 2 p. 36

Ⅰ. 1. 姉は時々（私に）車を貸してくれます。／（私は）時々姉に車を貸してもらいます。 2. 友だちは（私を）病院に連れていってくれました。／

(私は)友だちに病院に連れていってもらいました。 3. 友だちは（私に）晩ご飯をおごってくれました。／（私は）友だちに晩ご飯をおごってもらいました。 4. （私は）家族に旅行の写真を見せてあげました。 5. 家族が日本に来るので、（私は）京都を案内してあげます。

Ⅱ. 1. くれます 2. くれます 3. もらいます 4. あげます 5. くれます

第16課 3 p. 37

Ⅰ. 1. お金を貸してくれない？ 2. （私の）日本語を直してくれない？ 3. あした七時に起こしてくれませんか。 4. もっとゆっくり話してくれませんか。 5. 推薦状を書いていただけませんか。 6. これを英語に訳していただけませんか。

Ⅱ.〔解答例〕1. お母さん、宿題をしてくれませんか。 2. お金を返してくれない？

第16課 4 p. 38

Ⅰ.〔解答例〕1. プレゼントがたくさんもらえるといいですね 2. いい仕事が見つかるといいですね 3. いろいろな経験ができるといいですね 4. 早くよくなるといいですね

Ⅱ. 1. 大学院に行きたいです。奨学金がもらえるといいんですが。 2. あしたの朝、試験があります。朝寝坊しないといいんですが。 3. あした、発表しなければいけません。緊張しすぎないといいんですが。 4. バーベキューをするつもりです。雨が降らないといいんですが。

第16課 5 p. 39

Ⅰ. 1. 来た 2. 来る 3. 道に迷った 4. な 5. の

Ⅱ. 1. ご飯を食べる 2. ご飯を食べた 3. 電車に乗る

第16課 6 p. 40

Ⅰ. 1. 日本に行った時、旅館に泊まりたいです。

(A) 2. きのう寝る時、歯を磨きませんでした。

(B) 3. ボランティア活動に参加した時、いろい

ろな人に会いました。(A)　4. 学校に行く時、バスに乗ります。(B)　5. この車を買う時、銀行からお金を借りました。(B)　6. 友だちにプレゼントをもらった時、うれしかったです。(A)

Ⅱ.〔解答例〕1. 一人で晩ご飯を食べる時、悲しいです。　2. さびしい時、両親に電話します。　3. スピーチをする時、緊張します。

第16課 7 p.41

Ⅰ.　1. きのうレポートを出さなくてすみませんでした。　2. 起こしてごめん。　3. 誕生日パーティーに行けなくてごめん。　4. 返事を忘れてごめん。　5. 先生に借りた本をなくしてすみませんでした。　6. 遅くなってごめん。

Ⅱ.〔解答例〕1. 最近電話しなくてごめん。　2. うそをついてごめん。　3. よく授業をサボってすみませんでした。　4. (to my girlfriend) ほかの人を好きになってごめん。

第16課 8 p.42

Ⅰ.〔解答例〕1. ご飯をおごってあげます。　2. 友だちに電話してもらいたいです。　3. よくディズニーランドに連れていってくれました。　4. 友だちの卒業式に行った時、感動しました。　5. はい、よく泣きます。感動した時、泣きます。　6. たいてい、だれかに道を聞きます。

第16課 9 p.43

A.　1. T　2. T　3. T　4. H　5. H　6. T

B.　1. (1) e　(2) a　(3) b　(4) d, f　2. ビデオチャットに参加してもらいたいです。

C.　1. ○　2. ×　3. ○　4. ×　5. ×　6. ○

第17課 1 p.44

Ⅰ.　1. ヤスミンさんは一日に五回お祈りするそうです。　2. 私の友だちの寮は汚くないそうです。　3. たけしさんは旅行会社に就職したそうです。　4. 映画館は混んでいなかったそうです。　5. ソラさんはあした試験があるので、今晩勉強しなき

ゃ／勉強しなければいけないそうです。　6. けんさんの大家さんはとてもけちだそうです。

Ⅱ.〔解答例〕1. 長野で地震があったそうです　2. あしたはとても寒くなるそうです　3. メアリーさん(によると、)あしたは授業がないそうです

Ⅲ.〔解答例〕1. また円が高くなったって　2. 先生は病気だって

第17課 2 p.45

Ⅰ.　1. 電子レンジに入れたら　2. インフルエンザだったら　3. お金が足りなかったら　4. 就職できなかったら

Ⅱ.　1. 今週の週末雨が降らなかったら、バーベキューをしましょう。　2. 私が先生だったら、毎週試験をします。　3. 友だちから返事がなかったら、悲しくなります。　4. 赤ちゃんが生まれたら、一年休みをとります。　5. このアルバイトに興味があったら、電話してください。

第17課 3 p.46

Ⅰ.　1. 空港に迎えに来なくてもいいです。　2. 今日はおごってあげます。払わなくてもいいです。　3. 宿題がないので、今晩勉強しなくてもいいです。　4. そのホテルは混んでいないので、予約をしなくてもいいです。　5. 私は家でお皿を洗わなくてもいいです。ホストファミリーのお母さんがしてくれます。

Ⅱ.　1. 持っていかなくてもいいよ　2. しなくてもいいよ　3. 返さなくてもいいよ

Ⅲ.〔解答例〕あしたは休みなので、早く起きなくてもいいです。／母が料理してくれるので、自分で料理しなくてもいいです。

第17課 4 p.47

Ⅰ.　1. かぜをひいたみたいです。　2. 車にスマホを忘れたみたいです。　3. 妹はよく泣きます。子供みたいです。　4. 友だちはまだ日本の生活に慣れていないみたいです。　5. 私のおじさんは離婚するみたいです。

Ⅱ.〔解答例〕1. 男の人は急いでいるみたいです。
2. 本を読んでいるみたいです。　3. 切符をなくしたみたいです。

第17課 5 p. 48

Ⅰ. 1. 料理する・手を洗います　2. ご飯を食べる・「いただきます」と言います　3. ご飯を食べて・「ごちそうさま」と言います　4. お皿を洗って・歯を磨きます

Ⅱ. 1. かぎをかけてから寝ました。　2. 卒業してから、仕事を探すつもりです。　3. 出かける前に、いつも天気予報を見ます。

第17課 6 p. 49

Ⅰ.〔解答例〕1. 旅行会社に就職しようと思っています。　2. いろいろな国を旅行したいです。　3. はい。サリーさんは彼と別れたそうです。　4. テレビのニュースによると、最近、いろいろな所で地震があったそうです。　5. 漢字を練習しました。　6. 運動するつもりです。

第17課 7 p. 50

A. 1. ○　2. ×　3. ×　4. ○　5. ×　6. ×　7. ○

B. 1. No　2. Yes　3. No　4. Yes

C. 1. 日曜日に行くつもりです。　2. (a) おいしいものが食べたい　(b) 買い物がしたい　(c) 六甲山に行きたい　3. 町で買い物をしたり、おいしいものを食べたりするつもりです。

第18課 1 p. 51

1. あく　2. しめる　3. しまる　4. いれる　5. はいる　6. だす　7. でる　8. つける　9. つく　10. けす　11. きえる　12. おとす　13. おちる　14. こわす　15. こわれる　16. よごす　17. よごれる　18. わかす　19. わく

第18課 2 p. 52

Ⅰ. 1. しめます　2. はいります　3. つけます　4. わきます　5. だします　6. きえます　7. こわれ

ます　8. よごします　9. おちます

Ⅱ.〔解答例〕1. はい、電気を消します。　2. いいえ、寒い時は窓を開けません。　3. いいえ、あまり服を汚しません。　4. はい、よく物を壊します。　5. いいえ、財布を落としたことがありません。

第18課 3 p. 53

1. 開いています／閉まっていません　2. 閉まっています／開いていません　3. 壊れています　4. ついています／消えていません　5. 汚れています　6. 消えています／ついていません　7. 沸いています

第18課 4 p. 54

Ⅰ. 1. もうレポートを書いてしまいました。　2. この本を読んでしまいました。　3. 大切なものをなくしてしまいました。　4. 父の車を借りましたが、壊してしまいました。　5. 友だちが約束を守らなかったので、けんかしてしまいました。　6. 仕事をやめてしまったので、今仕事がありません。

Ⅱ. 1. 飲んじゃった　2. 捨てちゃった

第18課 5 p. 55

Ⅰ. 1. 友だちから返事が来ないと、不安になります。　2. パソコンを使うと、目が痛くなります。　3. 緊張すると、のどがかわきます。　4. この薬を飲むと、眠くなります。　5. 春が来ると、桜が咲きます。

Ⅱ.〔解答例〕1. 運動すると　2. 飛行機に乗ると　3. プレゼントをもらうと

Ⅲ.〔解答例〕1. 寝る前にコーヒーを飲むと、寝られません。　2. 人がたくさんいる所で転ぶと、恥ずかしくなります。

第18課 6 p. 56

Ⅰ. 1. スマホを見ながら、料理します。／料理しながら、スマホを見ます。　2. 泣きながら、謝ります。／謝りながら、泣きます。　3. 歌を歌いながら、アイロンをかけます。／アイロンをかけ

ながら、歌を歌います。　4. コーヒーを飲みながら、本を読みます。／本を読みながら、コーヒーを飲みます。

Ⅱ. 1. テレビを見ながら宿題をしました。　2. メアリーさんは笑いながら写真を見せてくれました。　3. 散歩しながら考えます。　4. 歩きながら食べないほうがいいですよ。

Ⅲ.〔解答例〕1. ラジオを聞きながら、勉強します。2. 歌いながら自転車に乗るのが好きです。

第18課 7 p. 57

Ⅰ. 1. 電話すればよかったです。　2. 安いのを買わなければよかったです。　3. あの服を買えばよかったです。　4. もっと気をつければよかったです。

Ⅱ.〔解答例〕1. 買い物をしなければよかったです。2. 車の中で本を読まなければよかったです。　3. もっと勉強すればよかったです。　4. きのうの夜、出かけなければよかったです。

Ⅲ.〔解答例〕古い牛乳を飲まなければよかったです。／あの時謝ればよかったです。

第18課 8 p. 58

Ⅰ.〔解答例〕1. 日本語の教科書が入っています。2. はい、目覚まし時計を壊したことがあります。友だちに新しい目覚まし時計をあげました。　3. 音楽を聞きながら、よく運転します。　4. もっとピアノを練習すればよかったと思います。　5. 友だちと話したり、カラオケで歌ったりすると、元気になります。

第18課 9 p. 59

A. 1. ×　2. ×　3. ○　4. ○

B. 1. off　2. off　3. スイッチを押していませんでした。

C. 1. 英語の学校に行っています。　2. 英語ができなくて、飛行機に乗り遅れました。　3. 学生の時にもっと勉強しておけばよかったと言っていました。

第19課 1 p. 60

1. 召し上がりました　2. お吸いになります　3. ご覧になりました　4. お帰りになります　5. いらっしゃいませんでした　6. 結婚していらっしゃいます　7. お会いになった　8. お話しになります　9. おっしゃいました　10. くださいました　11. お休みになりました　12. なさいません　13. 書いていらっしゃる

第19課 2 p. 61

Ⅰ. 勉強した→勉強なさった，教えていましたが→教えていらっしゃいましたが，来ました→いらっしゃいました，言っています→おっしゃっています，買った→お買いになった，歌ってくれます→歌ってくださいます，練習した→練習なさった

Ⅱ. 1. お休みになりました　2. なさる　3. 召し上がって

第19課 3 p. 62

Ⅰ. 1. どんな音楽をお聞きになりますか。　2. もうこの映画をご覧になりましたか。　3. 有名な先生が大学にいらっしゃいました。　4. 先生は卒業式でスピーチをなさいました。　5. 山下先生はとても疲れていらっしゃるみたいです。

Ⅱ. 1. (a) お書きください　2. (d) ご覧ください
3. (b) お待ちください　4. (c) お召し上がりください

第19課 4 p. 63

Ⅰ. 1. 家まで送ってくれてありがとう。　2. お金を貸してくれてありがとう。　3. 町を案内してくれてありがとう。　4. 晩ご飯をごちそうしてくださってありがとうございました。　5. 推薦状を書いてくださってありがとうございました。　6. パーティーに招待してくださってありがとうございました。

Ⅱ.〔解答例〕(father) 迎えに来てくれてありがとう。

／(friend) 写真を見せてくれてありがとう。／
(professor) 推薦状を書いてくださってありがとう
ございました。

第19課 5 p. 64

Ⅰ. 1. 敬語を勉強してよかったです。 2. 田中さん
に会えてよかったです。 3. 今日晴れてよかった
です。 4. 日本語の勉強をやめなくてよかったで
す。 5. あの飛行機に乗らなくてよかったです。
6. おばあさんが元気になってよかったです。
Ⅱ. 〔解答例〕この大学に入れてよかったです。／
道に迷わなくてよかったです。／レストランを予
約しておいてよかったです。

第19課 6 p. 65

Ⅰ. 1. 彼が来るから、ソラさんは部屋を片付ける
はずです。 2. メアリーさんはいい学生だから、
授業をサボらないはずです。 3. カナダはアメリ
カより大きいはずです。 4. ジョンさんは中国に
住んでいたから、中国語が上手なはずです。
Ⅱ. 1. 食べないはずです／食べないはずだよ 2.
来るはずです
Ⅲ. 1. 着くはずでした 2. 来年結婚するはずでし
た

第19課 7 p. 66

Ⅰ. 〔解答例〕1. まじめで、恥ずかしがり屋だと思
います。 2. かぶきに興味があります。 3. はい、
日本語を勉強してよかったと思います。日本人
の友だちがたくさんできましたから。 4. 友だち
に「悩みを聞いてくれてありがとう」と言いたい
です。 5. はい、あります。友だちが約束を守ら
なかったので怒りました。

第19課 8 p. 67

A. 1. × 2. ○ 3. × 4. ○ 5. ○ 6. ×
B. 1. c—E 2. d—C 3. e—D 4. b—A 5. a
—B
C. 1. (a) 高校へ行きました。 (b) 高校生と話を

しました。 (c) 12:30 (d) 高校生の歌を聞きまし
た。 (e) 空手の練習を見ました。 (f) 高校の時の
ホストファミリーに会いました。 (g) 東京へ帰
りました。 2. a. ○ b. × c. ○

第20課 1 p. 69

1. 参ります 2. 申します・いたします 3. いた
だきます 4. おります 5. ございます 6. でご
ざいます

第20課 2 p. 70

1. お会いしました 2. お借りしました 3. おい
れします 4. いただきました 5. お送りしまし
た 6. お持ちしました 7. お貸ししました 8.
お呼びしましょう 9. さしあげよう

第20課 3 p. 71

Ⅰ. 1. 駅までお送りしましょうか。 2. 私の国に
いらっしゃったら、ご案内します。 3. 部長の荷
物が重そうだったので、お持ちしました。 4. あ
したは部長の誕生日なので、何かさしあげよう
と思っています。
Ⅱ. 会いました→お会いしました，案内してもら
いました→案内していただきました，ごちそうし
てもらいました→ごちそうしていただきました，
聞きました→お聞きしました／伺いました，借
りていた→お借りしていた，返しました→お返し
しました，あげました→さしあげました

第20課 4 p. 72

Ⅰ. 1. 住んでいらっしゃいますか 2. 住んでおり
ます 3. いらっしゃいましたか 4. 参りました
5. いらっしゃいますか 6. おります 7. 何を勉
強なさいましたか 8. 勉強いたしました
Ⅱ. 1. 森さんは九時に空港にお着きになりました
2. 初めて森さんにお会いしました 3. 森さんは
クラブを持ってきていらっしゃらなかったので、
私のをお貸ししました 4. 七時ごろホテルまで
お送りしました

第20課 5 p.73

Ⅰ. 1. いいえ。天気を調べないで出かけます。 2. いいえ。辞書を使わないで新聞を読みます。 3. いいえ。よく考えないで高い物を買います。 4. いいえ。手を洗わないでご飯を食べます。 5. いいえ。レシピを見ないで料理します。 6. いいえ。ホテルを予約しないで旅行します。

Ⅱ.〔解答例〕1. お風呂に入らないで 2. 車に乗らないで 3. 宿題をしないで、学校に行きました

第20課 6 p.74

Ⅰ. 1. 日本語の勉強を続けるかどうか 2. 空港までどのぐらいかかるか 3. 二階の部屋にどんな人が住んでいるか 4. メアリーさんの趣味が何か知っていますか 5. だれが家まで送ってくれたか覚えていません 6. このセーターを交換してくれるかどうかわかりません

Ⅱ.〔解答例〕何歳の時、結婚するか知りたいです。／どんな会社に就職するか知りたいです。／幸せになれるかどうか知りたいです。

第20課 7 p.75

Ⅰ.〔解答例〕1. IQ84という 2. 綾小路という 3. おからという 4. はせいちという本屋 5. ドラえもんというまんが

第20課 8 p.76

Ⅰ. 1. 食べにくいです 2. 走りやすいです 3. 歩きにくいです

Ⅱ. 1. 住みやすいです 2. 曲がりにくいです 3. 歌いにくいです 4. 持ちやすいです 5. 相談しやすいです

第20課 9 p.77

Ⅰ.〔解答例〕1. はい、あります。財布を取りに家に戻りました。 2. いいえ、知りません。先生は週末映画を見に行ったと思います。 3. 人があま

り多くない町が生活しやすいと思います。 4. 『げんき』という本が大好きです。楽しく日本語が勉強できるからです。

Ⅱ.〔解答例〕ロバート・スミスと申します。イギリスから参りました。今、日本の大学で日本語とビジネスを勉強しております。どうぞよろしくお願いいたします。

第20課 10 p.78

A. 1. d → b → e → a → c 2. (1) d (2) e (3) a

B. 1. 携帯を持た 2. レポートを書か 3. かぎをかけなかった 4. 教科書を持た

C. 1. ○ 2. ○ 3. × 4. ×

第21課 1 p.79

Ⅰ. 1. いじめられる・いじめられる 2. 読める・読まれる 3. 帰れる・帰られる 4. 話せる・話される 5. さわれる・さわられる 6. 泣ける・泣かれる 7. 笑える・笑われる 8. こられる・こられる 9. できる・される

Ⅱ. 1. 田中さんになぐられました 2. 山本さんにばかにされます 3. お客さんに文句を言われます 4. どろぼうに家に入られました 5. どろぼうにかばんを盗まれました 6. 知らない人に足を踏まれました

第21課 2 p.80

Ⅰ. 1. 私は漢字を間違えたので、子供に笑われました。 2. 友だちに遊びに来られたので、勉強できませんでした。 3. 子供の時、よく母に兄と比べられたので、悲しかったです。 4. 私はよく授業に遅刻するので、先生に怒られます。 5. よく兄に私の車を使われるので、困っています。

Ⅱ. 1. 毎晩、赤ちゃんに泣かれます。 2. 田中さんはお母さんによく日記を読まれます。 3. 子供の時、けんとさんにいじめられました。 4. 教室で財布を盗まれました。

第21課 3 p. 81

1. 兄に日本語を教えてもらいました　2. 兄にカメラを壊されました　3. 兄にまんがを貸してもらいました　4. 兄にチョコレートを食べられました　5. 兄に有名なレストランで晩ご飯をごちそうしてもらいました　6. 兄にばかにされます　7. 子供の時、兄によくいじめられました

第21課 4 p. 82

I. 1. カーテンが開けてあります。　2. 窓が閉めてあります。　3. ポスターが貼ってあります。　4. エアコンがつけてあります。　5. ケーキが焼いてあります。

II. 1. 寒いですね。ヒーターがつけてありますか。　2. 晩ご飯が作ってあります。おいしいといいんですが。　3. かぶきのチケットが二枚買ってあります。一緒に行きませんか。

第21課 5 p. 83

I. 1. 私が着替えている間に、ルームメイトがコーヒーをいれてくれました。　2. 赤ちゃんが寝ている間に、晩ご飯を準備します。　3. お風呂に入っている間に、電話がありました。　4. 私が留守の間に、だれか来ましたか。　5. 両親が日本にいる間に、広島に連れていってあげるつもりです。

II. 〔解答例〕1. 寝ている　2. 猫が家に入りました　3. 旅行し・勉強し　4. 学生の・もっと勉強すれ

第21課 6 p. 84

I. 1. 両親が来るので、部屋をきれいにしなければいけません。　2. 覚えなければいけない単語がたくさんあります。少なくしてください。　3. 二万円は高すぎます。安くしてくれませんか。　4. 私が市長だったら、町を（もっと）安全にします。　5. 留守の間に犬が私の部屋をめちゃくちゃにしました。

II. 〔解答例〕1. 社長だったら、休みを長くしたいです。　2. 大統領／首相だったら、お金持ちの

税金を高くします。　3. 大家さんだったら、家賃を安くします。

第21課 7 p. 85

1. 私はルームメイトに気がついてほしいです。　2. 私は友だちに信じてほしいです。　3. 私は父にほめてほしいです。　4. 私は先生に名前を間違えないでほしいです。　5. 私は政府に税金を安くしてほしいです。　6. 私は同僚に仕事を続けてほしいです。　7. 私は友だちに約束を忘れないでほしいです。

第21課 8 p. 86

I. 〔解答例〕1. 友だちにうそをつかれたら、悲しくなります。　2. 家族が寝ている間にゲームをします。　3. はい、あります。財布を盗まれました。　4. はい、あります。どろぼうに入られた時、警察に電話しました。　5. 魔法が使えたら、私の家を大きくします。　6. 友だちに一緒に買い物に行ってほしいです。友だちは安くていい物を見つけるのが上手ですから。

第21課 9 p. 87

A.

	男の人の問題	女の人のアドバイス
Dialogue 1	となりの人のアラームがうるさくて起きてしまう	「静かにしてください」と言う
Dialogue 2	きのうの夜、奥さんにかぎをかけられて、家に入れてもらえなかった	奥さんに何かプレゼントを買って帰る

B. 1. 冷蔵庫に入れてあった牛乳を全部飲まれました　2. 歴史のレポートのファイルを消されました　3. 経済のクラスで歴史のレポートを書いていた・怒られました

C. 1. ○　2. ×　3. ×　4. ○　5. ○

第22課 1 p. 88

I. 1. 聞かれる・聞かせる 2. 消される・消させる 3. 撮られる・撮らせる 4. 読まれる・読ませる 5. 見られる・見させる 6. 呼ばれる・呼ばせる 7. される・させる 8. 買われる・買わせる 9. こられる・こさせる

II. 1. 部長は山田さんにプロジェクトの計画を立てさせました。 2. 部長は山田さんに車を運転させました。 3. 先生は毎週学生に発表をさせます。 4. 子供の時、両親は私に本を読ませました。

第22課 2 p. 89

1. 部長は部下に英語の手紙を翻訳させました。 2. 部長は部下にお茶をいれさせました。 3. 部長は部下に書類のコピーを取らせました。 4. 部長は部下に迎えに来させました。 5. 部長は部下に手伝わせました。 6. 部長は部下に着替えさせました。 7. 部長は部下に書類を拾わせました。

第22課 3 p. 90

I. 1. 子供の時、両親は犬を飼わせてくれませんでした。 2. 父は一人暮らしをさせてくれません。 3. 友だちは時々車を使わせてくれます。 4. 高校の時、母は車の免許を取らせてくれませんでした。 5. テニスをする時、私は時々妹に勝たせてあげます。

II. 1. アルバイトをやめさせてください。 2. 考えさせてください。 3. 今日は私にごちそうさせてください。 4. その有名人に会わせてください。

第22課 4 p. 91

I. 〔解答例〕1. 早く学校に行きなさい 2. 野菜も食べなさい 3. 宿題をしなさい 4. 早く寝なさい 5. 早く起きなさい 6. この服を着なさい

II. 〔解答例〕部屋を掃除しなさい。／勉強しなさい。

第22課 5 p. 92

I. 1. 予習すれば、あの先生の授業がよくわかります。 2. 急げば、間に合います。 3. 予約しておけば、大丈夫です。 4. 部長が反対しなければ、このプロジェクトを始められます。 5. やってみれば、できるかもしれません。

II. 〔解答例〕1. 何度も書けば、覚えられますよ 2. 私が作ったスープを飲めば、元気になりますよ

III. 〔解答例〕1. いつも笑っていれば、いい友だちができます。 2. お金持と結婚すれば、楽な生活ができます。 3. 助けてもらったり、助けてあげたりすれば、みんなが幸せになります。

第22課 6 p. 93

I. 1. 今日、期末試験があるのに (b) 2. 毎日練習したのに (d) 3. あの人にプレゼントをあげたのに (e) 4. 兄弟なのに (c) 5. 同僚は忙しくないのに (a)

II. 〔解答例〕1. 車を運転した 2. 成績がいいです 3. 仕事が大変な 4. 何でもしてあげた

第22課 7 p. 94

I. 〔解答例〕1. ジョン(さんは)パンダのように(かわいいです。) 2. メアリー(さんは)ビリー・アイリッシュのように(歌が上手です。) 3. (私は)パン屋さん(のように)パンが上手に焼けます。

II. 〔解答例〕1.「ハリー・ポッター」のような 2. ニューヨークのような 3. ソニーのような

III. 1. 今日は夏のように暑いです。 2. おじいさんのような人になりたいです。 3. 彼女は道に迷った時、子供のように泣きました。 4. ソラさんは日本人のように日本語がぺらぺらです。 5. あなたのような怠け者に会ったことがありません。

第22課 8 p. 95

I. 〔解答例〕1. 空手を習わせたいです。強い人になってほしいからです。 2. 予習と復習をすれ

ば、いい成績が取れると思います。はい、しています。　3. 母のような人になりたいです。母は頭がよくて、いろいろなことをよく知っているからです。　4. 高校の時、友だちの家に泊まりに行かせてくれました。アルバイトをさせてくれませんでした。

第22課 9　p. 96

A.　1. B　2. W　3. H　4. H　5. W　6. B　7. W

B.

	今	大学生になったら
友だちと旅行する		○
アルバイトをする		○
一人暮らしをする		―

C.　1. 美術館に行きます。バスで行きます。　2. セーターをほしがっています。ホテルのとなりの店に行きます。　3. 警察に行きます。財布を盗まれましたから。

第23課 1　p. 97

Ⅰ.　1. 答えさせる・答えさせられる　2. 待たせる・待たされる　3. 歌わせる・歌わされる　4. 話させる・話させられる　5. 書かせる・書かされる　6. 入れさせる・入れさせられる　7. 飲ませる・飲まされる　8. 訳させる・訳させられる　9. 作らせる・作らされる　10. させる・させられる　11. こさせる・こさせられる　12. 受けさせる・受けさせられる

Ⅱ.　1. ゆみさんはお母さんにアイロンをかけさせられます。　2. ひろこさんは先輩にボールを拾わされます。　3. たけしさんは部長にコピーを取らされます。

第23課 2　p. 99

Ⅰ.　1. 私に宿題を手伝わせました・弟に宿題を手伝わされました　2. 私にペットの世話をさせました・親にペットの世話をさせられました　3. 私にお皿を洗わせました・親にお皿を洗わされました

Ⅱ.〔解答例〕1. 毎日ピアノを練習させられました。　2. 長い作文を書かされました。　3. クラブの先輩にお弁当を買いに行かされました。

第23課 3　p. 100

1. 私は友だちに笑われました。　2. 私は両親に空手を習わされました。　3. 私は両親に旅行をあきらめさせられました。　4. 私は子供の時、友だちに悪口を言われました。　5. 私は子供の時、母に一日に三回歯を磨かされました。　6. 私は友だちに駅で一時間待たされました。　7. 私はお客さんに文句を言われました。　8. 私は蚊に刺されました。

第23課 4　p. 101

Ⅰ.　1. 雨がやんでも、出かけません。　2. 私が約束を守らなくても、友だちは何も言いません。　3. 試験が難しくても、カンニングしません。　4. 結果がよくなくても、がっかりしないでください。　5. ただでも、ほしくないです。

Ⅱ.〔解答例〕1. いじめられて　2. 幸せじゃなくて　3. 日本語の勉強を続けます　4. 家族(に反対されても)、日本に留学します　5. お父さんの料理(がまずくても)、食べます

第23課 5　p. 102

Ⅰ.　1. ソラさんは来年試験を受けることにしました。　2. けんさんは今年就職しないことにしました。　3. レポートの締め切りはあしたなので、ジョンさんは徹夜することにしました。　4. 私は健康と環境について調査することにしました。　5. 病気になるかもしれないので、保険に入ることにしました。

Ⅱ.〔解答例〕1. 映画を見に行くことにしました　2. 出かけないことにしました　3. 公園で友だちと野球をすることにしました　4. 毎朝六時に起きて練習することにしました　5. 日本に留学することにしました

第23課 6 p. 103

I. 1. 健康のために毎日走ることにしています。
2. 危ない所に行かないことにしています。 3. エレベーターを使わないで、階段を使うことにしています。 4. 悪口を言わないことにしています。
5. 一週間に一回両親に電話することにしています。 6. 病気でも、授業を休まないことにしています。 7. 弟にうそをつかれても、怒らないことにしています。
II.〔解答例〕1. 三十分歩くことにしています。
2. 甘いものを食べないことにしています。太るからです。

第23課 7 p. 104

I. 1. お金をためるまで、旅行しません。 2. 宿題が終わるまで、待ってくれませんか。 3. 二十歳になるまで、お酒を飲んではいけません。
4. アパートを見つけるまで、私の家にいてもいいですよ。 5. ペットが死ぬまで、世話をしなければいけません。 6. 雨がやむまで、待たなければいけませんでした。
II.〔解答例〕1. 卒業するまで、日本語の勉強を続けるつもりです。 2. 結婚するまで、親と住むつもりです。 3. 新しい仕事を見つけるまで、今の町にいるつもりです。

第23課 8 p. 105

I. 1. このアプリの使い方がわかりません。 2. 注文のし方を説明してください。 3. おいしいお茶のいれ方が知りたいです。 4. 野菜の育て方を教えてくれませんか。
II.〔解答例〕1. まず、単語のカードを作ります。それを何度も見て練習すれば、覚えられますよ
2.（A）この野菜の食べ方 （B）小さく切って焼いたら、おいしいですよ。サラダに入れてもいいですよ

第23課 9 p. 106

I.〔解答例〕1. はい。先生に長い作文を書かされました。 2. 間違えても、日本語で話すことにしています。／時間がかかっても、歩いて大学に行くことにしています。／だれかに悪口を言われても、悪口を言わないことにしています。 3. いつも文句を言っている人に我慢できません。 4. はい、あります。有名なレストランで食べたのに、ぜんぜんおいしくなかったからです。 5. 宿題を復習したり、文法の説明を読んだりします。

第23課 10 p. 107

A. Dialogue 1: a, d, e　Dialogue 2: a, c, e

B. Dialogue 1: a. ○　b. ×　Dialogue 2: a. ○　b. ×

C.

	学生の知りたいこと	ゆきさんのアドバイス
Dialogue 1	漢字の覚え方	読み方はカードを作って、書き方はノートにたくさん書いて覚えます
Dialogue 2	空港の行き方	駅からバスで行きます

● 読み書き編

第13課 2 p. 112

1. くに・食べ物・飲み物　2. 特に・鳥・肉　3. 昼・空港・着きました　4. 朝ご飯・まいにち・同じ・物　5. せんげつ・海・とき・水着　6. ときどき・きぶん・悪く　7. ご飯・安くて・体　8. いっしょう・いちど　9. 買い物・料理・昼ご飯　10. 着物・着て

第14課 2 p. 114

1. 彼・親切・としうえ　2. にかげつご・留学・家族　3. 店・英語・じょうず　4. 急に・病気・医者　5. 去年・本当に・楽しかった　6. ほっかいどう・乗りました　7. 彼女・留学生・音楽　8.

時代・さんねんかん　9. 買い物・急いで　10. 父親・切って

第15課 2 p. 116

1. 夏休み・自転車・借りました　2. 地下・通ります　3. 建物・走って　4. 意味　5. 夏・お寺　6. 魚・足　7. 場所・にじゅうまんにん・死にました　8. 広い・注意　9. ことし・うまれました　10. 近く・ゆうめいな・神社　11. いちねんじゅう・にんき　12. 南・楽しんで

第16課 2 p. 118

1. 世界・教室　2. 子供・運動　3. 全部・自分・考えて　4. 以外・毎週　5. 部屋・開けて・そら　6. しょうがくせい・味方　7. 始まる・だして　8. 国・本屋・始めます　9. 先週・一週間・運転・教えて　10. 使って・書きました

第17課 2 p. 120

1. ふたり・結婚・発表しました　2. 写真・集めて　3. 小野・ご主人・三十歳　4. 音楽・習って　5. 作品・つくりました　6. はちじゅうねんだい・主に・分野・活動　7. 文字・なんども　8. 歩いて・仕事　9. そのご・長野・生活　10. 写す

第18課 2 p. 122

1. 食堂・映画館　2. 授業・目的　3. 洋服・貸して　4. らいしゅう・試験・終わります　5. まいつき・でんきだい　6. したしい・からて　7. だんしがくせい・じょしがくせい・図書館・宿題　8. みっか・いじょう・力仕事　9. 目・いれて・服　10. 旅館・地図

第19課 2 p. 124

1. お兄さん・お姉さん　2. 春・秋　3. 姉・漢字・研究して　4. 冬・花　5. 手紙・様　6. 質問・多くて・不安　7. 工学・来年・卒業します　8. ゆうじん・おもいだします　9. たいせつ・おせわ　10. 兄・だいがくいん・冬休み

第20課 2 p. 126

1. 心・笑って・続けました　2. そと・両親・払って　3. 皿・一枚・両　4. 無理　5. 茶店・しゅじん・じだい・はなし　6. 絶対・止まらないで　7. 最近・痛くて・声　8. お茶・最悪　9. 家族・しごと・知りません　10. ひとり・歩いて　11. うれる・物

第21課 2 p. 128

1. 初めて・台風　2. 兄弟・犬・写真・送りました　3. 幸せ・信じて　4. 時計・遅れて　5. おや・若い　6. 若者・重い・びょうき・にゅういん　7. 妹・三台　8. しょくじ・遅かった　9. 弟・かよって・乗り遅れた　10. 初め・心配・経験

第22課 2 p. 130

1. 駅員・案内して　2. 黒い・東京駅・待って　3. 黒木・一番・小説　4. 一回・説明したら　5. 用事・かわりに・銀行　6. しんゆう・守れません　7. 残業・ふつかかん・日記　8. 週末・お守り・忘れて　9. 夕方・留守・残しました

第23課 2 p. 132

1. 顔文字・くち・感情・あらわします・いっぽう　2. 悲しそう・顔・答えました　3. 結果・変だ　4. 果物・違います・答え / 答　5. せかいじゅう・調べたい　6. 文化・違い・比べて　7. 相手・表情　8. 横・感動して　9. つかいかた・間違えて・怒られました　10. 調査・大変でした

ワークブック「聞く練習」スクリプト

第1課 p. 21

Ⓐ W01-A

1. ありがとうございます。

2. さようなら。

3. あっ、すみません。

4. おはよう。

5. おやすみなさい。

6. こんにちは。

7. はじめまして。よろしくおねがいします。

8. こんばんは。

9. ごちそうさま。

10. いってきます。

11. ただいま。

Ⓑ W01-B

Example:

乗客：すみません。今、何時ですか。
乗務員：今、六時です。
乗客：東京は、今何時ですか。
乗務員：午前八時です。

1.

乗客：すみません。今、パリは何時ですか。
乗務員：今、午前四時です。
乗客：ありがとうございます。
乗務員：いいえ。

2.

乗客：すみません。今、何時ですか。
乗務員：今、七時です。
乗客：ソウルは、今何時ですか。
乗務員：午後九時です。

3.

乗客：すみません。ニューヨークは今何時ですか。
乗務員：午後一時です。
乗客：ありがとう。

乗務員：いいえ。

4.

乗客：すみません。ロンドンは今何時ですか。
乗務員：七時半です。
乗客：午前ですか、午後ですか。
乗務員：午前です。

5.

乗客：すみません。台北は今何時ですか。
乗務員：午前十一時です。
乗客：ありがとうございます。
乗務員：いいえ。

6.

乗客：すみません。シドニーは今何時ですか。
乗務員：三時半です。午後三時半です。
乗客：ありがとうございます。
乗務員：いいえ。

Ⓒ W01-C

Example:

田中：すみません。鈴木さんの電話番号は何番ですか。
交換：51-6751（ごいち ろくななごいち）です。
田中：51-6751（ごいち ろくななごいち）ですね。
交換：はい、そうです。

1.

田中：すみません。川崎さんの電話番号は何番ですか。
交換：905-0877（きゅうぜろご ぜろはちななな な）です。
田中：905-0877（きゅうぜろご ぜろはちなななな な）ですね。
交換：はい、そうです。

2.

田中：すみません。リーさんの電話番号は何番で
すか。

交換：5934-1026（ごきゅうさんよん いちぜろに
ろく）です。

田中：5934-1026（ごきゅうさんよん いちぜろに
ろく）ですね。

交換：はい、そうです。

田中：どうもありがとう。

3.

田中：すみません。ウッズさんの電話番号は何番
ですか。

交換：49-1509（よんきゅう いちごぜろきゅう）
です。

田中：49-1509（よんきゅう いちごぜろきゅう）
ですね。

交換：はい、そうです。

4.

田中：すみません。クマールさんの電話番号は何
番ですか。

交換：6782-3333（ろくななはちに さんさんさん
さん）です。

田中：6782-3333（ろくななはちに さんさんさん
さん）ですね。

交換：はい、そうです。

Ⓓ W01-D

ケイト：あきらさんは学生ですか。

あきら：はい、日本大学の学生です。

ケイト：今、何年生ですか。

あきら：一年生です。

ケイト：専攻は何ですか。

あきら：ビジネスです。

あきら：ケイトさんは留学生ですか。

ケイト：はい、アメリカ大学の三年生です。

あきら：そうですか。専攻は何ですか。

ケイト：日本語です。

第2課 p. 31

Ⓐ W02-A

客A：すみません。ガムください。

店員：百円です。どうも。

客B：新聞ください。

店員：ええと、百五十円です。

客C：あのう、このかさはいくらですか。

店員：千円です。

客C：じゃあ、これください。

店員：どうも。

客B：すみません。コーラください。

店員：はい。百二十円です。

Ⓑ W02-B

メアリー：たけしさん、私の友だちのクリステ
ィ・田中さんです。

クリスティ：はじめまして。クリスティです。

たけし：はじめまして。木村たけしです。あのう、
クリスティさんはアメリカ人ですか。

クリスティ：いいえ、アメリカ人じゃないです。
フランス人です。パリ大学の学生です。専攻は
英語です。

たけし：そうですか。クリスティさんのお父さん
は、日本人ですか。

クリスティ：はい。

たけし：お母さんはフランス人ですか。

クリスティ：はい、フランス人です。

Ⓒ W02-C

たけし：メアリーさん、このレストランの天ぷら
はおいしいですよ。

メアリー：天ぷら？　天ぷらはいくらですか。

たけし：えっと……千二百円ですね。

メアリー：千二百円。うーん……。あのう……
すきやきは何ですか。

たけし：肉です。

メアリー：いいですね。ええと……すきやき
……。えっ、三千円！　高いですね。

たけし：そうですね。あのう……うどんは六百
円です。

メアリー：じゃあ、私はうどん。

たけし：じゃあ、私も。

第3課 p. 39

Ⓐ W03-A

ソラ：メアリーさん、週末何をしますか。

メアリー：土曜日は京都へ行きます。

ソラ：京都？

メアリー：ええ、映画を見ます。ソラさんは？

ソラ：土曜日はうちで本を読みます。でも、日曜日に大阪へ行きます。レストランで晩ご飯を食べます。

メアリー：そうですか。私は日曜日は図書館で勉強します。

Ⓑ W03-B

リーダー：あしたのスケジュールです。あしたは六時に起きます。

生徒A：朝ご飯は何時ですか。

リーダー：七時半です。七時半に朝ご飯を食べます。

生徒B：朝は何をしますか。

リーダー：九時にテニスをします。十二時半に昼ご飯を食べます。

生徒A：午後は何をしますか。

リーダー：一時半に勉強します。三時にヨガをします。六時に晩ご飯を食べます。

生徒B：あしたも映画を見ますか。

リーダー：はい。七時半に映画を見ます。日本の映画ですよ。

生徒A：何時に寝ますか。

リーダー：十一時半に寝ます。じゃあ、おやすみなさい。

Ⓒ W03-C

友だち：ソラさんはよく勉強しますか。

ソラ：ええ。毎日、日本語を勉強します。よく図書館に行きます。図書館で本を読みます。

友だち：週末は何をしますか。

ソラ：そうですね。よく友だちと映画を見ます。

友だち：日本の映画ですか。

ソラ：いいえ、アメリカの映画をよく見ます。日本の映画はあまり見ません。それから、ときどきテニスをします。

友だち：毎日、朝ご飯を食べますか。

ソラ：いいえ、食べません。でもときどきコーヒーを飲みます。

Ⓓ W03-D

友だち：メアリーさん、カフェでコーヒーを飲みませんか。

メアリー：うーん、ちょっと……。私、家に帰ります。

友だち：えっ、家に帰る？ 今、八時ですよ。早いですよ。

メアリー：でも……今晩、勉強します。

友だち：日本語ですか。

メアリー：ええ。日本語。本を読みます。

友だち：そうですか……。じゃあ、メアリーさん、カフェで日本語を話しませんか。

メアリー：すみません。おやすみなさい。

友だち：あ、メアリーさん、お願いします。あした、学校で昼ご飯を食べませんか。

メアリー：いいえ。私、あした、学校に行きません。さようなら。

友だち：あ、メアリーさ～ん……。

第4課 p. 49

Ⓐ W04-A

これは、金曜日のパーティーの写真です。

私の右はお母さんです。私の左はお父さんです。

お母さんのとなりはマイクさんです。マイクさんはオーストラリア人です。

マイクさんの後ろはりかさんです。りかさんはマイクさんの友だちです。

私の後ろは、たけしさんです。たけしさんはさくら大学の学生です。

たけしさんの左は、けんさんです。

Ⓑ W04-B

メアリー：お父さんは今日、何をしましたか。

ホストファミリーのお父さん：うちでテレビを見ましたよ。

メアリー：一人で？

お父さん：ええ、お母さんは友だちと買い物に行きました。

メアリー：そうですか。お父さん、あしたは何をしますか。

お父さん：うーん……。

メアリー：じゃあ、テニスをしませんか。

お父さん：ああ、いいですね。

Ⓒ W04-C

先生：みなさん、おはようございます。

学生全員：おはようございます。

先生：今日は何月何日ですか。ロバートさん。

ロバート：えーっと、九月十三日です。

先生：十三日ですか。

ロバート：あっ、十四日です。

先生：そうですね。何曜日ですか。ソラさん。

ソラ：月曜日です。

先生：そうですね。週末はどうでしたか。何をしましたか。ソラさん。

ソラ：友だちに会いました。友だちとカラオケへ行きました。勉強もしました。

先生：そうですか。メアリーさんは何をしましたか。

メアリー：うちで本を読みました。それから、たくさん勉強しました。

先生：そうですか。いい学生ですね。ロバートさんは？

ロバート：東京に行きました。東京でたくさん写真を撮りました。買い物もしました。

先生：そうですか。勉強もしましたか。

ロバート：いいえ、ぜんぜんしませんでした。

先生：今日は、テストがありますよ。

ロバート：えっ、テストですか!?

第5課　p. 58

Ⓐ W05-A

不動産屋：この家はどうですか。

客：新しい家ですか。

不：いいえ、ちょっと古いです。でも、きれいですよ。

客：静かですか。

不：ええ、とても静かです。

客：部屋は大きいですか。

不：あまり大きくないです。でも、部屋はたくさんありますよ。

客：いくらですか。

不：一か月九万四千円です。

客：えっ。高いですね。

不：高くないですよ。安いですよ。

Ⓑ W05-B

司会者：こんにちは。お名前は？

鈴木：鈴木ゆうこです。

司会者：鈴木さんですね。お名前をお願いします。

吉田：吉田です。

川口：川口です。

中山：中山です。

司会者：吉田さんはどんな人が好きですか。

吉田：私はやさしい人が好きです。

司会者：川口さんは？

川口：ぼくはおもしろい人が好きです。

司会者：中山さんは？

中山：静かな人が好きですね。

司会者：鈴木さん、じゃあ、聞いてください。

鈴木：はい。休みには何をしますか。

司会者：吉田さんは休みに何をしますか。

吉田：テニスをします。

司会者：川口さんは？

川口：ぼくは友だちと一緒にご飯を食べます。

司会者：中山さんは？

中山：私は家でテレビを見ます。

司会者：そうですか。では鈴木さん、どの人がいいですか。

鈴木：吉田さんです。

司会者：吉田さん、おめでとうございます！

Ⓒ W05-C

インタビュアー：メアリーさんは音楽が好きですか。

メアリー：ええ、好きです。

イ：どんな音楽が好きですか。

メ：そうですね。Jポップが好きです。うちでよく聞きます。

イ：ロックも好きですか。

メ：いいえ、ロックはあまり好きじゃないです。

イ：そうですか。クラシックは？

メ：きらいです。クラシックはわかりません。

イ：週末何をしますか。

メ：そうですね。よく映画を見ます。

イ：どんな映画ですか。

メ：うーん。アニメが好きです。先週「コナン」を見ました。とてもおもしろかったです。

インタビュアー：たけしさんはどんな音楽が好きですか。

たけし：ロックが大好きです。よくロックを聞きます。

イ：そうですか。Jポップは？

た：あまり聞きません。あまり好きじゃないです。

イ：クラシック音楽は好きですか。

た：ええ、好きです。ときどきコンサートへ行きます。

イ：そうですか。映画はどうですか。

た：好きです。アニメとホラー映画が大好きです。

第6課 p. 68

Ⓐ W06-A

ユースの人：朝ご飯は七時半からです。七時半にここに来てください。昼ご飯はありません。

客1：すみません。部屋でたばこを吸ってはいけませんか。

ユースの人：はい。たばこは外で吸ってください。

客2：朝、シャワーを使ってもいいですか。

ユースの人：はい、どうぞ。使ってください。それから、となりの部屋にコインランドリーがあります。使ってください。

Ⓑ W06-B

ロバート：「OK, My Room」。カーテンを開けてください。トイレの電気を消してください。

部屋：はい、了解しました。

ロバート：テレビをつけてください。

部屋：はい、了解しました。

ロバート：それから、あしたのライブのチケットを買ってください。

部屋：わかりました。このチケットですね。

ロバート：そうです。あっ、今のロンドンの時間を教えてください。

部屋：今ロンドンは十二時です。

ロバート：お母さんに電話してください。

Ⓒ W06-C

たけし：ゆいさん、ピクニックに行きませんか。

ゆい：いいですね。いつですか。

たけし：今週の土曜日はどうですか。

ゆい：ああ、土曜日はアルバイトがありますから、ちょっと……。でも、日曜日はいいですよ。ソラさんは？

ソラ：私も土曜日はちょっと……。友だちが来ますから。ロバートさんはどうですか。

ロバート：土曜日はいいですよ。でも日曜日はうちで勉強します。月曜日にテストがありますから。

たけし：じゃあ、来週行きましょうか。

みんな：そうですね。

第7課 p. 77

Ⓐ W07-A

警察：ロバートさん、あなたはきのうの夜十一時ごろ何をしていましたか。

ロバート：ぼくは、部屋で宿題をしていました。

警察：一人で？

ロバート：いいえ、ソラさんと。

警察：ほかの学生は何をしていましたか。

ロバート：たけしさんとけんさんは、たけしさんの部屋で音楽を聞いていました。それから、ゆいさんは、シャワーを浴びていました。

警察：じゃあ、トムさんは？

ロバート：トムさん？　さあ……。

警察：どうもありがとう。トムさんはどこですか。

Ⓑ W07-B

みなさん、こんにちは。レポーターの鈴木です。わあ、スターがたくさん来ていますね。

あっ、宇野だいきさんが来ました。Ｔシャツを着て、ジーンズをはいています。背が高くて、かっこいいですね。

そして、野口えりかさんです。きれいなドレスを着ています。帽子もかぶっています。かわいいですね。

そして……あっ、松本かなさんです。今日はめがねをかけています。髪が長くて、いつもセクシーですね。新しいボーイフレンドと来ました。髪が短くて、ちょっと太っていますね。

Ⓒ W07-C

メアリー：すみません。ちょっといいですか。

田中：はい。

メアリー：あのう、お名前は。

田中：田中です。

メアリー：今日はここに何をしに来ましたか。

田中：今日ですか。友だちの誕生日のプレゼントを買いに来ました。

メアリー：何を買いますか。

田中：ゲームを買います。

メアリー：そうですか。どうもありがとうございました。

メアリー：すみません。お名前は。

佐藤：佐藤です。

メアリー：今日は何をしに来ましたか。

佐藤：遊びに来ました。カラオケで歌います。

メアリー：そうですか。ありがとうございました。

メアリー：すみません。お名前は。

鈴木：鈴木です。

メアリー：今日は何をしに来ましたか。

鈴木：妹に会いに来ました。妹はこのデパートで働いていますから。

メアリー：そうですか。ありがとうございました。

第8課　p. 86

Ⓐ W08-A

1. 見ないでください。
2. ここで写真を撮らないでください。
3. 行かないでください。
4. 消さないでください。
5. 捨てないでください。
6. ここでたばこを吸わないでください。
7. となりの人と話さないでください。

Ⓑ W08-B

ロバート：けん、日曜日ひま？

けん：うん。ひまだよ。

ロバート：一緒にゲームしない？

けん：うん。いいね。いつする？

ロバート：四時半は？

けん：いいよ。たけしもすると思う？

ロバート：ううん。たけしはアルバイトがあると言っていた。

けん：トムは来る？

ロバート：うん。トムは大丈夫だと思う。日曜日は忙しくないと言っていたから。

けん：じゃあ、三人だね。

Ⓒ W08-C

みなさん、私は本間先生にインタビューしました。

本間先生は、週末よくテニスをすると言っていました。テレビでスポーツを見るのも好きだと言っていました。ぜんぜんデートをしないと言っていました。ときどき料理をしますが、あまり上手じゃないと言っていました。

日本語のクラスは、にぎやかでとてもおもしろ

いクラスだと言っていました。でも、学生はあまり勉強しないと言っていました。だから、大変だと言っていました。

第9課 p. 95

Ⓐ W09-A

けん：ゆいさん、遅くなってごめんなさい。待った？

ゆい：うん。十分ぐらいね。

けん：もう、晩ご飯食べた？

ゆい：ううん、まだ食べていない。

けん：じゃあ、何か食べる？

ゆい：うん。

けん：何がいい？ イタリア、フランス、中国料理……。

ゆい：うーん、そうね、ピザは？

けん：いいね。おいしいレストラン知っているから、そこへ行く？

ゆい：うん。それはどこ？

けん：あそこ。あのホテルの中だよ。

Ⓑ W09-B

じゅん：先週のパーティーの写真です。

ロバート：ケーキを食べている人がじゅんさんですね。

じゅん：ええ。

ロバート：ワインを飲んでいる人はだれですか。

じゅん：ぼくの友だちです。

ロバート：きれいな人ですね。この歌を歌っている女の人もきれいですね。

じゅん：ああ、ぼくの妹ですよ。そのとなりが弟です。

ロバート：この踊っている人はだれですか。

じゅん：姉と友だちのマイケルです。

ロバート：そうですか。この後ろのソファで寝ている男の人は？

じゅん：父です。犬のポチも寝ています。

ロバート：じゃあ、お母さんは？

じゅん：母はいません。写真を撮っていましたから。

Ⓒ W09-C

客A：コーヒーを五つください。

店員：はい、六百円です。

客B：オレンジを三つください。

店員：はい、百八十円です。

客C：おにぎりを九つお願いします。

店員：九つ……えっと、千八十円です。

客D：お茶は一ついくらですか。

店員：一つ百二十円です。

客D：じゃあ、八つください。

店員：はい、どうぞ。

客E：お弁当七つください。

店員：はい、一つ千二百円です。

第10課 p. 103

Ⓐ W10-A

ロバート：メアリーさん、冬休みに何をしますか。

メアリー：北海道に行くと思います。北海道で動物園に行きます。それから、すしをたくさん食べます。一週間ぐらい北海道にいるつもりです。ロバートさんは？

ロバート：ロンドンのうちに帰るつもりです。ロンドンで友だちに会うと思います。12月22日から1月23日までロンドンにいます。たけしさんは何をするつもりですか。

たけし：ぼくはお金がないから、どこにも行きません。アルバイトも休みだから、ひまだと思います。つまらないです。ソラさんは？

ソラ：私もメアリーさんと一緒に北海道へ行きます。私は二週間ぐらい北海道にいるつもりです。一週間はメアリーさんと旅行します。その後、韓国から家族が来るから、家族とスキーをします。

Ⓑ W10-B

アニタ：三つの大学の中でどれがいちばん大きいですか。

教師：はなおか大学がいちばん大きいです。そしていちばん有名ですね。さくら大学もつしま

大学もあまり大きくないですね。

アニタ：じゃあ、学費はどうですか。

教師：はなおかは一年八十万円ぐらい、つしま は百五十万円ぐらい、さくらは七十万円ぐら いです。

アニタ：さくらがいちばん安いですね。……さく らとはなおかとどちらのほうがここから近いで すか。

教師：さくらもはなおかも、電車とバスで二時 間ぐらいかかります。つしまがいちばん近いで すね。バスで三十分ぐらいですから。

アニタ：じゃあ、日本語のクラスはどうですか。

教師：さくらとつしまには日本語のクラスがあ りますが、はなおかにはありません。

アニタ：残念ですね。私は大学で日本語を勉強 するつもりですから……。さくらとつしまとど ちらの日本語のクラスがいいですか。

教師：つしまのほうがいいと思います。つしま の日本語の先生はとても有名ですから。

アニタ：そうですか。……先生、ありがとうござ いました。

Ⓒ W10-C

質問：

1. 冬休みにどこかへ行きましたか。
2. 一人で行きましたか。
3. どうやって行きましたか。
4. いつからいつまで東京にいましたか。
5. 東京で何をしましたか。

第11課 p. 110

Ⓐ W11-A

けん：りょうたさん、休みはどうでしたか。

りょうた：よかったですよ。長野で毎日スキーを したり、雪の中で温泉に入ったりしました。次 の休みも長野に行って、山に登るつもりです。

けん：かなさんは？

かな：私は友だちとオーストラリアに行きまし た。

りょうた：えっ、オーストラリアですか？ いい なあ。ぼくは行ったことがありませんが、友だ ちはオーストラリアでスキーをしたと言ってい ました。

かな：オーストラリアは今、夏だからスキーはし ませんでしたけど。友だちがオーストラリアに 住んでいるので、会いに行きました。ビーチを 散歩したり、買い物をしたりして楽しかったで す。でも、今度の休みはアルバイトをします。 もうお金がありませんから。けんさんは？ 休 みはどうでしたか。

けん：つまらなかったですよ。どこにも行きませ んでした。うちでごろごろしていました。

かな：そうですか。

けん：でも、今度の休みは、友だちと山にキャン プに行ったり、ドライブに行ったりするつもり です。

Ⓑ W11-B

Dialogue 1.

女：ああ、おなかすいた。
男1：うん。何か食べに行く？
女／男2：うん。
男1：何が食べたい？
女：私、ピザ。
男1：きのう食べた。
男2：すし。
男1：お金がない。
女：じゃあ、何？ 何が食べたい？
男1：ぼくのうちに来る？ パスタ作るよ。
女／男2：いいね。

Dialogue 2.

女1：東京で何がしたい？
女2：美術館に行ったりかぶきを見たりしたい。 どう思う？
女1：うん。私は買い物がしたい。家族におみ やげを買いたいから。それから動物園に行きた い。かわいいパンダがいるから。

女2：じゃあ、今日は美術館に行って、かぶき
　　を見る？あしたは動物園。
女1：うん。いいよ。あっ、でも今日は月曜日
　　だから、美術館は休みだと思う。
女2：そうか。じゃあ、今日の午後、買い物を
　　したりして、夜はかぶき。
女1：そうだね。あしたは美術館と動物園ね。

Ⓒ W11-C
先生：メアリーさんは、子供の時、何になりたか
　　ったですか。
メアリー：私は、社長になりたかったです。今
　　もなりたいです。
先生：そうですか。じゃあ、トムさんは？
トム：ぼくは、歌手になりたかったです。今はお
　　金持ちになりたいです。だからお金持ちと結婚
　　したいです。あのう、先生は子供の時から先生
　　になりたかったですか。
先生：実は、あまりなりたくなかったです。
メアリー：じゃあ、何になりたかったですか。
先生：別に、何も……
トム：じゃあ、どうして先生になりましたか。
先生：よくわかりません。ときどきやめたいと思
　　いますが……
メアリー／トム：えっ！

第12課 p. 118

Ⓐ W12-A
1.
医者：どこが悪いんですか。
患者A：のどが痛くて、夜せきが出るんです。熱
　　もあると思います。
医者：そうですか。少し熱がありますね。おなか
　　はどうですか。
患者A：大丈夫です。
医者：かぜですから、家でゆっくり休んだほうが
　　いいですね。
患者A：はい、わかりました。ありがとうござい
　　ました。

2.
患者B：きのうの夜からおなかが痛いんです。
医者：熱はどうですか。
患者B：熱はないと思いますけど。
医者：そうですか。口を開けてください。はい、
　　もっと開けて……のどは大丈夫ですね。
患者B：でもすごくおなかが痛くて……。
医者：きのう、何か食べましたか。
患者B：晩ご飯は食べませんでした。昼ご飯に、
　　天ぷらと、さしみと、うどんを食べましたけど。
　　さしみが悪かったんでしょうか。
医者：いえ、食べすぎたんですね。どこも悪くな
　　いですよ。
患者B：そうですか。
医者：あまり食べすぎないほうがいいですよ。お
　　大事に。

3.
医者：どうしましたか。
患者C：頭が痛いんです。それにおなかも痛くて。
医者：熱を測りましょう。うーん。熱もあります
　　ね。ちょっと高いですね。せきは出ますか。
患者C：いいえ、出ません。
医者：のどは。
患者C：痛くないです。大丈夫でしょうか。
医者：大丈夫だと思いますが、大きい病院に行
　　ったほうがいいですね。
患者C：ええ？

Ⓑ W12-B
女：高橋さん、今晩一緒に飲みに行きませんか？
男：すみません。今日は子供の誕生日なので、
　　早く帰らなきゃいけないんです。
女：そうですか。プレゼントは、もう買ったん
　　ですか。
男：いいえ。忙しかったから。
女：何か買って帰ったほうがいいですよ。
男：そうですね。じゃあ、そうします。

Ⓒ W12-C

A：ルームメイトは日本人でしょうか。

B：まだわかりません。日本人のほうがいいですか。

A：はい。いつも日本語を話したいから、日本人のほうがいいんですが。

B：そうですか。

A：寮は大学の近くでしょうか。

B：えっと、歩いて三十分ぐらいです。自転車を買ったほうがいいですよ。

A：わかりました。それから、寮の部屋にお風呂があるでしょうか。

B：いいえ、ありません。でも、部屋にシャワーがあります。

A：夜遅く使ってもいいですか。

B：大丈夫ですよ。

第13課　p. 20

Ⓐ W13-A

1.

人事：お名前をお願いします。

応募者1：中山かなです。

人事：中山さんは英語が話せますか。

応1：はい、一年アメリカで勉強していましたから。

人事：そうですか。車の運転ができますか。

応1：いいえ。バイクなら乗れますが、車は運転できません。

人事：そうですか。運転できないんですね。一週間に何日来られますか。

応1：三日です。

人事：何曜日ですか。

応1：月曜日と水曜日と土曜日は大丈夫です。

人事：はい、わかりました。ありがとうございました。

2.

人事：村野だいきさんですね。

応募者2：はい、そうです。

人事：外国語は何かできますか。

応2：はい、大学で中国語を勉強したので、少し。

人事：じゃあ、中国語で電話できますか。

応2：いえ、中国語は読めるんですが、あまり話せないんです。

人事：まあ、日本人なら漢字が読めますからね。はっはっは。

応2：……

人事：車の運転はどうですか。

応2：はい、大丈夫です。

人事：何曜日に来られますか。

応2：土曜日と日曜日なら来られます。

Ⓑ W13-B

けん：ねえ、ゆいさん。あしたひま？

ゆい：うん。ひまだけど。どうして？

けん：あした、アルバイトがあるんだ。でも妹が来るから、うちにいなきゃいけないんだ。ぼく行けないから、アルバイトに行って。一日だけ。

ゆい：えーっ、どんなアルバイト？

けん：英語の先生。

ゆい：私、英語を教えたことがないし、できない。

けん：大丈夫だよ。ぼくより英語が上手だし、ゆいさんならできるよ。

ゆい：ごめん。ロバートさんに聞いてみて。

けん：ロバート、お願いがあるんだ。

ロバート：何？

けん：あした、アルバイトがあるんだ。でも妹が来るから行けないんだ。だから、あしたのアルバイト……

ロバート：あした？　あしたはレポートを書かなきゃいけないし、友だちと約束があるし……。

けん：一回だけ。

ロバート：ごめん、ぼくはできないよ。でも友だちのナオミならできると思う。英語が教えてみたいと言っていたから。電話してみるよ。

けん：ありがとう。

Ⓒ W13-C

1.

男：この時計きれいですね。スイスの時計ですよ。

女：本当ですね。でも、高そうですね。いくらですか。

男：ええ……、ちょっと待ってください。二十五万八千円です。

女：ああ、高すぎて、買えませんよ。

2.

男：これは暖かそうなセーターですね。

女：ええ。あまり高くないし、色もきれいですね。

男：そうですね。もうすぐ父の誕生日だから、父に買いたいと思うんですが……。

女：いいですね。

男：じゃあ、父のプレゼントはこれに決めました。

3.

男：このフィットネスマシンはどうですか。

女：便利そうですね。

男：ええ、このマシンなら、うちで運動できますよ。

女：このごろ運動していないから、太ったんですよ。

男：二万八千円です。スポーツクラブより安いですよ。

女：そうですね。じゃあ、これ買います。

第14課 p. 27

Ⓐ W14-A

田中：鈴木さん、今晩コンサートに行くんですか。

鈴木：いいえ。森さんはかぜをひいて行けないから、私にチケットをくれたんです。でも、私も忙しくて、時間がないかもしれないから、友だちにあげました。

田中：吉田さん、コンサートに行くんですか。

吉田：いえ、鈴木さんがチケットをくれたんですが、私は、今晩早く帰らなきゃいけないから……田中さん、どうですか。もらってください。

田中：ありがとう。今日早く仕事が終わったから

行けると思います。でも、そのチケット、実は私がきのう森さんにあげたんですよ。

Ⓑ W14-B

1.

留学生A：ゆきさん、髪を切ったんですか。似合いますよ。

ゆき：ありがとう。

留学生A：私も髪を切りたいんですが、いい所を知っていますか。

ゆき：大学の近くにありますよ。

留学生A：そこには、英語が話せる人がいますか。

ゆき：いないと思います。

留学生A：じゃあ、だめですね。

ゆき：バス停の前の美容院に行ったらどうですか。英語がわかる人がいますから。

留学生A：じゃあ、そこに行ってみます。どうもありがとう。

2.

留学生B：日本語をもっと話したいんです。いつも留学生の友だちと英語を話しているから、ぜんぜん上手にならないんです。

ゆき：ホームステイをしたら、どうですか。

留学生B：でも、ぼくは肉や魚を食べないから、ちょっと難しいと思うんです。

ゆき：そうですか。じゃあ、何かサークルに入ったらどうですか。

留学生B：サークルねえ。いいかもしれませんね。もっと運動したいと思っていたんです。どうもありがとう。

3.

ゆき：もうすぐクリスマスですねえ。

留学生C：ええ。ホストファミリーの子供たちに何かあげたいんですが、何がいいと思いますか。

ゆき：子供たちは何歳ですか。

留学生C：えーっと、五歳から十一歳です。全部で七人です。

ゆき：ええっ、七人もいるんですか。

留学生C：ええ、あまりお金がないんですが、何かあげたいんです。

ゆき：うーん、難しいですね。あ、一緒にケーキを作ったらどうですか。一緒に作るのは楽しいし、みんなで食べられるし。

留学生C：それは、いいですね。

Ⓒ W14-C

ゆい：一郎、誕生日に何がほしい？

弟：自転車がほしいなあ。

ゆい：自転車？ 自転車は高すぎるよ。

弟：じゃあ、時計。

ゆい：時計なら持っているでしょ。

弟：一個しか持っていないよ。もっといい時計がほしいんだ。

ゆい：うーん。Tシャツは？

弟：ほしくない。服には興味ないよ。

ゆい：本は？

弟：本もほしくないよ。でも、まんがならほしいな。

ゆい：じゃあ、まんがを一冊あげるね。

弟：一冊しかくれないの？ けちだなあ。

第15課 p. 34

Ⓐ W15-A

これはおじいさんが若い時、使っていたラジオ。古いけど使えるよ。

妹が編んだマフラー。ぼくの妹はいろいろ作るのが好きだから、よくくれるんだ。

これはぼくの彼女と京都で撮った写真。その時にお寺で買った着物があそこにある。すごく安かったんだ。

これは両親がくれたぬいぐるみ。子供の時、よく遊んだ。

えーと、これは先生に借りた歴史の本。あした返さなきゃいけない。

Ⓑ W15-B

メアリー：ねえ、ソラさん、今度の休みに何をするの。

ソラ：まだ、わからない。もうすぐ試験があるし、宿題もしなきゃいけないし、うちで勉強しようと思っているんだ。

メアリー：ええ？ だめだよ。一週間も休みがあるんだよ。

ソラ：うん。

メアリー：広島に行ったことがある？

ソラ：ううん。まだ行ったことがない。

メアリー：今度の休みに広島に行こうよ。広島は食べ物もおいしいし、平和公園にも行きたいし。

ソラ：そうだね。行こうか。

メアリー：じゃあ、私、本で広島について調べておく。それから、お父さんが安い旅館を知っていると言ってたから、お父さんに聞いておく。

ソラ：私は宿題をしておかなきゃ。

Ⓒ W15-C

みなさん、さくら大学を知っていますか。さくら大学は、大きくてとてもきれいな大学です。大学には、夜十時まで泳げるプールや、一日中勉強できる図書館があります。

大学の近くにショッピングモールがあるので、とても便利です。ショッピングモールには、いろいろな国の料理が食べられるレストランや、二十四時間買い物ができるスーパーや、おいしいコーヒーが飲める喫茶店があります。

この大学の日本語のクラスはとても有名です。日本語を勉強している留学生がたくさんいます。どうですか。みなさんも一緒にここで勉強しませんか。じゃあ、みなさん、さくら大学で会いましょう。

第16課 p. 43

Ⓐ W16-A

太郎：花子さん、好きだよ。

花子：うれしい。太郎さん。私も太郎さんが好きよ。

太郎：早く花子さんと結婚したい。ぼくが毎日おいしい朝ご飯を作ってあげるよ。

花子:朝起きた時、ベッドでコーヒーが飲みたい。

太郎:じゃあ、毎朝コーヒーで花子さんを起こしてあげるよ。

花子:ありがとう。あのう、太郎さん。

太郎:どうしたの。

花子:私、掃除があまり好きじゃないの。

太郎:心配しないで。ぼくがしてあげるから。

花子:本当？ じゃあ、私、買い物する。時々買いすぎるけど、買い物ならできると思う。

太郎:あのう、花子さん、ぼくのシャツにアイロンをかけてくれる？ 会社で、花子さんがアイロンをかけてくれたシャツを着たいんだ。

花子:ええ、いいけど……洗濯はしてね。

太郎:うん。

Ⓑ W16-B

さくら大学のみなさん、こんにちは。ゆかです。部屋が汚くて、すみません。私の後ろをあまり見ないでください。

私は今、南オハイオ大学に留学しています。アメリカに来た時は英語がわからなかったから、大変でした。でも今は毎日とても楽しいです。ホストファミリーのお父さんとお母さんは、とても親切です。私は英語が下手なので、いつもゆっくり話してくれます。

ホストファミリーには子供が二人います。名前はジョンとサラです。ジョンはよく私をパーティーに連れていってくれたり、友だちを紹介してくれたりします。ジョンは大学で日本語を勉強しているので、私はよく宿題を手伝ってあげます。サラはよく私に服を貸してくれます。私は日本の歌を教えてあげます。

ジョンとサラが日本の大学生と話してみたいと言っているので、興味がある人はビデオチャットに参加してくれませんか。よろしくお願いします。じゃあ、お元気で。

Ⓒ W16-C

レポーター:りえさん、お誕生日おめでとうございます。はたちになって、何をしてみたいですか。

りえ:そうですね。今年は中国でコンサートができるといいですね。

レポ:中国でも、りえさんの歌はとても人気があるんですよね。

りえ:ありがとうございます。

レポ:でも、忙しくて大変ですね。

りえ:ええ、もっと休みが取れるといいんですが。実は先月は休みが三日しかなかったんです。

レポ:そうですか……。あのう、りえさんは、歌手の西城さんと付き合っていますが、結婚する予定は？

りえ:西城さんとは、今はいい友だちです。私も彼も若いし、今はもっと仕事をしたいし。

レポ:そうですか。それは、私たちにはいいニュースですね。これからもがんばってください。

りえ:どうもありがとうございます。

第17課 p. 50

Ⓐ W17-A

男1:山本さん、会社をやめるそうですよ。

男2:えっ、本当ですか。最近、ずいぶん疲れているみたいですからね。

男1:ええ、毎日夜遅くまで残業していたみたいですよ。この会社は給料はいいけど、残業が多すぎますよ。

男2:山本さん、これからどうするんですか。

男1:今、新しい仕事を探しているみたいですよ。奥さんとも離婚するそうですよ。

男2:やっぱり。忙しすぎて家にあまりいられないんでしょうね。

男1:私たちも、結婚する前に新しい仕事を探したほうがいいかもしれませんね。

Ⓑ W17-B

女:急ぎましょうか。

男:急がなくてもいいですよ。一時間ありますから。出かける前に、田中さんに電話しておかなきゃいけませんね。

女:そうですね。傘を持っていきますか。

男：持っていかなくてもいいと思います。今日は、雨が降らないそうです。

女：何か買っていったほうがいいですね。

男：じゃあ、バスを降りてから、ケーキと花を買いましょう。

Ⓒ W17-C

たけし：メアリー、ソラさんに電話した？

メアリー：うん、ソラさん、土曜日は約束があるからだめだけど、日曜日なら大丈夫だって。

たけし：よかった。じゃあ、日曜日にみんなで神戸に行けるね。メアリーは神戸で何がしたい？

メアリー：私、おいしいものが食べたい。神戸にはいろいろな国のレストランがあるし。ソラさんは買い物がしたいって。たけしくんは何がしたい？

たけし：ぼくは六甲山に行きたい。六甲山からきれいな海が見えるそうだよ。

メアリー：じゃあ、いい天気だったら六甲山に登ろうよ。

たけし：うん。雨が降ったら、町で買い物をしたり、おいしいものを食べたりしよう。

第18課 p.59

Ⓐ W18-A

娘：ただいま。お母さん、晩ご飯ある？

母：えっ？ ないよ。今日、友だちと晩ご飯を食べに行くって言っていたでしょう。

娘：うん。でも、店が開いていなかったから、食べられなかったの。じゃあ、カップラーメンある？

母：お父さんが食べちゃったよ。

娘：えーっ、じゃあ、私が買ったケーキは？

母：何言ってるの。きのうみんなで食べちゃったでしょう。

娘：うーん……。じゃあ、田中さんにもらったクッキーは？

母：あれはとなりの子供にあげちゃったよ。

娘：えーっ？……あ～あ、家に帰る前にコンビ

ニで食べる物買えばよかった。

Ⓑ W18-B

コンピューター会社の人：はい、こちらカスタマーサービスです。

山下先生：すみません。コンピューターが壊れてしまったんです。

コンピュ：どこが壊れたんですか。

山下先生：わかりません。

コンピュ：困りましたね。コンピューターの右に赤いライトがありますね。電気がついていますか。

山下先生：いいえ、ついていません。

コンピュ：そうですか。スクリーンは？

山下先生：消えています。

コンピュ：壊れていますね。

山下先生：ええ、だから電話しているんです。あしたまでに宿題を作らなきゃいけないんです。困ったなあ。

コンピュ：あのう、スイッチは押しましたか？

山下先生：スイッチ？ あっ、押していませんでした。つきました。

Ⓒ W18-C

森：田中さん、今学校に行っているそうですね。

田中：ええ。仕事が終わってから、英語の学校に行っているんですよ。

森：働きながら勉強するのは、大変でしょう。どうして英語を勉強しようと思ったんですか。

田中：去年、ロンドンに行ったんですが……。そこで英語ができなくて、飛行機に乗り遅れてしまったんですよ。

森：それは大変でしたね。

田中：「イクスキューズミー。アイハフトテイク、フライト521」って言ったんだけど、わかってくれなかったんです。

森：上手ですよ。

田中：はっはっは……。学生の時にもっと勉強しておけばよかったですよ。四十歳になると、単語が覚えられないんですよ。

第19課 p. 67

Ⓐ W19-A

レポーター：今日は、ベストセラーをお書きになった山田真理子先生に、いろいろお話を聞きたいと思います。……山田先生は、今、東京に住んでいらっしゃるんですか。

山田：いいえ、大学の時から十五年東京に住んでいたんですけど、おととし引っ越して、今は静岡に住んでいます。静岡は海に近いし、食べ物もおいしいし、気に入っています。

レポ：そうですか。先生は毎日、何をなさるんですか。

山田：そうですね。朝はたいてい仕事をします。午後は散歩しながら、いろいろ考えます。夜は早く寝るんです。

レポ：何時ごろお休みになるんですか。

山田：そうですね。九時ごろですね。

レポ：ずいぶん早いですね。テレビはあまりご覧にならないんですか。

山田：ええ、あまり。東京にいた時はよく映画を見たんですが、このごろはぜんぜん見ません。

レポ：東京にはよくいらっしゃいますか。

山田：仕事があるので、一か月に二回ぐらい行きます。東京に行くと、静岡に引っ越してよかったと思いますよ。

レポ：そうですか。今日はどうもありがとうございました。

Ⓑ W19-B

1. 京都行き電車、ドアが閉まります。ご注意ください。
2. 二名様ですね。メニューをどうぞ。ご注文がお決まりになりましたら、お呼びください。
3. 男：今週の土曜日に旅館の予約をお願いしたいんですが。

   女：今週の土曜日ですね。お待ちください。
4. 何もありませんが。どうぞお召し上がりください。
5. 女：中国にお金を送りたいんですが。

男：はい。お名前とご住所、電話番号をここにお書きください。

Ⓒ W19-C

アベベ王子がきのうこの町にいらっしゃいました。高校の時、王子はこの町の学校に留学していらっしゃいました。

きのうの朝、王子は十時に駅にお着きになりました。その後、高校へいらっしゃって、高校生とお話をなさいました。十二時半から一緒に昼ご飯を召し上がりました。その後、高校生の歌をお聞きになったり、空手の練習をご覧になったりしました。

二時ごろ、高校の時のホストファミリーにお会いになりました。そして、五時の新幹線で東京へお帰りになりました。

王子は「日本での時間が短くて残念だ。でも、この町に来られてよかった」とおっしゃっていました。今日の夕方、国へお帰りになります。

第20課 p. 78

Ⓐ W20-A

ガイド：おはようございます。私、ガイドの田村と申します。今日は京都のお寺をご案内いたします。まず、清水寺に参ります。

客Ａ：ガイドさん、すみません。あのう、トイレに行きたいんですが。

ガイド：お手洗いですか？ このバスにはございませんので、申し訳ありませんが、少し待っていただけますか。五分ぐらいで清水寺に着きますので。

客Ａ：はい。

ガイド：その後、南禅寺に参ります。南禅寺をご覧になった後、「みやび」というレストランで昼ご飯にいたします。

客Ｂ：ガイドさん、昼ご飯は何を食べるんですか。

ガイド：魚料理でございます。その後、金閣寺に参ります。金閣寺で写真をお撮りして、後で皆さんにさしあげます。

客C：あのう、すみません、何時ごろ京都駅に戻るんでしょうか。

ガイド：はい。金閣寺の後、竜安寺に行って、四時ごろ戻る予定でございます。

Ⓑ W20-B

先生：みなさん、おはようございます。

ジョン：先生、遅くなってすみません。

先生：ジョンさん、どうしたんですか。

ジョン：携帯を持たないで、家を出てしまったんです。だから、また家に帰らなきゃいけなかったんです。

先生：それは大変でしたね。あれ、ロバートさんがいませんね。どうしたんでしょう。

メアリー：ロバートさん、今レポートを書いていると思います。きのうレポートを書かないで寝てしまったと言っていましたから。今日が締め切りなんです。

先生：そうですか。もっと早くやればよかったですね。あれっ、ソラさん、元気がありませんね。どうしたんですか。

ソラ：実は、自転車がないんです。かぎをかけなかったんです。

先生：そうですか。それは困りましたね。…じゃあ、授業を始めましょうか。あれ？ みなさん、ちょっと待ってください。教科書を持たないで来てしまいました。

Ⓒ W20-C

女：ねえねえ、野村さんという人と同じサークルだよね？

男：うん。テニスサークルで一緒だよ。

女：どんな人？

男：話しやすいし、性格もいいよ。

女：そう。どこに住んでいるの？

男：どこに住んでいるか知らないけど、大学の近くだと思うよ。自転車で大学に来ているみたいだから。

女：彼女はいる？

男：さあ、彼女がいるかどうか知らないけど、性格もよくてかっこいいからもてるよ。

女：……やっぱり。

男：どうして野村について聞くの？

女：いや、私の友だちが野村さんに興味があるんだって。

男：そうなんだ。

女：じゃあ、今度みんなで飲みに行かない？

男：うん、いいよ。

第21課 p. 87

Ⓐ W21-A

1.

男：あ～あ、眠い。

女：また遅くまでゲームしてたんでしょ。

男：してないよ。今朝早く、となりの人のアラームで起こされちゃったんだ。その人、すぐ起きないから、うるさくてぼくが起きちゃうんだ。これでもう三回目だよ。

女：「静かにしてください」って言ったほうがいいよ。

男：うん。

2.

女：どうしたの？ きのうと同じ服着て。

男：実は、きのうの夜みんなで飲んで三時ごろ帰ったら、奥さんにかぎをかけられちゃって…。

女：家に入れてくれなかったの？

男：うん。だから、きのうと同じ服。

女：今日は奥さんに何かプレゼント買って帰ったほうがいいよ。

Ⓑ W21-B

友だち：元気ないな、けんと。どうしたんだ。

けんと：今日は最悪な一日だったよ。

友だち：何があったんだ。

けんと：朝起きたら、牛乳がなかった。冷蔵庫に入れてあったんだけど、ルームメイトの林に全部飲まれたんだ。

友だち：牛乳飲まれて、怒っているのか？

けんと：牛乳はいいよ。きのうの夜、パソコン

で歴史のレポート書いていたんだよ。今朝見たら、ファイルがないんだ。林にファイルを消されたんだ。

友だち：えっ、それは大変だ。

けんと：夜、ぼくのパソコンを使っている間に、消しちゃったんだって。

友だち：じゃあ、歴史のレポートは出さなかったのか。今日締め切りだっただろ。

けんと：うん、だから、経済のクラスで歴史のレポート書いていたんだ。それを先生に見られて、怒られたんだよ。

友だち：それはひどい一日だ。

Ⓒ W21-C

客：すみません！ 警察を呼んでほしいんですが。

ホテルの人：どうなさったんですか。

客：温泉に行っている間にどろぼうに入られたみたいなんです。財布が見つからないんです。

ホテルの人：財布がどちらにあったか覚えていらっしゃいますか。

客：テーブルの上に置いてあったと思うんですが。

ホテルの人：お部屋のかぎはおかけになりましたか。

客：実はかけたかどうかよく覚えていないんです。部屋に戻った時にドアが開いていたので、びっくりして……

ホテルの人：では、警察をお呼びしますので、お部屋でお待ちください。

第22課　p. 96

Ⓐ W22-A

妻：ねえ、この子が五歳になったら、英語を習わせてあげたい。

夫：いいよ。

妻：それから、何かスポーツもさせてあげたい。そうね。空手がいいな。

夫：空手かあ……。テニスのほうがいいんじゃない？

妻：だめ！ 空手のほうがかっこいい。それから、バイオリンを習わせたいの。

夫：ぼくはピアノのほうがいいと思うけど。

妻：ピアノはみんな弾けるから。バイオリンがいいの。

夫：お金がかかるなあ。

妻：そうそう、それから外国に留学させたい。

夫：留学かあ……いいよ。

妻：それから、お金持ちと結婚させて……

夫：ちょっと待ちなさい。結婚はだめ！ だれともさせない。

Ⓑ W22-B

めぐみ：けい、今度の旅行、行ける？

けい：お父さんに聞いてみたんだけど、だめみたい。

めぐみ：ええっ、どうして？

けい：友だちと旅行させてくれないの。うちの親、厳しいんだ。もう高校生なのにアルバイトもさせてくれないんだよ。

めぐみ：本当？ 私のお父さんは、若い時はいろいろな経験をしなさいって言うよ。

けい：へえ、めぐみがうらやましい。私のお父さんも、めぐみのお父さんのようにやさしかったらいいなあ。

めぐみ：でも、大学に行って、一人暮らししたら、好きなことができるでしょう。

けい：うーん、一人暮らしさせてくれないと思う。お母さんは、お金がかかるから家から大学に行きなさいって。

めぐみ：そうか。大変だね。

けい：でも、大学生になったらアルバイトしてもいいってお父さんが言ってたから。

めぐみ：旅行も行かせてくれるといいね。

けい：たぶん、行かせてくれると思う。大学生になったら一緒に行こうね。

Ⓒ W22-C

渡辺：みなさん、お疲れさまでした。今日はもう何も予定がございませんから、みなさん好きな

所にいらっしゃってください。私はこのホテルにおりますから、わからないことがあれば、お聞きください。

客A：渡辺さん、美術館に行きたいんですが。

渡辺：三番のバスに乗れば行けますよ。

客A：ここから何分ぐらいかかりますか。

渡辺：バスで十分ぐらいです。バス停は銀行の前にあります。

客B：ちょっと寒いから、セーターを買いたいんです。どこに行けば買えますか。

渡辺：セーターですか。ホテルのとなりの店に行けば、たくさんあると思います。

客B：あのう、私、日本語しか話せないんですけど、大丈夫でしょうか。

渡辺：大丈夫、大丈夫。がんばってくださいね。

客C：渡辺さん、財布を盗まれました！

渡辺：えっ、どこで？ どんな人に？

客C：それが、あまり覚えていないんです……。

渡辺：一緒に警察に行きましょう。

第23課 p. 107

Ⓐ W23-A

1.

林：山田さん、もう帰るんですか。まだ十時ですよ。

山田：あした朝早く起きなきゃいけないんですよ。

林：休みなのに？

山田：ええ。休みの日はうちの奥さんに六時半に起こされて、一緒にジョギングさせられるんですよ。

林：はあ、六時半ですか。

山田：その後は奥さんが買い物に行くことにしているから、車で店まで送らされて、買い物が終わるまで、待たされるんですよ。

林：大変ですね。

2.

けん：かずき、新しい部長はどう？

かずき：最悪。毎日コーヒーをいれさせられるし、

コピーも取らされるし、部長が出張の時は空港まで送ったり迎えに行ったりさせられるし……休みの日にだよ！

けん：へえ、ひどいね。

かずき：会社ではぜんぜん仕事をしないで、いつもスマホを見たりしているんだ。この間も、「おなかがすいたから、コンビニにお菓子、買いに行ってくれない？」って。

けん：えー、信じられない。

Ⓑ W23-B

1.

花子：太郎さん、私、イギリスに留学することにしたの。

太郎：えっ？ どうしてそんなことを言うんだ。

花子：ずっと考えていたんだけど、言えなかったの。ごめんなさい。私たち別れたほうがいいと思う。

太郎：別れたくない。

花子：でも、離れていたら、二人の気持ちも離れると思う。悲しいけど……。

太郎：いや、離れていてもいつも一緒だ。ぼくは花子さんがイギリスから戻ってくるまで待っている。

2.

男：ぼく、来月会社をやめることにしたんです。

女：ええっ、どうしてですか。

男：この会社にいても、自分のしたいことができないんです。

女：会社をやめてどうするんですか。

男：声優になりたいんです。声優の学校に入るつもりです。声優になれるまで、バイトしながら勉強をします。

女：そうですか。大変だと思うけど、がんばってくださいね。

男：ええ。今までいろいろありがとうございました。

女：有名になっても、私たちを忘れないでくださいよ。

Ⓒ W23-C

1.

留学生A：漢字が覚えられなくて困っているんですが、漢字の覚え方を教えてくれませんか。

ゆき：私は子供の時、読み方はカードを作って、書き方はノートにたくさん書いて覚えましたよ。一度やってみたらどうですか。

留学生A：わかりました。やってみます。ありがとうございました。

2.

留学生B：アメリカから友だちが来るから迎えに行きたいんですけど、空港の行き方を教えてくれませんか。

ゆき：空港までは駅からバスで行けますよ。電車より時間がかかるけど、わかりやすいから、バスを使ったほうがいいですよ。

留学生B：じゃあ、そうします。どうもありがとう。

初級日本語げんき［教師用ガイド］（別冊）

First edition: July 2000
Second edition: July 2012
Third edition: June 2021
Second printing: June 2022

Cover art: Nakayama Design Office
Published by The Japan Times Publishing, Ltd.
2F Ichibancho Daini TG Bldg., 2-2 Ichibancho, Chiyoda-ku, Tokyo 102-0082, Japan
Phone: 050-3646-9500 Website: https://jtpublishing.co.jp

ISBN978-4-7890-1734-3

Printed in Japan

GENKI

AN INTEGRATED COURSE IN ELEMENTARY JAPANESE
THIRD EDITION

本書には、『初級日本語げんき（第3版）』のテキストとワークブックの解答、
およびワークブック「聞く練習」のスクリプトが収録されています。

This book includes answers for all Genki textbook and workbook exercises for the third edition,
as well as a transcription of the recordings for listening comprehension from the workbooks.